COURS

DE THÈMES

A L'USAGE DES SEPTIÈMES

AVEC LES CORRIGÉS.

COURS
DE THÈMES

COMPOSÉ

DE TRAITS D'HISTOIRE, FABLES, DESCRIPTIONS
ET MORCEAUX DE MORALE

ADAPTÉS AUX RÈGLES DE LA GRAMMAIRE LATINE

AVEC LES CORRIGÉS EN REGARD

RÉDIGÉ ET MIS EN ORDRE

PAR DEUX PROFESSEURS DE L'ACADÉMIE DE PARIS.

CLASSE DE SEPTIÈME.

NOUVELLE ÉDITION

REVUE ET CORRIGÉE.

PARIS.

IMPRIMERIE ET LIBRAIRIE CLASSIQUES

De JULES DELALAIN et FILS

RUE DES ÉCOLES, VIS-A-VIS DE LA SORBONNE.

THÈMES

A L'USAGE DES SEPTIÈMES

AVEC LES CORRIGÉS.

COURS DE THÈMES

A L'USAGE DES SEPTIÈMES.

PREMIÈRE PARTIE.

SYNTAXE DES NOMS.

Accord de deux noms.

THÈME 1.

Ludovicus rex. Urbs Roma.

La terre globe. La mer gouffre. Le soleil astre. L'homme artisan. La rose fleur. La rosée eau. Le fils enfant. L'aquilon vent. Le sapin arbre. Le lin plante. Le fer métal. La fève légume. Le bras membre. Le pied soutien. La main ouvrière. Le visage forme. La langue organe. Le sommeil repos. Le pain nourriture. La robe vêtement. La ville de Lyon. Le fleuve du Rhin.

THÈME 2.

Le canard oiseau. L'algue herbe. La besace sac. L'érable bois. La lettre signe. La guerre fléau. La ruse finesse. Le buffet coffre. La fraude crime. La force qualité. La croix peine. La masse fardeau. Le môle ouvrage. Le diamant ornement. L'air élément. Le temple édifice. L'équateur cercle. L'été saison. L'agneau animal. La cruche vaisseau. L'amandier arbre. La ville de Paris. La rivière de Saône.

COURS DE THÈMES

A L'USAGE DES SEPTIÈMES.

PREMIÈRE PARTIE.

SYNTAXE DES NOMS.

Accord de deux noms.

THÈME 1.

Ludovicus rex. Urbs Roma.

Terra globus. Mare gurges. Sol sidus. Homo faber. Rosa flos. Ros aqua. Filius puer. Aquilo ventus. Abies arbor. Linum planta. Ferrum metallum. Faba olus. Brachium membrum. Pes fulcimentum. Manus opifex. Vultus forma. Lingua organum. Somnus quies. Panis cibus. Toga vestis. Urbs Lugdunum. Flumen Rhenus.

THÈME 2.

Anas avis. Alga herba. Perula saccus. Acer lignum. Littera signum. Bellum pestis. Dolus astus. Abacus arca. Fraus scelus. Fortitudo dos. Crux pœna. Massa onus. Moles opus. Adamas ornamentum. Aer elementum. Ædes ædificium. Æquator circulus. Æstas tempestas. Agnus animal. Amphora vas. Amygdalus arbor. Urbs Lutetia. Fluvius Arar.

Régime des noms.

THÈME 3.

Liber Petri.

Le pepin de la pomme. Le monceau de sable. Le sapin de la forêt. La clarté de l'astre. La pointe de l'épée. La fumée du charbon. La flamme du feu. L'odeur des fleurs. L'œil du maître. La rigueur de l'hiver. La roue du char. L'ombre du buisson. La rive du fleuve. La fente de la porte. Le ruisseau du jardin. La rame de la barque. La peau du renard. La poitrine de l'enfant. La corne du bœuf. L'onde de la mer. Le cuir du taureau. Le gland du chêne. L'heure du jour. Le brouillard de la nuit. La crainte de la mort.

THÈME 4.

La maladie du père. Le troupeau du berger. L'olivier de la paix. La feuille du poirier. Le grain de poivre. Le col de la grue. L'espérance du salut. Le don de la foi. La goutte d'eau. L'écorce du pin. La honte du crime. La course des chars. La nouvelle du courrier. Le son de la harpe. Le feuillage du citronnier. Le combat du cerf. L'oreille du grand-père. Le dos du chameau. La queue du dragon. Le sommet de la montagne. L'héritier de la succession. L'épaule de l'athlète. Le travail du ver à soie. L'affliction du malade. L'examen de la lettre.

THÈME 5

Bonitas divina. Senatus parisiensis.

La terre de Mars. Les royaumes d'Europe. Les îles d'Asie. Les déserts de l'Arabie. Les sables de l'Afrique. Les côtes de l'Amérique. La corne du bœuf. Le lait de

Régime des noms.

THÈME 3.

Liber Petri.

Acinus mali. Acervus arenæ. Abies silvæ. Fulgor
sideris. Mucro gladii. Fumus carbonis. Flamma
ignis. Odor florum. Oculus heri. Rigor hiemis.
Rota rhedæ. Umbra rubi. Ripa amnis. Rima januæ.
Rivus horti. Remus cymbæ. Cutis vulpis. Pectus
pueri. Cornu bovis. Unda pelagi. Corium tauri.
Glans quercûs. Hora diei. Caligo noctis. Metus
mortis.

THÈME 4.

Morbus patris. Grex pastoris. Olea pacis. Fo-
lium piri. Granum piperis. Collum gruis. Spes
salutis. Donum fidei. Gutta lymphæ. Cortex pinûs
ou pini. Pudor sceleris. Cursus curruum. Nun-
tius cursoris. Sonus citharæ. Frondes citri. Certamen cervi. Auris avi. Dorsum cameli. Cauda
draconis. Apex montis. Heres hereditatis. Armus
athletæ. Labor bombycis. Ærumna ægri. Examen
epistolæ.

THÈME 5.

Bonitas divina. Senatus parisiensis.

Tellus mavortia. Regna europæa. Insulæ asia-
ticæ. Deserta arabica. Arcuæ africanæ. Americanæ
oræ. Cornu bovinum. Lac vaccinum. Vellus ovi-

la vache. La toison de la brebis. Le pied de mouton.
La chair de porc. L'aboiement du chien. La patte du
chat. La queue de souris. La crête du coq. L'œuf de
poule. Les petits du renard. Le crin de cheval. La peau
de l'ours. La barbe du bouc. Les oreilles d'âne. L'astre
du matin. L'étoile du soir. Le peuple de Rome. La foi
des Carthaginois. La nation des Gaulois.

THÈME 6.

Le souper de demain. Les bancs de gazon. La table
de bois. Le lit de feuillage. La gloire du soldat. Le
grade de sénateur. Le jour de fête. La statue d'airain.
Le plat d'argent. Le cachet de cire. Le marteau de fer.
La coupe d'or. La lame de plomb. Le char de feu. L'œil
de verre. La colonne de marbre. Le banc de pierre. La
couronne de roses. La couleur de safran. Le drap de
soie. Le bas de laine. La serviette de lin. Le sac de cuir.
La boulette de poix. Le bras de chair.

THÈME 7.

Puer egregiâ indole ou egregiæ indolis.

La femme de bonne réputation. L'homme d'origine
illustre. La mère d'un sang pur. Le père d'un visage
gai. La tante d'un soin rare. La femme d'une figure
agréable. Le frère d'un beau maintien. Le fils d'un esprit diligent. La veuve d'une tristesse amère. Le chien
d'un attachement rare. Le chat d'une adresse merveilleuse. Le lion d'un courage extraordinaire. Le sanglier
d'un poil hérissé. La poule d'une timidité rare. Le soleil d'un éclat ravissant.

num. Pes vervecinus. Caro suilla. Latratus caninus.
Pes felinus. Cauda soricina. Crista gallinacea. Ovum
gallinaceum. Catuli vulpini. Crinis equinus. Pellis
ursina. Barba hircina. Aures asininæ. Sidus matutinum. Stella vespertina. Plebs romana. Fides pu-
nica. Gallica gens.

THÈME 6.

Cœna crastina. Sedilia graminea. Mensa lignea.
Cubile frondosum. Gloria militaris. Gradus sena-
torius. Dies festus. Statua ærea. Lanx argentea. Si-
gillum cereum. Malleus ferreus. Cratera aurea.
Lamina plumbea. Currus igneus. Oculus vitreus.
Columna marmorea. Scamnum lapideum. Corona
rosea. Color croceus. Pannus sericus. Tibiale laneum. Mantile lineum. Saccus coriaceus. Globulus
piceus. Brachium carnosum.

THÈME 7.

Puer egregià indole *ou* egregiæ indolis.

Mulier bon-æ fam-æ, *ou* -â-â. Homo gener-is clar-i,
ou -e-o. Mater sanguin-is pur-i, *ou* -e-o. Pater vult-ûs
læt-i, *ou* -u-o. Amita cur-æ rar-æ, *ou* -â-â. Mulier
form-æ amœn-æ, *ou* -â-â. Frater pulchr-i habit-ûs,
ou -o-u. Filius anim-i gnav-i, *ou* -o-o. Vidua tristiti-æ
acerb-æ, *ou* -â-â. Canis singular-is fid-ei, *ou* -i-e.
Fedes solerti-æ mir-æ, *ou* -â-â. Leo virtut-is inusi-
tat-æ, *ou* -e-â. Aper crin-is hirsut-i, *ou* -e-o. Gallina
timiditat-is rar-æ, *ou* -e-â. Sol splendor-is admira-
bil-is, *ou* -e-i.

THÈME 8.

Tempus légendi.

L'âge d'apprendre. Le temps de jouer. Le désir d'étudier. L'honneur de vaincre. La honte de fuir. Le moment d'obéir. La gloire de commander. La crainte de mentir. La manière de guérir. Le délai de punir. La fureur de babiller. La raison de se taire. La coutume de chanter. L'espérance de recueillir. L'art de bâtir. La crainte d'effrayer. La force de reprendre. Le moyen de respecter. Le courage d'agir. Le sujet de combattre. Le pouvoir de régner. Le chagrin de tromper. Le talent d'enseigner. La peur de se tromper. La faveur de parler. Le droit de juger. Le lieu de lutter.

THÈME 9.

Tempus legendæ historiæ.

La gloire d'enseigner la jeunesse. Le temps de combattre votre rival. La honte de céder la victoire. L'honneur de remporter la palme. La manière d'apprendre l'histoire. La douleur de recevoir un châtiment. L'espérance de cueillir des lauriers. La coutume de perdre le temps. La fureur d'aimer le jeu. L'art de lancer la balle. La force de vaincre les passions. Le moyen d'obtenir la paix. Le motif d'exciter le courage. La puissance de faire le bien. La faveur de gagner l'amitié. Le chagrin d'attirer l'envie. Le droit de punir le coupable. Le moment de lire cet ouvrage. La crainte de faire le mal. La coutume de blâmer les autres. Le désir de satisfaire vos parents. Le plaisir d'étudier l'histoire.

THÈME 8.

Tempus legendi.

Ætas discendi. Tempus ludendi. Cupiditas studendi. Honor vincendi. Pudor fugiendi. Tempus parendi. Laus imperandi. Metus mentiendi. Ratio medendi. Mora plectendi. Prurigo garriendi. Causa silendi. Ritus canendi. Spes legendi. Ars struendi. Metus terrendi. Vis vituperandi. Ratio verendi. Animus agendi. Causa certandi. Potestas regnandi. Dolor fallendi. Dos docendi. Formido errandi. Gratia loquendi. Jus judicandi. Locus luctandi.

THÈME 9.

Tempus legendæ historiæ.

Laus edocendæ juventutis. Tempus contendendi cum tuo æmulo. Pudor concedendæ victoriæ. Honor referendæ palmæ. Modus ediscendæ historiæ. Dolor subeundæ pœnæ. Spes colligendarum laurorum. Mos terendi temporis. Furor amandi ludi. Ars emittendæ pilæ. Vis superandarum cupiditatum. Ratio consequendæ pacis. Causa excitandi animi. Potestas recti faciendi. Gratia conciliandæ amicitiæ. Mœror concitandæ invidiæ. Jus plectendi sontis. Tempus legendi hujus operis. Timor mali faciendi. Consuetudo vituperandorum aliorum. Cupiditas parentibus vestris satisfaciendi. Voluptas studendi historiæ.

1.

SYNTAXE DES ADJECTIFS.

Accord de l'adjectif avec le nom.

THÈME 10.

Deus sanctus. Virgo sancta.

Le fleuve profond. L'aile blanche. La maison spacieuse. L'arbitre équitable. L'arbre élevé. Le roseau flexible. La nuit obscure. La barbe longue. La guerre cruelle. Les doux baisers. La vie courte. Le brouillard épais. Les cheveux blancs. Le rat aveugle. Le ciel azuré. La tête chauve. Le son clair. Le diable boiteux. Le roi clément. La corneille sinistre. Le corps humain. La couronne civique. Le corbeau carnassier.

THÈME 11.

La chaussure militaire. La craie blanche. Le cristal poli. Le lit nuptial. Le concombre rampant. La faute légère. Le couteau tranchant. Le cuivre jaune. Le cyprès funèbre. Le cyclope barbare. La datte délicieuse. Le démon jaloux. La perte irréparable. Le défenseur officieux. La dent canine. Le poëte railleur. Le jour solennel. La puissance absolue. La douleur cuisante. Le palais royal. La ruse innocente. Le renard rusé. Le corbeau stupide.

THÈME 12.

La figure douce, plus douce, très-douce. Le devin médisant, plus médisant, très-médisant. Le palais magnifique, plus magnifique, très-magnifique. Le prince

SYNTAXE DES ADJECTIFS.

Accord de l'adjectif avec le nom.

THÈME 10.

Deus sanctus. Virgo sancta.

Amnis altus. Ala alba. Domus ampla. Arbiter æquus. Arbor celsa. Arundo lenta. Nox atra. Barba prolixa. Bellum crudele. Blanda basia. Vita brevis. Caligo densa. Capilli cani. Mus cæcus. Cœlum cæruleum. Caput calvum. Sonus clarus. Diabolus claudus. Rex clemens. Cornix sinistra. Corpus humanum. Corona civica. Corvus carnivorus.

THÈME 11.

Crepida militaris. Creta candida. Crystallum perpolitum. Cubile nuptiale. Cucumis repens. Culpa levis. Culter acutus. Cuprum flavum. Cyparissus funebris. Cyclops barbarus. Palma suavis. Dæmon invidus. Damnum irreparabile. Defensor officiosus. Dens caninus. Vates dicax. Dies solennis. Ditio suprema. Dolor acerbus. Palatium regium. Dolus innocens. Vulpes dolosa. Corvus stolidus.

THÈME 12.

Ficus dulcis, dulcior, dulcissima. Aruspex maledicus, maledicentior, maledicentissimus. Ædes magnifica, magnificentior, magnificentissima. Prin-

bienfaisant, plus bienfaisant, très-bienfaisant. Le compagnon de voyage bon, meilleur, très-bon. La troupe méchante, pire, très-méchante. Le colosse grand, plus grand, très-grand. Le colline petite, plus petite, très-petite. L'analogie facile, plus facile, très-facile. Le ceste dur, plus dur, très-dur. La haie mince, plus mince, très-mince. Le serviteur humble, plus humble, très-humble. L'esprit faible, plus faible, très-faible. Le cerveau semblable, plus semblable, très-semblable. Le crâne différent, plus différent, très-différent. Ce bruit vraisemblable, plus vraisemblable, très-vraisemblable. Ce dogme ancien, plus ancien, très-ancien. Le pirate riche, plus riche, très-riche. Le matelot capable, plus capable, très-capable. Ma mère pieuse, plus pieuse, très-pieuse. Le nom distingué, plus distingué, très-distingué. L'enfant vif, plus vif, très-vif. La roche escarpée, plus escarpée, très-escarpée.

THÈME 13.

Pater et filius boni. Pater et mater boni.

Le cheval et l'âne utiles. Le renard et le chien ennemis. Le lion et la biche sauvages. L'éléphant et le chameau quadrupèdes. Le renard et la cigogne trompés. La fourmi et l'araignée laborieuses. Le maître et le disciple studieux. Le laboureur et le fermier jaloux. La cigale et le hibou importuns. Le magistrat et le marchand intègres. Le chien et le dogue hargneux. Le paon et le geai orgueilleux. La colombe et la brebis paisibles. Le général et le soldat courageux. L'oiseleur et le chasseur patients. L'hôte et l'aubergiste vigilants. La couleuvre et la vipère venimeuses. Le crapaud et le hibou affreux. L'homme et l'ange créés. L'enfant et le vieillard mortels.

ceps benevolus, benevolentior, benevolentissimus. Comes viæ bonus, melior, optimus. Cohors mala, pejor, pessima. Colossus magnus, major, maximus. Collis parva, minor, minima. Analogia facilis, facilior, facillima. Cæstus durus, durior, durissimus. Sæpes gracilis, gracilior, gracillima. Famulus humilis, humilior, humillimus. Mens imbecillis, imbecillior, imbecillima. Cerebrum simile, similius, simillimum. Calva dissimilis, dissimilior, dissimillima. Hic rumor verisimilis, verisimilior, verisimillimus. Dogma vetus, veterius, veterrimum. Pirata dives, ditior, ditissimus. Nauta idoneus, magis idoneus, maximè idoneus. Mater mea pia, magìs pia, maximè pia. Nomen nobile, nobilius, nobilissimum. Puer alacer, alacrior, alacerrimus. Rupes ardua, magìs ardua, maximè ardua.

THÈME 13.

Pater et filius boni. Pater et mater boni.

Equus et asinus utiles. Vulpes et canis inimici. Leo et cerva feri. Elephantus et camelus quadrupedes. Vulpes et ciconia delusæ. Formica et aranea labori deditæ. Præceptor et discipulus studio dediti. Agricola et villicus invidi. Cicada et noctua molestæ. Magistratus et mercator probi. Canis et molossus morosi. Pavo et graculus superbi. Columba et ovis pacificæ. Dux et miles strenui. Auceps et venator patientes. Hospes et caupo vigiles. Coluber et vipera venenosi. Bufo et bubo tetri. Homo et angelus creati. Puer et senex mortales.

THÈME 14.

Le taureau et la génisse vigoureux. Le passereau et l'hirondelle criards. Le cheval et la jumeut attelés. La grenouille et l'écrevisse aquatiques. La fermière et le berger industrieux. Le chat et la souris ennemis. Le rossignol et le serin musiciens. L'abeille et le ver à soie laborieux. Le renard et les poules ennemis. Le ver et le limaçon solitaires. Le magistrat et le laboureur intègres. Le père et la fille chéris. La mère et le fils malheureux. L'oncle et la tante contents. Le renard et le bouc altérés. Le pigeon et la colombe enfermés. L'alouette et les petits effrayés. Le bourgeois et la villageoise se rencontrant. Le cerf et la laie sauvages. Le lion et la lionne irrités. L'ours et la panthère cruels. Le singe et le chat perfides.

THÈME 15.

L'oncle et la tante vertueux. Le frère et la sœur chéris. L'aigle et le vautour voraces. Le mari et l'épouse unis. Le père et la fille contents. Le lièvre et la brebis timides. Le tigre et l'ours furieux. La panthère et le bouc hideux. Le sanglier et la laie hérissés. Le vieillard et la jeune fille sourds. Le perroquet et la pie bavards. Le chien et le chat ennemis. L'abeille et le vers à soie industrieux. Le frelon et la cigale paresseux. Le papillon et la mouche oisifs. Le bœuf et la génisse fatigués. Le paon et le hibou importuns. La baleine et l'éléphant monstrueux. La moucheron et la sauterelle nuisibles. Le canard et l'oie aquatiques. Le rat et la belette pernicieux. L'autruche et la poule ovipares. La colombe et la tourterelle plaintives. Le corbeau et la cigogne stupides.

THÈME 14.

Taurus et juvenca robusti. Passer et hirundo clamosi. Equus et equa juncti. Rana et astacus aquatici. Villica et pastor industrii. Feles et mus inimici. Luscinia et acanthis musicæ. Apis et bombyx labori dediti. Vulpes et gallinæ inimicæ. Vermis et limax solitarii. Magistratus et agricola integri. Pater et filia dilecti. Mater et filius miseri. Avunculus et amita contenti. Vulpes et hircus siti compulsi. Palumbes et columba inclusi. Alauda et pulli territi. Civis et rustica obvii. Cervus et sus silvicolæ. Leo et leæna irati. Ursus et panthera feri. Simius et feles perfidi.

THÈME 15.

Avunculus et amita virtute præditi. Frater et soror dilecti. Aquila et vultur carnivori. Vir et uxor conjuncti. Pater et filia læti. Lepus et ovis timidi. Tigris et ursus rabidi. Panthera et hircus horridi. Aper et sus hispidi. Senex et virgo surdi. Psittacus et pica garruli. Canis et feles inimici. Apis et bombyx industrii. Fucus et cicada pigri. Papilio et musca otiosi. Bos et juvenca defessi. Pavo et noctua molesti. Balæna et elephantus immensi. Culex et locusta noxii. Anas et anser aquatici. Mus et mustela exitiosi. Struthiocamelus et gallina ovipari. Columba et turtur queruli. Corvus et ciconia stolidi.

THÈME 16.

Virtus et vitium contraria.

Le froid et l'été nécessaires. La joie et la douleur contraires. L'ombre et le bois épais. La main et le bras fermes. La rose et le pavot blancs. La terre et le champ féconds. Le buisson et l'épine désagréables. La montagne et le rocher escarpés. Le sentier et le chemin étroits. L'épaule et le côté gauches. La barbe et les cheveux roux. La jambe et le pied droits. L'oreille et le nez fins. Le lin et la laine utiles. La fraude et le crime honteux. Le casque et l'épée brillants. La nuit et l'enfer ténébreux. La colère et la haine dangereuses. Le figuier et l'olivier sauvages. Le sommeil et le songe agréables.

THÈME 17.

Turpe est mentiri.

Il est dangereux de flatter. Il serait utile d'agir. Il était agréable de se promener. Il sera doux d'aimer. Il était difficile d'acquérir. Il serait nécessaire de labourer. Il eût été avantageux d'écouter. Il est barbare de massacrer. Il est honteux de prendre. Il a été dur de punir. Il est facile de se taire. Il sera ridicule de crier. Il serait dangereux de croire légèrement. Il est fatigant de courir. Il serait glorieux de défendre. Il est odieux de tromper. Il eût été facile de conduire. Il serait nécessaire d'acheter. Il serait facile de porter. Il était difficile de pleurer. Il eût été honteux de fuir. Il serait agréable de gouverner. Il serait utile d'avoir. Il sera juste d'obéir.

THÈME 16.

Virtus et vitium contraria.

Frigus et æstas necessaria. Gaudium et mœror contraria. Umbra et nemus densa. Manus et brachium firma. Rosa et papaver alba. Tellus et ager fecunda. Rubus et spina ingrata. Mons et rupes ardua. Semita et via angusta. Humerus et latus sinistra. Barba et crinis rufa. Crus et pes dextera. Auris et nasus acuta. Linum et lana utilia. Fraus et scelus turpia. Galea et ensis corusca. Nox et erebus tenebrosa. Ira et odium periculosa. Ficus et olea silvestria. Somnus et somnium jucunda.

THÈME 17.

Turpe est mentiri.

Periculosum est adulari. Utile esset agere. Gratum erat ambulare. Dulce erit amare. Difficile erat adipisci. Necessarium esset arare. Commodum fuisset audire. Ferum est cædere. Turpe est capere. Acerbum fuit castigare. Facile est silere. Ridiculum erit clamare. Periculosum esset credere facilè. Operosum est currere. Gloriosum esset defendere. Odiosum est fallere. Facile fuisset ducere. Necessarium esset emere. Facile esset ferre. Difficile erat flere. Turpe fuisset fugere. Jucundum esset gubernare. Utile esset habere. Rectum erit obedire.

THÈME 18.

Deus est sanctus.

Mon rival est malade. Cette énigme est obscure. Le temps est court. Ce champ sera fertile. L'ambroisie était une nourriture suave. Cet arbre était élevé. Cette place sera spacieuse. Cet anneau était doré. Mon âne est un plaisant musicien. Votre serin est un oiseau charmant. L'automne sera riche. Le bain est un remède ordinaire. Le bélier est une machine de guerre. Le baume est un parfum odoriférant. L'arbousier est un arbrisseau rare. La pompe est une machine très-utile. Le serpent est venimeux. Ces asperges sont délicieuses. La cour de France est brillante. La nuit était noire.

THÈME 19.

Votre action est barbare. Ces aunes sont élevés. L'eau de cette fontaine est amère. Ce marc d'huile est clair. Vos boucliers sont brillants. Nos années sont comptées. L'anse de cette cruche est cassée. Ce lieu sera à l'abri du vent. L'argent a été commun. Le bétail est la richesse du fermier. Les armes sont les membres du soldat. Cette doctrine est austère. Votre secours est nécessaire. Cette jeune fille est bègue. Ces songes étaient agréables. Ce rôti est exquis. Ce vent du nord est glacial. L'hiver est toujours long. Cet enfant est lourd. Le buis est toujours vert. Ces éclats de rire sont excessifs. Isaac et Tobie ont été aveugles.

THÈME 18.

Deus est sanctus.

Meus æmulus est æger. Hoc ænigma est obscurum. Tempus est breve. Hic ager erit fertilis. Ambrosia erat suavis cibus. Hæc arbor erat alta. Hæc area erit ampla. Hic annulus erat aureus. Meus asellus est lepidus musicus. Tua acanthis est avis lepida. Autumnus erit copiosus. Balneum est remedium usitatum. Aries erat machina bellica. Balsamum est aroma odoriferum. Arbutus est frutex rarus. Antlia est machina utilissima. Anguis est venenosus. Hi asparagi sunt suavissimi. Aula gallica est splendida. Nox erat atra.

THÈME 19.

Tuum factum est atrox. Hæ alni sunt altæ. Aqua hujus fontis est amara. Hæc olei amurca est clara. Vestra scuta sunt nitida. Nostri anni sunt numerati. Ansa hujus amphoræ fracta est. Locus iste erit apricus. Argentum fuit commune. Pecus est opulentia villici. Arma sunt membra militis. Hæc doctrina est austera. Tuum auxilium est necessarium. Hæc virgo est balba. Ista somnia erant blanda. Hoc assum est exquisitum. Boreas iste est gelidus. Bruma est semper diuturna. Hic puer est tardus. Buxus est semper viridis. Hi cachinni sunt immodici. Isaacus et Tobias fuerunt cæci.

THÈME 20.

Ego nominor leo.

Le premier homme avait été créé immortel. Il se nommait Adam. La première femme s'appelait Ève. Ésaü revint las. Jacob partit seul. Les patriarches vécurent étrangers. Les Israélites devinrent nombreux. Job fut très-riche et devint pauvre. Saül fut choisi roi d'Israël. David devint un grand prophète. Salomon fut déclaré roi. Ce prince était regardé comme très-sage. Les prophètes vécurent et moururent pauvres. Jonas fut englouti tout vivant. Ce prophète obéit malgré lui. Esther était née juive. Aman revient confus. Mardochée fut reconnu innocent. Judith, libératrice de Béthulie, devint très-célèbre.

THÈME 21.

Le combat resta douteux. Le luxe est devenu plus grand. Ce langage est plaisant. Il sera permis de parler. Ces raisins sont indigestes. Le safran est salutaire. La cuirasse et le bouclier militaires. Le loup et la biche se rencontrant. L'aigle et les petits furent égorgés. Le traité et la paix étaient désirés. L'hôte et la jeune fille restèrent muets. La canne et le bâton sont utiles. La gelé et la neige d'hiver. La pierre et la tuile sont très-nécessaires. Le voleur revint honteux. La pâleur de la lune est surprenante. Cette lumière est obscure. Les yeux de ce petit chien sont devenus chassieux. Le bord de cette rivière est escarpé. Il serait honteux d'abandonner votre ami. Cette urne et cette coupe étaient argentées. Cet enfant a été reconnaissant. Ces écoliers deviendront savants. Les voyageurs reviendront contents.

THÈME 20.

Ego nominor leo.

Primus homo fuerat creatus immortalis. Ille nominabatur Adamus. Prima mulier vocabatur Eva. Esau rediit fessus. Jacobus profectus est solus. Patriarchæ vixerunt peregrini. Israelitæ facti sunt numerosi. Job fuit ditissimus, et factus est pauper. Saul electus est rex Israelis. David factus est magnus propheta. Salomon declaratus est rex. Hic princeps habebatur sapientissimus. Prophetæ vixerunt et mortui sunt pauperes. Jonas devoratus est omnino vivus. Hic propheta paruit invitus. Esther nata erat judæa. Amanus rediit pudore suffusus. Mardochæus declaratus est innocens. Judith, Bethuliæ liberatrix, facta est illustrissima.

THÈME 21.

Prœlium mansit dubium. Luxus factus est major. Hic sermo est facetus. Fas erit fari. Hæ uvæ sunt crudæ. Crocus est salubris. Lorica et scutum militaria. Lupus et cerva sibi obvii. Aquila et fetus mactati sunt. Fœdus et pax erant optata. Hospes et virgo manserunt muti. Arundo et fustis sunt utilia. Gelu et nix hiberna. Lapis et later sunt maxime necessaria. Latro rediit pudore suffusus. Pallor lunæ est mirus. Hoc lumen est obscurum. Oculi hujus catuli facti sunt lippi. Ripa hujus amnis est ardua. Fœdum esset relinquere tuum amicum. Hæc urna et hoc poculum erant argentea. Hic puer fuit memor. Hi discipuli fient docti. Viatores redibunt læti.

Récapitulation.

THÈME 22.

La ville de Paris a été longtemps appelée Lutèce. Le territoire d'Albe était très-fertile et très-peuplé. Le courage des Gaulois est très-célèbre dans l'histoire. Le fleuve du Rhin coule entre la France et l'Allemagne. La mort du général Turenne fut très-douloureuse à toute l'armée. Le hêtre de Tityre fut chanté dans la première églogue de Virgile. Les mœurs des Lacédémoniens, peuple belliqueux, étaient très-austères. La coutume de ce pays est préférable aux usages de votre patrie. Les citoyens du bourg voisin ont été toujours très-attachés au souverain. Cette femme âgée, quelquefois d'une humeur fâcheuse, est très-bonne et très-compatissante envers les malheureux. L'épouse d'un caractère doux est la gloire de l'époux et le délice de ses enfants. Le vice d'un exemple dangereux est trop commun, et souvent impuni. Le chien, d'une fidélité rare et d'un attachement sincère, est l'ami et le compagnon de l'homme dans les voyages. L'espérance de vaincre est le principe du courage et un gage assuré du succès.

THÈME 23.

Le temps de couper les blés sera un grand sujet de joie pour le pauvre dépourvu de pain. L'heure de prier Dieu est principalement le matin et le soir. Le moment de pardonner est précieux ; quand il est échappé, il ne revient pas toujours. La soif d'entasser des trésors est une maladie bien dangereuse, et nuisible au bonheur. Le désir d'apprendre est louable quand il est bien réglé. L'art d'écrire une lettre et le talent de composer un dis-

Récapitulation.

THÈME 22.

Urbs Parisii Lutetia diu vocata est. Ager albanus erat uberrimus et populo frequentissimus. Gallorum virtus est in historia celeberrima. Amnis Rhenus Galliam inter et Germaniam fluit. Mors ducis Turennii universo exercitui fuit acerbissima. Tityri fagus in prima Virgilii ecloga celebrata est. Lacedæmoniorum, bellicosæ gentis, mores erant severissimi. Mos hujusce regionis potior est tuæ patriæ moribus. Cives proximi pagi semper devotissimi fuerunt principi. Hæc anus, nonnunquam morosi ingenii (*ou* -o -o), est optima et erga infelices misericors. Uxor indolis mitis (*ou* -e -i) est sponsi decus et deliciæ ejus liberorum. Vitium periculosi exempli (*ou* -o -o) est communius et sæpe impunitum. Canis eximia fide (*ou* -æ -ei) et sincera devotione (*ou* -æ -is) est hominis amicus et comes in itineribus. Spes vincendi est virtutis principium, et successûs pignus certum.

THÈME 23.

Tempus secandarum segetum erit magna lætitiæ causa pauperi egenti pane. Hora Deum orandi est præcipue matutinum vespertinumque tempus. Tempus ignoscendi pretiosum est; quum effluxit, non semper redit. Sitis cumulandorum thesaurorum morbus est periculosissimus, atque felicitati noxius. Cupiditas discendi est laudanda, quum recte est ordinata. Ars scribendæ epistolæ, atque

cours sont très-utiles. L'envie de voir la ville de Rome fut la cause principale du voyage de votre parent. Le temps de parcourir la mer d'Asie a été très-favorable aux savants. La saison de chasser le cerf et le sanglier s'était écoulée trop promptement au gré de plusieurs personnes. Le jour de récompenser cet élève d'une application assidue brillera bientôt. Le désir d'obtenir les éloges d'un maître d'un jugement exquis est très-louable. L'estime et l'amitié de vos parents, d'une réputation distinguée, sont un bien très-précieux pour un enfant bien né.

THÈME 24.

Le pauvre et le malade, qui languissent, sont malheureux. La brebis et le loup, qui se rencontrèrent, étaient d'un caractère différent. Le lièvre et la tortue disputèrent ensemble. La maison et le temple, qui ont été renversés, étaient très-magnifiques. Le berger et le troupeau, qui s'étaient égarés, ont été retrouvés plus tôt que je ne croyais. L'aile et la patte de cet oiseau avaient été cassées. Ce raisin et ces fraises se gâtent. Les Alpes et ces montagnes sont difficiles à franchir. Le froid et la faim ne sont pas faciles à supporter. La lance et l'épée qui ont été enlevées. La figure et le portrait sont très-ressemblants. Le bras et la main, qui ont été pansés, sont guéris. La famine et la guerre sont deux fléaux très-redoutables. La lyre et la harpe, qui ont été apportées, étaient d'ivoire. Le bitume et la poix sont très-utiles aux ouvriers. Ces murs et cette voûte sont de marbre. Ces soucis et ces roses, qui ont été arrachés, étaient fleuris. La faute et le mensonge, qui ont été commis, sont très-criminels.

componendæ orationis facultas, sunt utilissimæ.
Cupido videndæ urbis Romæ præcipua fuit cognati
tui itineris causa. Tempus asiatici maris pererrandi
fuit doctis faustissimum. Tempestas cervi et apri
venandorum citius permultorum arbitrio effluxe-
rat. Dies hujusce remunerandi discipuli assidua
attentione (*ou* -æ-is) brevi illucescet. Cupido
impetrandi laudes præceptoris exquisitissimi ju-
dicii (*ou* -o-o) est laudabilissima. Parentum tuorum
nobili fama (*ou* -is-æ) existimatio et amicitia sunt
bonum puero liberaliter educato pretiosissimum.

THÈME 24.

Pauper et æger, qui languescunt, sunt infelices.
Ovis et lupus, qui utrinque fuerunt obvii, erant dis-
simili indole. Lepus et testudo una decertaverunt.
Domus et templum, quæ diruta sunt, erant magnificentissima. Pastor et pecus, qui aberraverant,
reperti sunt citius quam putabam. Penna et pes
ejus volucris fracta erant. Hæc uva et hæc fraga
fracescunt. Alpes et hi montes sunt difficilia supe-
ratu. Frigus et fames non sunt facilia toleratu.
Hasta et ensis quæ ablata sunt. Vultus et imago
sunt simillima. Lacertus et manus, quæ curata
fuere, sana sunt. Fames et bellum sunt duæ pestes
formidolosissimæ. Lyra et cithara, quæ allatæ sunt,
erant eburneæ. Bitumen et pix sunt utilissima opi-
ficibus. Hæ parietes et hæc camera sunt marmoreæ.
Hæ calthæ et rosæ, quæ avulsæ sunt, floruerant.
Noxa et mendacium, quæ commissa fuerunt, sunt
flagitiosissima.

Thèmes 7e. Corrigés.   2

Régime des adjectifs.

THÈME 25.

Avidus laudum. Similis patris *ou* patri. Id mihi utile est.
Propensus ad lenitatem. Præditus virtute, etc.

Ce jardin est plein d'arbres admirables à voir. Ces bottes sont semblables aux miennes. Ces enfants ont du goût pour l'instruction. Les guerriers sont avides de combats. Un très-bon roi est semblable à un père de famille. Le travail est avantageux à la santé. L'empereur Théodose était porté à la colère. Annibal ravageant l'Italie était irrité contre les Romains. Le soldat accoutumé à la fatigue, et qui ne manque pas de courage, oublie les dangers. La brebis, qui souffre l'injure, et le loup, avide de carnage, furent dignes de l'attention de Phèdre. L'artisan qui ne sait pas son métier, et qui désire son salaire, n'est pas né pour l'utilité de la société. César, porté à la douceur, et qui se souvenait des services reçus, était né pour le bonheur des peuples. Le pauvre qui manque de secours, et qui est content de son sort, est un spectacle digne d'admiration.

THÈME 26.

Ce discours, digne d'un fameux orateur, est admirable à entendre. Le mensonge, indigne de l'honnête homme, est facile à mépriser. Un esprit porté à la dissimulation, accoutumé à la fourberie, est indigne d'un enfant bien né. Cet homme, doué d'une vaste érudition, et utile à ses concitoyens, est digne d'éloges. La calomnie, facile à inventer, est difficile à détruire. Hérode, avide du sceptre, était irrité contre les mages. Les héros étaient alliés aux dieux ou aux déesses. L'homme qui se souvient des injures et oublie les bienfaits est

Régime des adjectifs.

THÈME 25.

Avidus laudum. Similis patris *ou* patri. Id mihi utile est.
Propensus ad lenitatem. Præditus virtute, etc.

Hic hortus plenus est arboribus mirabilibus visu.
Istæ ocreæ sunt similes meis ocreis. Hi pueri fuerunt studiosi disciplinæ. Bellatores sunt avidi prœ-
liorum. Rex optimus similis est patris (*ou* -i) fami-
lias. Labor commodus est sanitati. Imperator
Theodosius proclivis erat ad iram. Annibal popula-
bundus Italiam erat iratus Romanis. Miles assuetus
labori, et non expers animi, est immemor periculorum. Ovis, patiens injuriæ, et lupus, avidus cædis,
digni fuerunt attentione Phædri. Artifex rudis suæ
artis, et cupidus suæ mercedis, non est natus ad utilitatem societatis. Cæsar, pronus ad lenitatem et memor beneficiorum acceptorum, natus erat ad felicitatem populorum. Pauper expers auxilii, et contentus
sua sorte, est spectaculum dignum admiratione.

THÈME 26.

Hæc oratio, digna nobili oratore, est mirabilis
auditu. Mendacium, indignum homine probo, est
facile contemptu. Ingenium pronum ad dissimula-
tionem, assuetum fraudi, est indignum puero
ingenuo. Hic homo, præditus ampla eruditione, et
utilis suis civibus, dignus est laudibus. Calumnia,
facilis inventu, difficilis est deletu. Herodes, avidus
imperii, infensus erat magis. Heroes erant affines
deorum dearumve (*ou* diis deabusve). Homo memor injuriarum et immemor beneficiorum est pro-

porté à l'ingratitude et à la vengeance. Job, qui souffrit des maux innombrables, était doué d'une patience admirable.

THÈME 27.

L'homme de bien est porté à pardonner, le méchant à venger une injure reçue. Le breuvage du médecin Philippe était propre à guérir Alexandre. Les environs de cette ville sont agréables à voir. Dieu, qui souffre nos égarements, est porté à pardonner. Abraham était prêt à immoler son fils ; mais Dieu fut content de l'obéissance du père et du fils. Moïse fut curieux de voir le buisson ardent. David était habile à jouer de la harpe. Les Philistins étaient accoutumés à vaincre ; mais Samson parut né pour les exterminer. Les Israélites, qui ne se souvenaient pas des miracles du Seigneur, étaient prompts à murmurer. L'homme est né pour travailler, le bœuf pour labourer, l'oiseau pour voler. Turenne était accoutumé à vaincre et à pardonner.

THÈME 28.

Les enfants sont toujours prêts à courir ou à jouer. Le prince qui oublie de se venger, et qui se souvient de récompenser, est né pour le bonheur des peuples. Cet ouvrage, difficile à comprendre, est propre à exercer l'attention. Les parents sont disposés à oublier les torts des enfants. Ce récit est bien propre à consoler le pauvre. Joseph semblait né pour interpréter les songes. La sai-

clivis ad ingrati animi vitium et ad ultionem. Job,
expertus plurima mala, erat præditus patientia
admirabili.

THÈME 27.

Vir bonus est pronus ad ignoscendum; improbus
ad ulciscendam injuriam acceptam. Potio medici
Philippi erat apta ad sanandum Alexandrum. Loca
huic urbi circumjecta sunt admirabilia visu. Deus
patiens nostrorum delictorum est pronus ad ignoscendum. Abrahamus erat paratus ad mactandum
suum filium; Deus vero contentus fuit obedientia
patris et filii. Moyses fuit cupidus videndi rubi ar-
dentis. David erat peritus pulsandæ citharæ. Phili-
stæi erant assueti vincendo, at Samson visus est
natus ad eos delendos. Israelitæ, immemores mira-
culorum Domini, erant proni ad murmurandum.
Homo natus est ad laborandum, bos ad arandum,
avis ad volitandum. Turennius erat assuetus vincendo et ignoscendo.

THÈME 28.

Pueri sunt semper parati ad currendum aut ad
ludendum. Princeps immemor ulciscendi, et memor remunerandi, natus est ad felicitatem populorum. Hoc opus, difficile intellectu, aptum est ad
exercendam attentionem animi. Parentes sunt proni
ad obliviscendum errores liberorum. Hæc narratio
est aptissima ad solandum pauperem. Joseph videbatur natus ad interpretanda somnia. Tempestas

son paraît propre pour chasser. Le silence de la nuit est avantageux pour la pêche. L'autorité de Joseph paraissait égale au pouvoir du roi. Ces auges pleines d'eau sont commodes pour abreuver les chevaux. L'adversité est utile à l'homme de bien. Le cheval paraît né pour les combats. Il serait difficile d'excuser cette faute.

SYNTAXE DES COMPARATIFS.

THÈME 29.

Doctior Petro. Felicior quàm prudentior, etc.

Le cheval est plus courageux que le cerf. Le cèdre est plus élevé que le chêne. La chevelure d'Absalon lui fut plus nuisible qu'utile. Cette coquille est plus large que ce gobelet. Le fer est plus utile que l'or. Ce fleuve est plus large que profond. Cet enfant agit plus étourdiment que prudemment. Joseph était plus vertueux que ses frères. Nos pères étaient plus pieux que nous. L'ennemi combattit plus courageusement que longtemps. Cette méthode paraît plus abrégée que sûre. La ponce est plus légère que la craie. Ce prince gouverne plus sagement que sévèrement. Ce jeune homme étudie plus assidûment qu'attentivement. Ce village est plus éloigné qu'il ne paraît. Le chant du paon est plus désagréable que le croassement du corbeau. L'abeille est plus industrieuse que la mouche. Le chien est plus fidèle que le chat.

THÈME 30.

La vertu est plus nécessaire que la science. Votre frère est plus riche qu'il n'était. Rien n'est plus glorieux

videtur apta ad venandum. Silentium noctis est commodum piscationi. Joseph auctoritas æqualis regiæ potestati videbatur. Hi alvei aqua pleni sunt commodi adaquandis equis. Adversa fortuna utilis est viro probo. Equus natus videtur ad prœlia. Hanc culpam excusare difficile esset.

SYNTAXE DES COMPARATIFS.

THÈME 29.

Doctior Petro. Felicior quàm prudentior, etc.

Equus est fortior cervo. Cedrus celsior est quam quercus. Coma Absalonis ei exitiosior fuit quam utilior. Hæc concha largior est quam hic cyathus. Ferrum utilius est auro. Hoc flumen latius est quam altius. Hic puer agit inconsultius quam prudentius. Joseph erat majori virtute præditus quam ejus fratres. Nostri majores erant magis pii quam nos. Hostis pugnavit fortius quam diutius. Hæc ratio videtur brevior quam certior. Pumex levior est creta. Hic princeps sapientius quam severius imperat. Hic juvenis studet litteris magis assidue quam attente. Hic vicus magis est longinquus quam videtur. Pavonis cantus est molestior quam corvi crocitus. Apis est magis industria quam musca. Canis est fidelior quam feles.

THÈME 30.

Virtus est magis necessaria quam scientia. Tuus frater est locupletior quam erat. Nihil est glorio-

que de pardonner. Cet homme est plus bavard que savant. Les enfants sont souvent moins sages et moins vertueux que les pères. Turenne était plus brave et plus pieux que vous ne pensez. Le soleil est plus grand que la terre. Agissez plus sagement que votre frère. Les habitants de cette ville paraissent plus pauvres que riches. Rien n'est plus dangereux que l'oisiveté.

THÈME 31.

Ce chemin paraît plus long que difficile. La pluie tombe plus rarement qu'abondamment. Ce joug est plus léger que vous ne croyez. Rien n'est plus dangereux que de se mettre en colère. Le fumier est plus nécessaire à la terre que vous ne pensez. La réputation est plus chère à l'homme de bien que les richesses. Les ignorants sont plus nombreux que les savants. Ces greniers sont plus vides que pleins. Cette entreprise est plus juste que facile à exécuter. L'eau de ce lac est plus trouble que clair. La pointe de cette lance est plus aiguë que le fer n'en est brillant. Cet homme est plus libéral que riche. Les heures de travail paraissent plus courtes que longues à l'écolier diligent. Cet enfant est plus doux qu'il n'était. Ces preuves sont plus claires que le jour. Ces figues sont plus mûres qu'agréables au goût.

THÈME 32.

Altissima arborum. Validior manuum, etc.

Le plus chaud des pays est l'Afrique. Le plus barbare des tyrans fut Néron. L'écolier le plus vif de la classe

sius quam ignoscere. Iste homo loquacior est quam doctior. Pueri sunt sæpe minori sapientia minorique virtute præditi quam patres. Turennius erat magis strenuus ac magis pius quam putas. Sol major est terra. Age sapientius quam tuus frater. Hujusce urbis cives pauperiores videntur quam ditiores. Nihil est periculosius otio.

THÈME 31.

Hæc via longior videtur quam difficilior. Imber decidit rarius quam copiosius. Hoc jugum levius est quam putas. Nihil periculosius est quam irasci. Fimus est magis terræ necessarius quam putas. Fama est homini probo carior quam divitiæ. Ignari sunt frequentiores doctis. Hæc horrea sunt magis vacua quam plena. Hoc inceptum justius est quam facilius effectu. Aqua hujus lacus turbidior est quam limpidior. Mucro hujus lanceæ est acutior quam ferrum illius est fulgentius. Vir ille est liberalior quam ditior. Horæ laboris videntur breviores quam diuturniores discipulo diligenti. Hic puer est mansuetior quam erat. Hæc argumenta sunt luce manifestiora. Hæ ficus maturiores sunt quam suaviores gustu.

THÈME 32.

Altissima arborum. Validior manuum, etc.

Africa est fervidissima regionum, *ou* inter regiones, *ou* ex regionibus. Ferocissimus tyrannorum, *ou* inter tyrannos, *ou* ex tyrannis fuit Nero.

2.

est le plus laborieux. La vertu est le plus véritable de tous les biens. Le Messie était le plus clément des hommes. La terre promise était le pays le plus fertile de la contrée. Le plus adroit de ces deux enfants est votre neveu. Alexandre était fils de Philippe; celui-ci était le plus railleur. Salomon est regardé comme le plus riche des rois. Cette nouvelle me paraît très-incertaine. Le miel est le plus doux des mets. La France est un des pays les plus fertiles. Quel animal plus sale que le porc? Démosthène était le plus éloquent des orateurs d'Athènes. Le souci est la plus jaune des fleurs. La soie et le plus délié des fils. Le cèdre est le plus haut des arbres. Le chien est le plus reconnaissant des animaux. Votre mère était la plus gaie de la société.

THÈME 33.

Ce prix est la plus honorable des récompenses. Lazare et Job paraissent avoir été les plus malheureux des hommes. La brebis passe pour le plus doux des animaux. Le plus courageux de ces deux soldats a été récompensé. Les murailles de cette ville sont les plus escarpées de toutes. Le style de cet auteur est plus mordant que le sujet n'exige. Cicéron est le plus fameux des orateurs de Rome. Deux de ces enfants sont venus. Cette tâche est plus pénible que la vôtre. Le pied droit est ordinairement le plus fort. Les jeunes gens sont plus pétulants qu'expérimentés. L'agneau est le plus doux des animaux.

Discipulus scholæ alacerrimus est labori deditis-
simus. Virtus est omnium bonorum, *ou* inter
omnia bona, *ou* ex omnibus bonis certissimum.
Messias erat clementissimus hominum, *ou* inter
homines, *ou* ex hominibus. Terra promissa erat
ager lætissimus regionis. Dexterior horum puerorum est tui fratris filius. Alexander erat Philippi
filius; hic erat dicacior. Salomon habetur ditissimus regum. Hoc nuntium mihi videtur maxime
dubium. Mel est ciborum dulcissimus. Gallia est
una regionum fecundissimarum. Quodnam animal
sordidius porco? Demosthenes erat disertissimus
oratorum, *ou* inter oratores, *ou* ex oratoribus
Athenarum. Caltha est florum, *ou* inter flores, *ou*
ex floribus flavissimus. Bombyx est filorum, *ou*
inter fila, *ou* ex filis gracillimum. Cedrus est pro-
cerissima arborum, *ou* inter arbores, *ou* ex arboribus. Canis est animalium, *ou* inter animalia, *ou*
ex animalibus gratissimum. Tua mater erat cœtus
hilarissima.

THÈME 33.

Hoc præmium est honorificentissima merce-
dum. Lazarus et Job videntur fuisse miserrimi
hominum, *ou* inter homines, *ou* ex hominibus.
Ovis habetur mitissimum animalium, *ou* inter animalia, *ou* ex animalibus. Fortior horum militum
præmio donatus est. Hujus urbis mœnia sunt
maxime omnium ardua. Hujus scriptoris stylus est
mordacior quam res poscit. Cicero est nobilissimus
oratorum, *ou* inter oratores, *ou* ex oratoribus
Romæ. Duo horum puerorum venerunt. Hoc pensum est gravius quam tuum. Pes dexter est vulgo
validior. Juvenes sunt petulantiores quam peri-
tiores. Agnus est mitissimum animalium, *ou* inter
animalia, *ou* ex animalibus.

SYNTAXE DES VERBES.

Accord du verbe avec le sujet.

THÈME 34.

Ego audio. Petrus et Paulus ludunt, etc.

Je médite. Tu guériras. Il se souvient. Je raconte, et tu écoutes. Il vend, et tu achètes. Le paysan et le fermier moissonnent. La mère et la fille se promènent. Vous et moi nous avertissons. Votre frère et vous, vous vous arrêterez. Cet événement et votre avis le touchent. Votre père et moi, nous vous récompenserons. La foule applaudira. La grêle et la neige ont beaucoup nui. Votre frère et vous, vous compterez. Votre mère et nous, nous prierons. Le vainqueur et vous, vous triomphiez. Vous et moi, nous avons résolu. Le paysan et le prince sont sujets à la mort. Le pain et les habits sont très-nécessaires. Ces écoliers et vous, vous avez écrit très-joliment. Cette étoffe et cette toile paraissent neuves. Votre jeune frère et vous, vous avez babillé trop longtemps. Vos parents et nous, nous avons beaucoup souffert. Cette chose est évidente. Nos amis et nous, nous appréhendâmes. Les voyageurs qui sont arrivés, et moi, nous nous assîmes. Ces poires, qui mûrissent, sont délicieuses à manger. Ces blés, qui sont jaunes, paraissent mûrcs. Ce hêtre et ce noyer, qui sont touffus, sont bien vieux.

SYNTAXE DES VERBES.

Accord du verbe avec le sujet.

THÈME 34.

Ego audio. Petrus et Paulus ludunt, etc.

Ego meditor. Tu convalesces. Ille meminit. Ego narro, et tu audis. Ille vendit, et tu emis. Rusticus et villicus metunt. Mater et filia ambulant. Ego et tu monemus. Tu fraterque tuus morabimini. Hic casus et tuum monitum illum movent. Ego et tuus pater te remunerabimur. Turba plaudet *ou* plaudent. Grando et nix plurimum nocuere. Tu fraterque tuus numerabitis. Nos materque tua orabimus. Tu victorque ovabatis. Ego et tu statuimus. Rusticus et vir princeps sunt morti obnoxii. Panis et vestes sunt maxime necessaria. Tu et illi discipuli scripsistis lepidissime. Hic pannus et hæc tela videntur nova. Tu juvenisque tuus frater garriistis diutius. Nos tuique parentes multum passi sumus. Hæc res est manifesta. Nos et nostri amici expavimus. Ego et viatores, qui advenere, consedimus. Hæc pira, quæ maturescunt, sunt suavia manducatu. Hæ segetes, quæ sunt flavæ, videntur maturæ. Hæc fagus et nux illa, quæ sunt patulæ, sunt vetustissimæ.

Régime direct des verbes actifs.

THÈME 35.

Amo Deum. Imitor patrem.

Les citoyens vertueux estiment et respectent le magistrat intègre. Les peuples le chérissent et l'admirent. La terre, cette bonne mère, nourrit ceux qui la cultivent. Les chameaux de Rébecca burent d'une haleine l'eau qu'elle avait versée dans les auges. Le chagrin et la tristesse ont suffoqué mon ami. Le fermier labourera les champs de mon oncle. Ces négociants avaient augmenté leur fortune; mais la tempête a submergé le vaisseau. Un bon père rend heureux ses enfants. Jeunes gens, vous avez chanté de jolis airs, votre gosier est desséché, buvez cette bière. Imitons nos ancêtres, et suivons les exemples de nos pères. L'homme sage évite et déteste également un causeur et le grand rieur. La mite ronge le fromage. Les vainqueurs ont inhumainement massacré les prisonniers. Cet artiste sait ciseler le cuivre et l'airain.

THÈME 36.

Musica me juvat *ou* delectat.

La musique plaisait aux Hébreux. La chasse plaît aux jeunes gens. Les prix seront réservés pour les écoliers studieux. La libéralité convient à l'homme riche. Tous les mortels ignorent l'avenir. Le célibataire ignore les sollicitudes de la tendresse paternelle. Une récolte abondante attend le cultivateur industrieux. Ces enfants attendent l'arrivée de leur mère; ils ont cueilli des roseaux et ont fait une corbeille. Le renard de la fable désirait prendre les raisins et il ne les atteignit

Régime direct des verbes actifs.

THÈME 35.

Amo Deum. Imitor patrem.

Cives virtute prædíti magistratum integrum æstimant et verentur. Illum populi diligunt et mirantur. Terra, alma illa parens, alit eos qui eam colunt. Cameli Rebeccæ uno spiritu hauserunt aquam, quam in alveos infuderat. Mœror et tristitia suffocarunt meum amicum. Villicus arabit agros mei avunculi. Hi mercatores auxerant suam fortunam; sed procella mersit navem. Bonus pater beat suos liberos. Adolescentes, festivissime cecinistis, vestra guttura arent, hanc siceram bibite. Nostros majores imitemur, et patrum nostrorum exempla sequamur. Vir sapiens æque fugit et detestatur blateronem et cachinnonem. Blatta rodit caseum. Victores inhumane ceciderunt captivos. Hic artifex peritus est cælandi cuprum et æs.

THÈME 36.

Musica me juvat *ou* delectat.

Musica juvabat Hebræos. Venatio juvenes delectat. Præmia manebunt discipulos labori deditos. Hominem divitem decet liberalitas. Cunctos mortales futurum tempus fugit. Cælibem prætereunt curæ pietatis paternæ. Copiosa seges agricolam industrium manet. Hi pueri exspectant adventum suæ matris; legerunt calamos et calathum texuerunt. Fabulæ vulpes captabat uvas, nec attigit eas.

pas. Les petits villageois ont cueilli ces châtaignes et les ont apportées. Les taupes ont creusé ces trous, je les ai vues. L'espoir de la victoire anime les combattants. Vous avez commencé l'affaire, vous la terminerez. L'exercice est avantageux pour digérer les aliments. Les Cyclopes forgeaient les armes de Vulcain. L'artisan polit les métaux. Cet enfant a mangé un morceau de pain et bu une tasse de lait.

THÈME 37.

Le financier, son fils et le cheval.

Un riche financier avait donné à son fils un superbe coursier. Un écuyer habile l'avait rendu souple, docile; aussi lorsque le père le présenta à son fils : « Vous pouvez, lui dit-il, monter ce cheval; mon écuyer l'a dompté. Mais suivez mon conseil : afin que la fougue du jeune âge ne l'emporte pas, saisissez fortement la bride. » Le jeune homme se plut d'abord à profiter de ce conseil, et le coursier fougueux, que la bride retient, modère son ardeur. Le jeune homme, enhardi par ce premier essai, fait une seconde promenade et sans bride ose emmener le cheval. Celui-ci, qui n'ignore pas le prix de la liberté, bondit et caracole, et se plaît à courir à travers les champs. Notre jeune cavalier crie d'abord : « Arrête! arrête! » Le cheval semble ignorer le danger que court le pauvre cavalier; il lui était réservé de faire la culbute.

Rusticuli legerunt has castaneas et eas attulerunt.
Talpæ hæc cubilia foderunt, eas vidi. Spes victoriæ ciet bellantes. Rem incepisti, eam perficies.
Exercitatio utilis est concoquendis cibis. Cyclopes
cudebant arma Vulcani. Opifex dolat metalla.
Hic puer edit frustum panis et hausit poculum
lactis.

THÈME 37.

Argentarius, filius et equus.

Dives quidam rei ærariæ administrator filio suo
nobilem equum dono dederat. Quem peritus equiso
flexibilem docilemque præstiterat; inde, quum
illum pater suo obtulit filio : « Isti, inquit, equo
potes insidere; meus illum equiso domuit. Tu
tamen meum consilium sequere : ne juvenili effe-
ratur impetu, tu frenum valida capesse manu. »
Primo hoc uti consilio adolescentem juvit, et freno
compressus acer equus suum continet impetum.
Quo quidem experimento factus audacior juvenis,
ambulationi iterum instat, et equum infrenatum
audet abducere. Ille, quem non fugit quanti sit
libertas, subsilit, in gyrum procurrit, et per
campum fugere amat. Primum junior eques exclamat : « Siste gradum, siste! » Equum fugere videtur quid misellus eques adeat periculi; hunc
manebat ad terram in caput provolvi.

THÈME 38.

Le financier, son fils et le cheval (suite).

Le cavalier honteux se relève. Bientôt le père n'ignore plus la triste aventure. Il saisit l'occasion, et donne à ce fils une leçon fort sage : « Je ne suis pas surpris de cet accident, mon fils, lui dit-il ; il t'attendait. Ce cheval a fait ce qu'il devait faire. Il devait se laisser emporter par une fougue que la bride seule pouvait arrêter. C'est ainsi pour l'ordinaire que nous nous conduisons, lorsque nous avons secoué le joug de la morale et de la religion. Nous ne suivons plus alors que la passion pour guide ; une seule chose nous occupe ; il faut la satisfaire. Ce frein est aussi nécessaire au cœur humain que la bride au cheval. Trop souvent, au contraire, quand nous avons secoué le joug, nous ne sommes plus capables de le souffrir dans la suite. » La fougue du cheval ne fut que passagère. Plus prudent et plus sage, le jeune cavalier n'osa plus l'emmener sans bride.

THÈME 39.

Studeo grammaticæ. Defuit officio, etc.

Étudiez l'histoire, qui est plus utile que vous ne pensez. Charlemagne et François Ier ont favorisé beaucoup les gens de lettres. Les écoliers qui manquent au devoir de la classe ne contentent ni les maîtres ni les parents. Les magistrats ont assisté à la distribution solennelle des prix. La foudre menaça longtemps nos cités. Pharaon menaça les devins de l'Égypte, qui ne purent expliquer un songe. Il est permis de jouer

THÈME 38.

Argentarius, filius et equus (sequitur).

Pudore suffusus sese erigit eques. Mox patrem flebilis non fugit casus. Qui quidem , data usus occasione, sapientissime filium submonet : « Hunc ego casum , fili mi, haud miror; ille te manebat. Equus iste, quod erat sibi faciendum , egit. Impetu ille certe efferendus erat, qui freno tantum comprimi poterat. Haud aliter et nos plerumque agimus, ubi morum et religionis frenum solvimus. Jam nos ducem solam libidinem sequimur, in hoc uno occupati , scilicet ut illi satisfaciamus. Quod certe frenum humano pectori æque est necessarium , ac equo habenæ necessariæ sunt. Sæpius contra, ubi frenum solvimus, illud in posterum nullo ferre modo possumus. » Brevis equi fuit impetus. Prudentior factus et sapientior juvenis eques jam non ausus est illum infrenatum abducere.

THÈME 39.

Studeo grammaticæ. Defuit officio, etc.

Historiæ stude , quæ utilior est quam putas. Carolus magnus et Franciscus primus multum viris litteratis faverunt. Discipuli qui desunt officio scholastico nec præceptoribus nec parentibus satisfaciunt. Magistratus adfuerunt solenni præmiorum distributioni. Fulmen diu nostris civitatibus impendit. Pharao minatus est vatibus ægyptiis, qui non potuerunt explicare somnium. Licet festive

gaiement à celui qui s'est livré au travail. Tobie, qui craignait Dieu et le servait, secourait les pauvres et ensevelissait les morts. Félicitons ceux qui ont assisté l'indigent. Il n'est rien de plus avantageux à l'homme que de commander avec modération à ceux qui lui sont soumis.

THÈME 40.

L'enfant, l'arbrisseau et le chéne.

Un jeune enfant avait bien étudié la grammaire. Il avait contenté son précepteur ; le père voulut favoriser le jeune élève et lui procurer une promenade. Rien ne manquait à la joie de l'enfant. Le riant spectacle de la nature était présent aux yeux de l'un et de l'autre ; le ciel était pur, serein ; nul orage ne menaçait la petite société. Comme ils se promenaient tous deux, un arbrisseau se présente, un violent orage l'avait courbé. Le père, qui se plaisait à donner à ce cher fils une leçon salutaire, lui dit : « Vois, mon fils, ce jeune arbrisseau ; il était droit, quel accident lui est survenu? Je le vois tout courbé. Il serait avantageux que tu le redressasses. Va, porte-lui du secours. — Volontiers, » dit l'enfant. Il fait quelques efforts, le redresse. « Fort bien, lui dit le père ; mais ne te fâche pas contre moi, si je te montre ce chêne ; rends-lui le même service ; il ne lui est pas moins nécessaire qu'à cet arbrisseau. Va, mon fils, redresse-le de même. »

ludere illi qui labori indulsit. Tobias, qui Deum timebat et illi serviebat, pauperibus opitulabatur et mortuos sepeliebat. Gratulemur illis qui indigenti opitulati sunt. Homini nihil magis expedit quam moderate imperare iis qui sunt ipsi subjecti.

THÈME 40.

Puer, arbuscula et quercus.

Grammaticæ puerulus recte studuerat. Suo satisfecerat præceptori; juveni pater favere voluit alumno, et illum ambulatum ducere. Pueri gaudio nil deerat. Lætum naturæ spectaculum utriusque oculis aderat; purum, serenum erat cœlum; nulla exiguo cœtui tempestas imminebat. Ambo quum deambularent, occurrit arbuscula, quem fœdissima incurvaverat procella. Pater, quem juvabat dilecto illi filio salutare consilium dare : « Tenellam, inquit, fili mi, arbusculam aspice; illa quondam stabat recta; quid illi casus accidit? Hanc plane incurvatam video. Sane expediret ut illam tu erigeres. Perge, illi fer opem. » Cui puer : « Et ego libenter. » Nonnihil ille conatur, arbusculam erigit. « Optime quidem, ait pater, tu vero ne mihi irascaris, hanc ego si tibi quercum ostenderim; idem et illi officium præsta; quod quidem ei haud minus, quam huic arbusculæ, est necessarium. Perge, fili; tu et illam similiter erige. »

THÈME 41.

L'enfant, l'arbrisseau et le chêne (suite).

« Quel exercice j'aurais ! répond en riant l'enfant. Mes efforts me causeraient beaucoup de fatigue ; je ne réussirais pas. Si vous m'eussiez proposé cette besogne lorsque l'arbre était jeune, je vous eusse obéi ; vous ne me ferez pas un crime de ce refus, je vous prie ; quand j'aurais les forces de Samson, il ne m'arriverait pas de réussir. — Mon fils, lui dit le père, je ne t'accuserai pas de désobéissance ; je ne saurais me fâcher contre toi ; mais tire de ces deux arbres une leçon utile. Il est avantageux, pendant que tu es jeune encore, de faire la guerre à tes défauts. Semblable à ce jeune arbrisseau, ta volonté flexible se redressera aisément. Mais si ces mêmes défauts croissaient avec l'âge, alors, semblables à ce chêne, tu ne pourrais les corriger. »

THÈME 42.

Le cerf a un bois très-haut. Ce cerisier avait de fort grosses cerises. La mort de ma mère, femme très-respectable, m'a causé une très-vive douleur. Cette entreprise mal exécutée vous a causé de cuisants chagrins. Les vieillards scélérats firent un crime à Suzanne de sa chasteté. Les Carthaginois semblaient faire un crime à tous les autres peuples de la bonne foi. Joab blâma les gens qui l'accompagnaient du respect porté aux ordres du roi. Les chœurs des jeunes Israélites accourent au-devant du jeune David, vainqueur de Goliath. Les ci-

THÈME 41.

Puer, arbuscula et quercus (sequitur).

Cui subridens puer : « Quanta mihi foret exercitatio ! Multo mihi sudori essent mei conatus, nihil ego proficerem. Id mihi opus, dum junior esset arbos, si mihi peragendum proposuisses, tibi certe paruissem ; illam tu mihi, quæso, repulsam non vitio vertes ; etsi mihi Samsonis vires forent, proficere tamen mihi minime contingeret. » Cui pater : « Fili, inquit, ego te contumaciæ non insimulabo ; tibi irasci minime queam ; ex ambabus vero istis arboribus ad tuam utilitatem documentum cape. Tibi, quum sis adhuc junior, expedit bellum tuis vitiis indicere. Istius tenellæ arboris instar flexibilis tua voluntas facile erigetur. Quæ vero vitia si cum ætate creverint, isti similia quercui jam tu nullo modo posses emendare. »

THÈME 42.

Cervo sunt cornua altissima. Huic ceraso erant crassissima cerasa. Obitus meæ matris, mulieris venerabilissimæ, mihi attulit acerrimum dolorem. Hoc inceptum male perfectum tibi attulit molestias acerbissimas. Senes scelesti suam Susannæ crimini verterunt pudicitiam. Carthaginienses vic debantur fidem crimini dare ceteris populis. Joab vitio vertit hominibus qui ipsum comitabantur obsequium habitum mandatis regis. Chori ju venum Israelitarum concurrunt obviam juniori Davidi, Goliathi victori. Vulnera avunculi tui,

catrices de votre oncle, général de l'armée, lui ont procuré de la gloire et de justes éloges. Il fut avantageux à saint Martin de rencontrer un pauvre ; il lui donna le manteau qui le couvrait. Laban, beau-frère de Jacob, paraissait devoir s'irriter contre lui. La cendre et la poussière du tombeau restent aux plus grands héros après la mort. Les deux flottes, l'espagnole et l'anglaise, étaient présentes à l'attaque de cette forteresse. Des barreaux manquent à cette prison.

THÈME 43.

Fanfan et sa mère.

La tendresse d'une mère est ingénieuse. Avec quelle adresse elle étudie le caractère de son poupon ! Avec quelle patience elle supporte les caprices du jeune âge ! Fanfan était malade, il fallait le guérir ; mais comment contenter ce petit capricieux ? L'appétit lui manque ; il ne peut être rappelé que par un breuvage amer. Quel malheur menace ce petit délicat ! La mère se présente tenant une coupe fatale ; elle reçoit un refus formel ; Fanfan ne veut pas prendre de médecine ; de dépit, il saisit le vase, le jette à terre et le casse. La mère ne se fâche point contre lui ; la santé de ce fils lui est plus chère que le refus qu'il lui a fait ne l'a offensée. La tendresse lui suggère un moyen : de différentes drogues, elle compose un biscuit, le poudre bien de sucre, le présente au malade. « Eh bien, dit-il en le considérant, puisqu'il le faut, je l'avalerai. » Ainsi pendant trois jours il eut la même complaisance, et fut bientôt rétabli.

exercitus ducis, illi pepererunt gloriam et debitas laudes. Expedivit sancto Martino ut illi pauper occurreret; ipse illi dedit chlamydem, qua erat indutus. Labanus, Jacob socer, videbatur in illum ira incitandus. Cinis et tumuli pulvis supersunt maximis heroibus post mortem. Duæ classes, hispana et britannica, aderant oppugnationi hujus arcis. Clathri desunt huic carceri.

THÈME 43.

Fanfan et mater.

Solers est matris caritas. Qua dexteritate pupi sui ingenium explorat! Qua patientia puerilis ætatis libidines tolerat! Fanfan ægrotabat; qui quidem sanandus erat; quomodo autem parvulo isti moroso satisfieri poterat? Fames illi deest (*ou jam non cibos appetit*), neque fames nisi subamara potione revocari potest. Quanta isti delicatulo calamitas instat! Prodit mater dextra fatale porrigens poculum; apertam mater repulsam accipit; medicam potionem Fanfan nullo modo vult haurire : indignans arreptum poculum ad terram projicit et frangit. Illi mater minime irascitur; carior illi hujusce filii salus, quam ipsa accepta ab illo repulsa fuit ingratior. Quamdam illi caritas rationem suggerit : variis ex aromatibus coptam ipsa conficit, quam rite saccharo conspersam ægrotanti porrigit. At ille : « Eheu, inquit, attente coptam contemplatus, quum sit necesse, illam ego manducabo. » Ita per tres dies idem præstitit obsequium, et brevi fuit in sanitatem restitutus.

THÈME 44.

Abundat divitiis. Fruor otio.

Le mauvais riche ne manquait de rien ; mais la tendre compassion lui manquait. Le magistrat se réjouit du grand nombre de malheureux qu'il a secourus. Je jouirai du bonheur, disait l'âne, si je ne suis plus condamné à ces travaux pénibles. L'ennemi s'est servi fort à propos du bouclier léger. Les anciens se servaient moins que nous des armes ; ils étaient plus heureux. Il est ridicule de se glorifier des richesses ; mais il est beau de se réjouir des avantages des autres. Je me réjouissais de votre arrivée ; aucun de nous ne vous attendait aussi promptement. Jouir du bonheur de la vie présente et renoncer aux promesses de la vie future est une chose fort commune. Le conquérant qui se rend maître des villes et des royaumes est moins heureux que l'homme qui commande aux passions qui l'agitent.

THÈME 45.

La vigne et le vigneron.

Une vigne abondait en rejetons, en bois, en feuillage ; elle semblait ne manquer de rien. Le vigneron, de son côté, afin de jouir un jour d'une vendange copieuse, s'acquittait avec zèle du soin de la tailler. La vigne s'en plaignit : « Pourquoi, dit-elle, usez-vous avec moi de cette rigueur ? Vous vous plaisez à me montrer votre tendresse, vous m'arrosez de vos sueurs, je puis me glorifier de votre amour, et cependant vous m'arrachez des pleurs. L'amour use-t-il d'une telle sévérité ? — Ah ! lui dit le vigneron, si vous connaissiez ma pensée, vous vous réjouiriez du mal que je semble vous faire,

THÈME 44.

Abundat divitiis. Fruor otio.

Male dives nulla re carebat, at tenera misericordia illi deerat. Magistratus gaudet ingenti miserorum numero, quibus opitulatus est. Fruar felicitate, aiebat asinus, si jam non sim damnatus ad istos graves labores. Hostis usus est aptissime levi clypeo. Veteres utebantur armis rarius quam nos; erant feliciores. Ridiculum est gloriari divitiis; at pulchrum est gaudere alienis commodis. Gaudebam tuo adventu; nullus nostrum te tam cito exspectabat. Frui felicitate vitæ præsentis, et promissa futuræ vitæ abjicere, vulgarissima res est. Populorum domitor qui civitatibus et regnis potitur, minus est felix quam ille, qui cupiditatibus imperat, quæ mentem ipsius exagitant.

THÈME 45.

Vitis et vinitor.

Surculis, racemis, frondibus vitis luxuriabat; illa nihilo carere videbatur. Vinitor contra, ut uberrima in posterum vindemia frueretur, studiose illam amputandi cura fungebatur. Conquesta est vitis : « Cur, inquit, ista mecum uteris acerbitate? Te juvat tuam mihi caritatem exhibere, tu me tuis irroras sudoribus, ego tua caritate gloriari possum; tu tamen mihi fletus elicis. Istane amor severitate utitur? » Cui vinitor : « Proh! si tu meæ mentis conscia fores, malo, quod tibi videor

puisqu'il doit causer votre profit. Si je ne retranchais ce bois inutile, si je ne m'acquittais de cette fonction, qui vous semble pénible, vous ne jouiriez jamais de cette heureuse fécondité que vous désirez. » Tel est ce vigneron, tel est un sage maître : la rigueur qu'il emploie paraît d'abord amère, mais il ne manque jamais de tendresse ; il ne cherche que le bien de ceux envers qui il semble user de sévérité.

THÈME 46.

Le pommier et le poirier.

Un pommier regorgeait de fruits ; il ne manquait pas de gens qui lui rendaient visite, et il se glorifiait sottement de ce nombreux concours. « Voyez, disait-il aux autres arbres, l'honneur dont je jouis. Maître, maitresse, enfants, valets, tous s'acquittent envers moi du devoir de la politesse. Heureux celui qui comme moi regorge de biens ! il peut se glorifier d'un grand nombre d'amis, jouir de mille avantages que le pauvre ignore. » Un vieux poirier l'entend : « Voisin, dit-il, je veux m'acquitter d'un devoir d'ami et vous dire ce que je pense. Jouissez de votre bonheur présent ; mais attendez l'hiver prochain, et servez-vous de mon avis, si vous voulez n'être pas surpris. Quand le fruit dont vous ne manquez pas sera cueilli, n'attendez plus pareil concours. » Le poirier ne manquait pas de bon sens. Le pommier laissé seul s'étonne de ce changement. « Tous ces gens, s'écrie-t-il en soupirant, n'en voulaient qu'à mes pommes. » Si vous regorgez de biens, les amis vous assaillent. La misère vous surprend-elle, tous vous abandonnent.

inferre, gauderes, quum tibi sit emolumento futurum. Steriles istos ego racemos nisi succiderem, hoc nisi fungerer munere, quod tibi grave videtur, nunquam illa, quam exoptas, læta fecunditate fruereris. » Qualis ille vinitor, talis est sapiens præceptor : primum aspera videtur illa quam adhibet severitas, at ille nunquam caritate caret ; illorum tantum utilitatem quærit in quos severitate videtur uti.

THÈME 46.

Malus et pirus.

Malus pomis abundabat ; nec deerant qui illam inviserent, et stulte admodum frequenti isto concursu gloriabatur. « Cernite, ceteris arboribus aiebat, quanta ego felicitate fruar. Herus, et hera, et liberi, et servi, quisque urbanitatis officio erga me fungitur. O felicem illum qui, mei similis, divitiis abundat ! permultis illi amicis gloriari licet, et mille frui commodis quæ pauperem fugiunt. » Ita loquentem audit vetula pirus : « O bona, inquit, amici munere fungi mens est mihi, et quid sentiam aperire. Ista præsenti felicitate utere ; at proximam exspecta hiemem, meoque utere consilio, si tu non mirari velis. Statim ut, quo tu minime cares, collectus fuerit fructus, frequentem jam ne conventum exspectes. » Et piro quidem mens sana non deerat. Sola derelicta malus istam miratur mutationem. « Eheu ! suspirans exclamat, omnes isti meis tantum invidebant pomis. » Opibus si affluxeris, ad te confluunt amici ; contra si presserit inopia, cuncti te deserunt.

THÈME 47.

Miserere pauperum.

Avis de Tobie à son fils.

Tobie, près de la mort, disait à son fils : « Mon fils, ayez toujours compassion du pauvre, et le Seigneur aura pitié de vous. Souvenez-vous de votre créateur, et invoquez-le en tout temps. Souvenez-vous des douleurs de votre mère lorsqu'elle vous portait dans son sein, et respectez-la tous les jours de votre vie. Si vous avez pitié de l'indigent, si vous oubliez les injures de votre ennemi, si vous vous souvenez des commandements du Seigneur, et que vous les pratiquiez fidèlement, il vous bénira, vous et vos descendants, et vous serez heureux. » Le fils n'oublia point les sages avis d'un père mourant; il l'avait tendrement aimé, il lui obéit fidèlement. Se souvenant des exemples de vertu de ce père chéri, il se montra le digne fils d'un tel père. Lorsqu'il fut mort, il lui ferma les yeux, il lui rendit les derniers devoirs. Il persévéra dans la fidèle observation des commandements de Dieu, et n'oublia jamais les avis reçus.

————

Régime indirect des verbes actifs.

THÈME 48.

Do vestem pauperi, etc. Hæc via ducit ad virtutem, etc.

La Raison et la Religion.

La Raison, clairvoyante d'abord, avait perdu la vue; elle ne marchait plus qu'au hasard. La Religion, qui

THÈME 47.

Miserere pauperum.

Tobiæ ad filium monita.

Tobias, jamjam moriturus, dicebat filio suo :
« Mi fili, semper miserere pauperis, et Dominus
miserebitur tui. Memento tui creatoris, et illum
omni tempore invoca. Memento dolorum tuæ matris, quum te gestaret in utero suo, et illam vene-
rare singulis diebus vitæ tuæ. Si egentis miserearis,
si tui inimici injuriarum obliviscaris, si memineris
mandatorum Domini, et ea fideliter exsequaris,
ille tibi tuisque posteris benedicet, et eris felix. »
Prudentium morientis patris monitorum filius non
oblitus est; illum admodum dilexerat, illi fideliter paruit. Memor exemplorum virtutis hujusce dilectissimi parentis, sese tali parente dignum filium
præbuit. Ubi mortuus fuit, illius ocu'os clausit,
atque suprema illi persolvit. Ipse in constanti Dei
mandatorum observatione perseveravit, acceptorum haud immemor monitorum.

Régime indirect des verbes actifs.

THÈME 48.

Do vestem pauperi, etc. Hæc via ducit ad virtutem, etc.

Ratio et Religio.

Perspicax primum Ratio fuerat oculis orba ; jam
non nisi inconsulto incedebat. Hujus Religio, pristinæ haud oblita familiaritatis, miserta est. Pro-

n'avait pas oublié une ancienne amitié, en eut pitié. Elle s'approche d'elle, et oubliant sa supériorité : « Amie, lui dit-elle, tu t'égares; tu t'écartes du but que tu cherches. Si tu voulais accepter mes services, je serais ta conductrice; mais oublie, je te prie, tes caprices, et souviens-toi de la promesse que j'exige. Qui peut avoir pitié d'un aveugle, s'il n'est docile? » La Raison, soumise et docile, souscrit à la condition : bientôt elle jouit d'un calme qu'elle avait ignoré depuis longtemps. Mais un jour le guide était absent; elle entend la voix de la Philosophie; elle n'avait pas oublié leur ancienne liaison. « Tu me fais pitié, lui dit celle-ci. Quoi ! je vois la Raison esclave de celle dont j'ai même oublié le nom ! si tes yeux sont obscurcis, si tu te sers de guides, je puis t'en procurer de beaucoup moins rigides, qui te laisseront agir et marcher librement. »

THÈME 49.

La Raison et la Religion (suite).

La Philosophie lui tint parole. Elle ne manquait pas de guides. La licence, l'orgueil, toutes les passions, entraînent la Raison au fond du précipice, où tous les malheurs réunis la menacent. Victime de l'imposture, la Raison reconnait son erreur; elle s'adresse à la Religion. Celle-ci, pleine de compassion pour elle, l'encourage, l'anime, lui tend la main, la tire de l'abîme, lui prodigue les secours et les consolations. Alors la Raison dit : « Oui, je me félicite de mes égarements, puisqu'ils m'ont ramenée vers toi; que, touchée de mon sort, tu m'exhortes à l'espérance et m'animes au combat. Je ne te cacherai point mes chutes et mes erreurs; mais, puisque je reçois de nouveau de toi la force et le courage, je n'aurai plus d'autre guide que toi. » Heu-

pius ad illam accedit, suæque immemor præcellentiæ : « O bona, inquit, erras; ab isto quod quæris, proposito declinas. Meam si tu velles operam accipere, dux ego tibi præessem; tuarum vero, quæso, obliviscere libidinum, atque promissi, quod ego exigo, memento. Quis cæci misereri potest, nisi docilis fuerit? » Subdita docilisque Ratio propositæ legi assensit; pace mox fruitur quæ jampridem ipsam fugerat. Die vero quadam dux quum abesset, Philosophiam alloquentem audit; pristinæ illa non erat oblita familiaritatis. « Me tui, ait illa, valde miseret. Quid! ego Rationem illi inservientem video, cujus ego vel nominis sum oblita! Si tui obscurati sunt oculi, ducibus si tu uteris, permultos equidem tibi præbere possum, qui multo minus severi te libere agere et incedere patientur. »

THÈME 49.

Ratio et Religio (sequitur).

Promissis Philosophia stetit. Illi haud duces deerant. Rationem licentia, superbia et omnes libidines eo præcipitem rapiunt, ubi illi undique collectæ calamitates imminent. Fœda fraude decepta, suum tandem Ratio errorem agnoscit; ad Religionem confugit, quæ miserta, ejus erigit animum, eam incitat, dextraque porrecta, ex abysso educit, et auxilium, et solationem quamlibet ei impertitur. Tunc Ratio : Et ego, inquit, mihi meos errores gratulor, quum illi me ad te reduxerint, tuque, meæ miserta sortis, me ad spem adhorteris, me ad prœlium incites. Te et meos casus et errores meos ego non celabo; quum vero iterum a te fortitudinem virtutemque recipiam, jam nullus, nisi tu, mihi dux erit. » O felicem illum

reux celui qui, non trompé par les vaines promesses
d'une fausse philosophie, n'écoute en tout temps que la
voix de la religion !

THÈME 50.

Le vieillard et les deux peintres.

Un vieillard des plus riches se voyait près de mourir. Comme il voulait se survivre et laisser aux races
futures quelques restes de lui-même, il demande deux
peintres célèbres. Il avait appris d'un voisin l'extrême
habileté de chacun. « Allons, dit-il à l'un et à l'autre,
faites chacun mon portrait; je promets un présent à
celui qui se sera le moins éloigné de la vérité. » Nos
deux peintres aussitôt se mettent à l'ouvrage; mais ils
se font un plan tout différent. L'un était simple, franc,
plein de droiture; il manquait du talent de flatter aux
dépens de la vérité. Il peint donc le vieillard; aucun
des traits n'échappe au pinceau du peintre : il retrace
le front ridé, les joues creuses, le corps cassé par les
années, appuyé sur un bâton. Le tableau est fait avec
beaucoup d'art, et chacun à la vue seule reconnaissait
aisément le vieillard.

THÈME 51.

Le vieillard et les deux peintres (suite).

L'autre peintre, plus fin et moins ami du vrai, peint
notre homme tout autrement. Averti du caractère du
vieillard, il lui donne un air jeune, lui prête des cou-

qui, vanis non deceptus philosophiæ fictæ promissis, religionis vocem omni tempore solummodo audit !

THÈME 50.

Senex et duo pictores.

Ditissimus quidam senex morti proximus erat.
Quum sibi vellet superstes vivere, et sui ipsius
posteris aliquam partem tradere, duos ad se nobi-
les pictores arcessit. Utriusque eximiam artis peri-
tiam a vicino quodam audiverat. « Agite, utrumque
allocutus, meam amba imaginem exprimite : et
ego donum ei promitto, qui minus a vero aber-
raverit. » Extemplo duo pictores operi incumbunt :
at longe dissimile propositum sibi constituunt.
Alter simplex, sincerus et mira integritate : adu-
landi artis, veritatis damno, erat omnino rudis.
Ergo senem ille depingit ; pictoris peniculum effu-
git nullum delineamentum ; rugosam frontem exprimit, cavatas genas, fractum annis corpus atque
baculo innixum. Summa fuit elaborata arte tabella, et quisque facile solo illius aspectu senem
agnoscebat.

THÈME 51.

Senex et duo pictores (sequitur).

Callidior pictor alter, minusque veri amans, hominem longe aliter depingit. Senis ingenii certior
factus, juvenilem illi vultum et fictos colores adhi-

leurs; en un mot, le tableau présente à ceux qui le regardent un homme fait, et nullement un vieillard. Les
deux tableaux finis sont apportés à notre homme. Aussitôt il met ses lunettes, et lorgne le portrait qu'avait
fait le premier peintre. Il l'accuse d'ignorance, rejette
ce portrait, qui cependant était notre homme peint au
naturel. Lorsqu'il a vu l'autre, qui n'offre aux regards
qu'un éclat mensonger, il s'extasie, il l'admire. « Ah !
s'écrie-t-il aussitôt, voilà véritablement mes traits; je
reconnais ma ressemblance; » et sur-le-champ il paye
au flatteur la récompense due au premier. Celui-ci, offensé de cet injuste jugement, se contente de dire :
« Le mensonge plaît toujours à qui veut être trompé ;
la vérité déplaît lorsqu'elle est contraire à nos inclina-
tions. »

THÈME 52.

La Fable donne le caducée à Mercure et la foudre à
Jupiter. Le Seigneur donna sa loi aux Israélites sur le
mont Sinaï. Moïse apporta au peuple les dix commandements. Romulus menaça de la mort celui qui franchi-
rait le fossé de la ville. Les Romains se félicitèrent de la
victoire du troisième Horace sur les Curiaces : cette victoire leur assujettit les Albains. Les exemples de vertu
rapportés dans l'histoire doivent nous exciter à les imiter. Le travail et l'assiduité vous conduiront aux succès. Salomon, par l'exemple de la fourmi, a voulu nous
exhorter au travail. Les maîtres enseignent aux jeunes
élèves plusieurs sciences très-utiles. Mon ami m'a caché la maladie de votre parent, qui m'aurait causé une
vive inquiétude. Salomon, roi d'Israël, demanda à Dieu
la sagesse nécessaire pour gouverner le peuple, et la sagesse lui fut donnée : il l'avait préférée aux richesses et

bet. Quid multa? cuivis inspicienti tabula confir-
mata ætate viri, non senis, imaginem exprimit.
Perfecta utraque tabella homini affertur. Qui statim conspicilla oculis admovere, depictam a priore
imaginem inspicere. Illum inscitiæ accusare, atque
imaginem, qua tamen homo erat ex natura ex-
pressus, respuere. At ubi vidit alteram, oculis quæ
fallacem tantum splendorem præbet, obstupescit,
miratur. « Proh! repente exclamat, mei oris vere
hæc adsunt lineamenta ; hic meam ego imaginem
agnosco; » atque adulatori præmium, debitum tamen alteri, extemplo persolvit. Quo pictor iniquo ju-
dicio offensus, hoc unum dicit : « Illum semper mendacium juvat, qui deceptus gaudet ; veritas contra
ingrata est, ubi nostris est adversa cupiditatibus. »

THÈME 52.

Fabula caduceum Mercurio, et Jovi fulmen
tribuit. Dominus legem suam dedit Israelitis in
monte Sinai. Moyses decem mandata populo attulit. Romulus mortem illi minatus est, qui fossam
urbis transiliret. Romani sibi gratulati sunt victoriam tertii Horatii de Curiatiis. Hæc victoria Alba-
nos illis addixit. Exempla virtutis in historia me-
morata nos incitare debent ad illa imitanda. Labor
et assiduitas vos ad successus perducent. Salo-
moni ea mens fuit ut nos formicæ exemplo ad
laborem incitaret. Præceptores juvenes alumnos
edocent permultas artes utilissimas. Meus amicus
morbum tui parentis me celavit, qui quidem gravem mihi anxietatem attulisset. Salomon, rex
Israelis, Deum rogavit sapientiam regendo populo
necessariam, et illi concessa est sapientia, quam

aux honneurs. Qui de nous imite l'exemple de ce prince ? Elle nous serait accordée si nous la désirions, et si nous la préférions à tout autre bien.

THÈME 53.

Ces enfants ont donné l'aumône à ce pauvre qui la leur demandait. Vous leur ayez promis un congé. Je les ai félicités de l'ardeur qui les anime au travail. Vous en avez menacé quelques-uns de votre sévérité. Le chemin qui leur est indiqué les conduit à un lieu très-agréable. L'exemple de la fourmi nous exhorte au travail. Vous avez enseigné la géographie à ma sœur, plus jeune que moi. Elle vous a demandé les livres nécessaires à l'étude de cette science. Je ne cacherai point mon secret à un ami intime. Vous m'avez envoyé un panier plein de fruits. Mon frère vous a écrit une lettre qui vous sera remise lorsque vous serez arrivé. J'ai demandé à votre mère la permission de l'aller voir ; lorsque je l'aurai obtenue, je vous informerai de notre conversation. J'attends de la bonté qui lui est naturelle une audience favorable. Votre lettre m'a délivré d'inquiétude, et m'a causé un véritable plaisir. J'attendais de votre bienveillance pour moi l'heureux succès de l'affaire qui vous était confiée. Votre zèle a surpassé mes espérances et m'a comblé de joie.

THÈME 54.

Le maître et l'écolier.

Un jeune enfant pour qui le grec et le latin avaient bien peu de charmes employait le temps de l'étude à

divitiis et honoribus anteposuerat. Quis nostrum hujusce principis exemplum imitatur? Illa nobis concederetur, eam si cuperemus, et si cuivis alii bono eam anteponeremus.

THÈME 53.

Hi pueri eleemosynam huic pauperi erogarunt, qui eam ab illis efflagitabat. Tu illis scholarum ferias es pollicitus. Illis ego ardorem animi gratulatus sum, qui illos ad laborem incitat. Tuam nonnullis minatus es severitatem. Via quæ illis indicatur, eos ad locum amœnissimum perducit. Formicæ exemplum nos ad laborem impellit. Geographiam meam sororem, me juniorem, docuisti. A te libros hujus scientiæ studio necessarios petivit. Mihi amicissimum arcanum meum ego non celabo. Sportam ad me pomis refertam misisti. Epistolam ad te scripsit frater meus, quæ tibi, ubi adveneris, tradetur. Veniam a tua matre illius invisendæ petii; quam ubi impetravero, te nostri colloquii certiorem faciam. Ab illi insita benignitate faustam auditionem exspecto. Me ab anxietate solvit, mihique sinceram epistola tua voluptatem attulit. E tua in me benevolentia prosperum rei exitum exspectabam, quæ tibi erat commissa. Spes meas tuum vicit studium, meque lætitia cumulavit.

THÈME 54.

Pædagogus et discipulus.

Juvenis admodum puer, quem minime græca latinaque linguæ juvabant, tempus studii consu-

former avec de la cire des joujoux divers. Son Argus l'aperçoit, lui fait une vive réprimande ; mais il y gagne peu, il parlait à un sourd. En vain il le menace ; en vain il emploie les exhortations, les prières. « Cet importun, dit l'écolier, m'exhorte sans cesse au travail ; il est bien plus doux de jouer, d'exercer mon adresse. » Le maître ne dit mot ; il eût parlé en l'air. Mais, lui cachant le moyen dont il veut se servir, il s'approche de ce mutin et contemple l'ouvrage. Puis tenant à la main quelques morceaux de fer que lui avait apportés un voisin : « Mon ami, lui dit-il, j'admire votre talent. Ces figures très-bien faites en sont une preuve complète ; j'en suis ravi, mon enfant ; mais je vous demande une grâce. Voici des morceaux de fer ; essayez sur eux ce merveilleux talent ; tirez-en, je vous prie, quelque portrait, quelque figure.

THÈME 55.

Le maître et l'écolier (suite).

« Accordez-moi cette faveur ; vous ne pouvez me faire un plus grand plaisir. » L'enfant sur-le-champ lui répond : « Vous exigez de moi ce que je ne puis faire. Ce fer que vous me présentez ne saurait se plier ; je n'en puis tirer service comme de la cire. En vain réunirais-je tous mes efforts, la chose est impossible. Otez à ce fer sa dureté, qu'il prenne la flexibilité de la cire, et sur-le-champ je comble vos désirs. — Mon ami, lui dit le maître avec douceur, vous n'êtes pas dépourvu de bon sens ; je vous avertis seulement d'une chose, et je veux vous en convaincre. Le fer, quelque dur qu'il soit, se façonne plus aisément qu'un caractère indocile. » Si

mebat in effingendis e cera sexcentis crepundiis.
Suus illum Argus conspicit, atque vehementer
objurgat; parum vero proficit, surdo verba faciebat. Incassum huic ille minatur, ei frustra hortatus
et preces admovet. « Molestus iste, inquit discipulus, me indesinenter ad laborem hortatur; ludere
multo jucundius est artemque meam exercere. »
Præceptor nullum edit verbum; verba ventis pro-
fudisset. At illum qua sit usurus rationem celans,
ad contumacem accedit, opusque diligenter atten-
dit. Mox dextra nonnulla ferri fragmenta tenens,
quæ ipsi vicinus quidam attulerat : « Amice, inquit,
tuam ego artem demiror; cujus eximium certe specimen sunt istæ egregiæ figuræ. Quoquidem, mi
puer, summopere lætor; id unum vero te rogo.
Ecce quædam ferri fragmenta; tu autem in illis mi-
ram admodum artem tuam experire; ex illis, quæso,
aut imaginem, aut figuram quamdam exprime.

THÈME 55.

Pædagogus et discipulus (sequitur).

« Hanc tu, quæso, mihi gratiam concede; nil
quidquam mihi pergratius feceris. » Cui puer
extemplo : « Tu a me, quod nullo modo facere
possum, exigis. Quod mihi porrigis ferrum flecti
nequit; illo, veluti cera, uti non valeo. In vanum
mei omnes cederent conatus; res ista fieri non potest. Ferri istius rigorem molli, ceræ flexibilitatem
concipiat, et extemplo tuis votis annuo. » Cui placide præceptor : « Amice, inquit, tu certe sanæ
mentis es minime expers; unum tamen ego te
moneo; quo quidem te convictum volo. Ferrum,
quantumvis durum sit, facilius tamen effingitur

nous voulons n'être jamais accusés de ce défaut, si nous voulons régler nos mœurs, cultiver nos talents, présentons à celui qui nous prodigue des soins et des avis la flexibilité que la cire offrait à cet enfant.

THÈME 56.

Jacob demanda à Isaac la bénédiction réservée à l'aîné. Il avait reçu de Rébecca le conseil de la demander, et il l'obtint. Le loup voulait emprunter à la brebis trois boisseaux de blé; celle-ci les lui refusa. Votre parent a acheté une maison de campagne à un des plus riches habitants de cette province. Judith espéra de la puissance de Dieu la délivrance de Béthulie. Les Ninivites obtinrent de la miséricorde divine le pardon des crimes qui avaient attiré à ce peuple le courroux du Seigneur. Ces enfants ont ressenti une grande joie de l'arrivée inopinée d'un père chéri. Le voyageur altéré puise avec joie de l'eau à cette fontaine. David apprit d'un Amalécite la mort de Saül. Le lecteur connaît, par la vive douleur que cette nouvelle lui causa, l'amour sincère de David pour ce prince, qui l'avait cruellement persécuté. Samson délivra souvent les Israélites des Philistins qui les opprimaient. Les Carthaginois envoyèrent Régulus au sénat romain; ils voulaient racheter les prisonniers de la servitude. Régulus détourna le sénat de cette proposition, et ôta aux Carthaginois l'espérance d'obtenir des Romains ce qu'ils désiraient.

quam indocile ingenium. » Hocce vitio si nunquam incusari, si nostros informare mores atque insitas dotes excolere velimus, eamdem ei qui nobis et curas et monita tradit flexibilitatem prætendamus, quam illi puero cera præbebat.

___

THÈME 56.

Jacob ab Isaaco petiit benedictionem primogenito reservatam. Consilium illam petendi a Rebecca acceperat, et illam obtinuit. Lupus ab ove mutuari volebat tres tritici modios, quos ea illi denegavit. Tuus cognatus villam emit a quodam cive, hujusce provinciæ ditissimo. Judith a divina potestate Bethuliæ salutem speravit. Ninivitæ a divina misericordia veniam scelerum impetrarunt, quæ huic populo Domini iram concitaverant. Hi pueri magnam perceperunt lætitiam ex inopinato dilecti patris adventu. Sitiens viator aquam ex isto fonte lætus haurit. Ab Amalecita quodam David audivit mortem Saulis. Quivis legens, ex acerrimo dolore quem illi hoc nuntium attulit, sincerum Davidis cognoscit amorem erga hunc principem, qui eum acerbe fuerat insectatus. Samson Israelitas sæpe liberavit a Philistæis qui eos opprimebant. Carthaginienses Regulum ad senatum romanum miserunt : quippe qui vellent captivos a servitute redimere. Regulus senatum ab isto proposito deterruit, spemque Carthaginiensibus abstulit a Romanis impetrandi quæ exoptabant.

THÈME 57.

Les barbares ont rempli souvent la France de sang et de carnage. L'armée aurait manqué souvent de vivres et de fourrage, si le général qui la commandait eût manqué de prudence. Les passions privent l'homme du véritable bonheur. Vos succès ont comblé de joie vos parents, qui n'ont personne de plus cher que vous. Cet étang fourmille de poissons; je vous procurerai le plaisir de la pêche. La promesse d'une vie éternelle comble le juste d'espérance et de joie. L'ingratitude prive l'homme de la protection du Seigneur. Jonathas avertit David du danger qui le menaçait et des desseins de Saül contre lui. Sysigambis fut avertie de la visite d'Alexandre, qui l'avait faite prisonnière de guerre; Darius fut informé des honneurs rendus à cette princesse. J'avais avertis de cela ces enfants; ils auraient dû croire une personne plus âgée et plus prudente qu'eux.

THÈME 58.

Joseph.

La femme de Putiphar accusa Joseph d'un crime affreux. Ce jeune Hébreu fut condamné à une longue servitude. La haute sagesse qui ne l'abandonna pas dans le cachot convainquit de mensonge celle qui l'avait accusé. Il avait expliqué à deux prisonniers les songes qui leur donnaient de vives inquiétudes. Celui-ci fut condamné au gibet, celui-là fut rétabli dans la charge dont il avait été privé. Dans la suite Joseph accusa Benjamin d'avoir dérobé la coupe dont il se servait, et il avait condamné Siméon à être retenu prisonnier.

THÈME 57.

Barbari Galliam sæpe cæde et cruore impleverunt. Sæpius et cibis et pabulatione caruisset exercitus, si prudentia dux, qui illi præerat, caruisset. Cupiditates hominem vera felicitate orbant. Tui successus tuos parentes lætitia cumularunt, quibus nullus est te carior. Hoc stagnum piscibus scatet; tibi piscationis voluptatem afferam. Æternæ vitæ promissio spe et lætitia justum virum cumulat. Ingratus animus hominem ope Domini orbat. Jonathas Davidem monuit periculi quod illi instabat pravorumque Saulis in illum consiliorum. Certior facta est Sysigambis Alexandri salutationis, qui illam captivam fecerat. Darius certior factus est honorum illi feminæ reginæ habitorum. Hoc illos pueros ego monueram; et ipsi credere debuissent homini, illis et seniori et prudentiori.

THÈME 58.

De Josepho.

Uxor Putipharis Josephum insimulavit horrendi sceleris. Hic junior Hebræus ad diuturnam damnatus est servitutem. Summa sapientia, quæ ipsum in carcere non deseruit, hanc mendacii convicit. quæ illum insimulaverat. Duobus captivis fuerat interpretatus somnia, quæ graves illis curas injiciebant. Hic ad patibulum est damnatus, ille in suum restitutus est munus, e quo fuerat deturbatus. Postea Benjaminum Josephus arguit scyphum subripuisse quo ipse utebatur, et Simeonem jusserat

Informé de l'arrivée de Jacob, qui le pleurait depuis longtemps, il alla au-devant de lui et l'embrassa tendrement. Jamais il n'accusa des maux qui lui étaient arrivés ni la femme de Putiphar ni ses frères. Il leur pardonna, et il ne leur reprocha jamais la haine injuste qui l'avait séparé d'eux ; mais il les combla de bienfaits.

THÈME 59.

Vous m'accusez d'avoir trahi votre secret. Si je vous condamnais à examiner les choses plus attentivement, vous m'absoudriez sûrement du soupçon qui a affaibli votre affection. Je vous ai convaincu de l'attachement qui m'unit à vous. Je vous ai informé des dangers qui vous menaçaient. Je suis ici privé de vos entretiens et de vos conseils, qui m'étaient plus utiles que vous ne pensez. La dernière lettre qui m'a été remise m'a délivré d'inquiétude. Je m'éloignerai de mes autres amis, et vous apprendrez de ma propre bouche le récit des malheurs qui ont accablé de chagrin un ami qui vous est singulièrement cher. Vous m'avez demandé des nouvelles d'un de vos parents ; vous serez informé, par la lettre qui vous sera remise, de l'heureuse issue du procès qui l'inquiétait. J'avais emprunté à un de mes voisins quelques écus ; je les lui remettrai avant mon départ.

THÈME 60.

L'enfant, la guêpe et le laboureur.

Nous aimons et favorisons dans les enfants cette espièglerie qui appartient au jeune âge ; mais elle ne doit

captivum detineri. Certior factus adventus Jacob,
qui filium jampridem flebat, illi obviam ivit, eum-
que ex animo deosculatus est. Nunquam nec Putipharis uxorem nec suos fratres insimulavit ærum-
narum quæ ipsi acciderant. Illis ignovit, nec
injustum odium, quod se ipsum ab illis sejunxerat,
exprobravit; imo illos beneficiis cumulavit.

THÈME 59.

Me arguis tuum prodidisse arcanum. Si te jube-
rem res attentius explorare, profecto me suspi-
cionis absolveres, quæ tuam imminuit benevolen-
tiam. Te studii convici quod me tibi conjungit.
Te certiorem feci periculorum quæ tibi immine-
bant. Hic tuo colloquio sum orbatus, necnon tuis
consiliis, quæ mihi utiliora erant quam putas. Me
anxietate liberavit proxima, quæ mihi tradita est
epistola. A ceteris meis amicis discedam, et nostro
ex ore ipso audies enarratas calamitates quæ familiarem tibi imprimis carum mœrore confecerunt.
A me nuntium de quodam e tuis parentibus petiisti;
ex epistola, quæ tibi tradetur, certior fies de pro-
spero litis exitu, quæ illum sollicitum tenebat. Nonnullos a quodam e vicinis meis nummos eram mutuatus; hos ego illi ante meum discessum restituam.

THÈME 60.

Puer, vespa et arator.

Festiva nos in pueris hilaritas juvat, et illi fave-
mus, quæ juvenilis est ætatis; illa tamen in nequi-

pas dégénérer en méchanceté. Un jeune enfant volage, et même un peu méchant, rencontre un nid de guêpes. Assidues au travail, elles ne l'avaient ni attaqué ni menacé. Notre drôle cependant, armé d'une baguette, l'enfonce dans la ruche. Une guêpe à l'instant fond sur le visage de ce petit vaurien, et le pique au vif. Bientôt il pousse de grands cris. Un laboureur l'entend, quitte sa charrue, accourt; il console et soulage ce petit malheureux. « Cher enfant, qu'avez-vous? dites, je vous prie, parlez franchement : chacun doit soulager et secourir celui qui souffre. » L'enfant lui raconte ingénument l'aventure et ne lui cache rien. Le paysan d'abord le rassure, l'encourage et calme sa douleur. Puis il dit : « Vous voyez les maux qui menacent et accablent celui qui veut nuire à autrui. Souvenez-vous, mon enfant, et profitez de cette leçon : le méchant est toujours victime du mal qu'il commet. »

THÈME 61.

Les peuples chérissent et félicitent le prince qui désire les rendre heureux. Vous avez étudié et admiré les orateurs grecs et latins. Ce bon vieillard embrasse et caresse les enfants qu'il rencontre; il aime et favorise les jeunes gens qui lui rendent visite. Votre maître, homme très-juste, a menacé et puni un écolier qui manquait souvent au devoir de la classe. Ces jeunes gens ont soulagé et secouru le pauvre qui leur demandait l'aumône. Les troupes espagnoles ont remporté une victoire importante. J'ai rencontré et salué votre frère, qui jouit d'une bonne santé. Le Seigneur protége et favorise les enfants qui secourent et chérissent les pères et mères qui leur ont donné la vie. Un célèbre

tiam abire non debet. Levis puerulus, imo paululum nequam, in vesparum nidum forte incidit.
Labori intentæ illum nec lacessiverant, nec illi mi-
natæ fuerant. Virgulam tamen, qua erat instructus,
nebulo in alveum immittit. Repente vespa in os ne-
bulonis ruens illum vivo tenus pungit. Mox magnos
edit clamores. Quo arator audito, aratrum deserit,
accurrit; infelicem puerum solatur, et illi opitula-
tur. « Dilecte puer, quid tibi est? dic, quæso, in-
genue loquere : quisque patientem sublevare, et
illi opitulari debet. » Puer candida mente casum
enarrat, nihilque illum celat. Primum rusticus
eum confirmat, erigit, dolorem levat. Mox hæc
verba facit : « Tu mala cernis, quæ illi impendent
illumque premunt qui aliis nocere certat. Tu, fili,
hujusce memento præcepti, illoque utere : improbus mali a se patrati semper pœnas luit. »

THÈME 61.

Principem se ipsos beandi cupidum populi diligunt, et illi gratulantur. Tu græcis et latinis oratoribus studuisti, et illos miratus es. Hic optimus
senex pueros quibus occurrit amplectitur, et illis
blanditur; adolescentes qui eum invisunt excitat, et
illis favet. Tuus præceptor, vir rectissimus, discipulo, qui sæpe scholasticis officiis deerat, minatus
est, et illum castigavit. Hi adolescentes pauperem,
qui eleemosynam a se ipsis efflagitabat, subleva-
runt, et illi sunt opitulati. Hispanæ copiæ ingentem
retulere victoriam. Mihi occurrit tuus frater, qui
prospera fruitur valetudine, et illum ego salutavi.
Dominus pueros tuetur, illisque favet qui parentes
diligunt, et illis opitulantur a quibus in lucem
editi fuere. Celeberrimus professor tuum cogna-

professeur a enseigné et expliqué à votre parent les passages les plus difficiles de cet auteur. Le défaut propre à l'envie est de s'affliger du bonheur d'autrui et de se réjouir du malheur qui arrive aux autres.

Régime des verbes passifs.

THÈME 62.

Amor a Deo. Mœrore conficior.

La ville de Jérusalem a été détruite par Titus, qui commandait les armées romaines. Saül, qui avait été choisi roi par Samuël, désobéit au commandement du prophète. Le Capitole fut consacré par le peuple romain à Jupiter, qui passait pour le dieu tutélaire de la ville. Celui qui avait conservé la vie à un citoyen était décoré de la couronne civique. Ces fleurs et ces guirlandes ont été apportées par le fils de votre fermier, qui les a cueillies lui-même. Les marbres qui ont été déposés dans cette cour ont été fendus par la gelée. Cette caverne a été creusée par l'éclat de la foudre. Cette belle statue a été ciselée par le sculpteur le plus habile de notre siècle. Les troupes ennemies avaient été battues et mises en fuite par deux de nos généraux. Cette coupe pleine d'une liqueur exquise a été renversée par la maladresse de celui qui la tenait. Tout ce qui sert à la nourriture de l'homme est produit par la terre. Cet édifice a été commencé et achevé par le même architecte qui a construit la maison de votre parent. Votre père eût été blessé de votre malhonnêteté, s'il n'était pas plus indulgent que vous ne pensez.

4.

tum edocuit, et illi hujusce scriptoris difficillima loca explanavit. Id proprium invidiæ vitium est, aliena scilicet felicitate mœrere, et, si quid aliis acciderit adversi, lætari.

Régime des verbes passifs.

THÈME 62.

Amor a Deo. Mœrore conficior.

Eversa fuit urbs Hierosolyma a Tito, qui romanis exercitibus præerat. Saul, a Samuele rex electus, prophetæ mandato non paruit. Jovi, qui præsens urbis numen habebatur, Capitolium fuit a populo romano dicatum. Qui civem salvum præstiterat, civica corona donabatur. Hi flores et hæc serta a tui villici filio sunt allata, qui ea ipse legit. Marmora in ista area collocata gelu scissa fuere. Fulminis fragore ista effossa est spelunca. Hæc eximia statua a peritissimo nostræ ætatis sculptore cælata est. A duobus e nostris ducibus hostium copiæ profligatæ fuerant et fugatæ. Ejus imperitia a quo tenebatur, exquisitissimo liquore refertum effusum est illud poculum. Quidquid hominis alimento prodest, terra gignitur. Ab eodem istud ædificium architecto inchoatum est et absolutum, qui tui cognati domum ædificavit. Tua inurbanitate fuisset offensus tuus pater, nisi indulgentior esset quam putas.

THÈME 63.

L'avis qui a été proposé par votre avocat n'a point été approuvé les juges. Le courage de la légion thébaine sera approuvé de tous ceux qui liront l'histoire. L'homme doux et clément est estimé et chéri de tous ceux qui le connaissent. Le printemps est la plus agréable des saisons : tout renaît dans la nature ; les arbres se couvrent de feuilles ; les plaines et les campagnes se revêtent de leurs richesses. La terre, échauffée par les rayons du soleil et rafraîchie par l'humidité des nuits et de la rosée, est ici émaillée de mille fleurs, là revêtue d'une riante verdure. Les troupeaux, conduits par les bergers, paissent sur le penchant des collines. La vigne, taillée par le vigneron, lorsqu'elle paraissait un bois sec et stérile, se couvre de bourgeons et de feuilles. Les arbres à fruits se couvrent d'abord de fleurs, et bientôt de boutons, dans lesquels est renfermé le fruit attendu et désiré par le cultivateur industrieux.

THÈME 64.

Du bœuf.

On peut dire sans injustice que le bœuf est un des animaux les plus utiles à l'homme. La chandelle se fait de la graisse du bœuf, mêlée à la graisse du mouton. La corne du bœuf, dit Buffon, a été le premier vase dont l'homme s'est servi pour boire, le premier instrument de musique, la première matière avec laquelle ont été faits les vitres, les lanternes, les boîtes, les peignes et autres ouvrages. Que de choses auxquelles nous ne pensons pas nous sont fournies par la nature ! Les chaussures nous sont procurées par le cuir du bœuf ; une multitude d'objets utiles, par les cornes de

THÈME 63.

Judicibus minime probata fuit a tuo patrono proposita sententia. Thebanæ legionis virtus illis omnibus probabitur, qui legent historiam. Vir mitis et clemens ab omnibus æstimatur et diligitur qui illum noverunt. Ver tempestatum est suavissima : cuncta in natura reviviscunt : frondibus arbores vestiuntur; campi et arva suis frugibus operiuntur. Terra, solis radiis calefacta, atque noctium humore et rore recreata, hic mille floribus distincta, illic læto gramine vestitur. Per collium declivia greges a pastoribus acti pascuntur. Vitis a vinitore amputa, quum arida sterilisque silva videretur, gemmis et foliis luxuriat. Frugiferæ arbores floribus primum, mox folliculis vestiuntur, in quibus conditur fructus ab industrio cultore exspectatus et optatus.

THÈME 64.

De bove.

Unum ex animalibus homini utilissimis bovem esse haud immerito affirmaveris. Candela e bovina et vervecina pinguedine conficitur. Bovinum cornu, ait Buffonius, vas primum fuit quo usus est homo ad bibendum, primum musicum organum, prima materia qua conflata sunt specularia, lucernæ, pyxides, pectines, ceteraque opera. Quam multa nobis a natura suppeditantur, quæ ne cogitamus quidem ! Bovino corio nobis calceamenta parantur; permulta utilissima hujusce ani-

cet animal. La chair de ce même animal est notre nourriture ordinaire. Ces réflexions, approuvées par ceux qui les lisent, sont suggérées à l'esprit par la seule attention ; mais, distraits souvent par mille choses inutiles, nous recevons tous ces bienfaits sans y penser, et l'auteur de ces dons est méconnu de ceux à qui il ne cesse de les accorder.

Régime de certains verbes.

THÈME 65.

Hoc ad me pertinet.

Les préceptes donnés par les anciens philosophes regardent la conduite de la vie. La sagesse appartient au vieillard ; la vivacité et la gaieté, à la jeunesse. Il appartient à tous de bien vivre. Le curieux fait souvent plusieurs questions sur ce qui ne le regarde nullement. Il n'appartient pas à tous de commander ou de reprendre. La tendre compassion envers celui qui souffre appartient à tous ceux qui sont témoins des maux qui accablent le malheureux. Il appartient à tout homme bien né d'être reconnaissant d'un bienfait. Ce genre d'étude regarde ceux qui sont destinés à défendre l'État et à porter les armes. Une moisson abondante appartient au laboureur qui a arrosé la terre de ses sueurs. L'honneur du triomphe appartiendra à celui qui aura vaillamment combattu. La gloire de gouverner sagement regarde celui qui est à la tête des autres.

malis cornibus. Ejusdem animalis caro solitum cibum nobis præbet. Quæ quidem cogitationes legentibus probatæ, sola subjectæ attentione menti occurrunt ; sexcentis vero inutilibus rebus alio abrepti, omnia illa munera, ne cogitantes quidem, accipimus ; atque ab eis ignoratur horumce munerum auctor, quibus illa tribuere non desinit.

Régime de certains verbes.

THÈME 65.

Hoc ad me pertinet.

Tradita a veteribus philosophis præcepta spectant ad vitæ institutum. Sapientia ad senem, alacritas et hilaritas ad juventutem pertinent. Recte vivere ad omnes attinet. Permulta sæpe sciendi cupidus sciscitatur, quæ ad ipsum minime spectant. Imperare vel corrigere non ad omnes pertinet. Mollis erga malorum patientem misericordia ad omnes pertinet testes malorum quæ miserum premunt. Ad quemvis ingenuum virum pertinet se beneficii gratum præbere. Istud studii genus ad illos spectat, qui tuendo imperio exercendæque militiæ sunt addicti. Copiosa seges ad agricolam pertinet, qui terram sudoribus conspersit. Ad eum pertinebit laus triumphi, qui fortiter dimicaverit. Laus imperandi sapienter ad eum spectat qui ceteris præest.

THÈME 66.

L'enfant et le perroquet.

« Le caquet t'appartient, tu n'as que lui en partage, disait un jeune enfant à un perroquet. Si je t'apprends des mots, il t'appartient seulement de me les répéter; s'il faut les expliquer, tu restes muet; tu sembles dire : Cela ne me regarde pas. Il ne t'appartient pas d'y comprendre quelque chose : au fond, tu n'es qu'une bête. — Le compliment n'est pas flatteur, répond le perroquet; mais peut-être ne me regarde-t-il pas seul. En me parlant ainsi, vous faites votre portrait. Il vous appartenait de répondre aux questions de votre maître, et souvent vous gardiez le silence. Plus d'une fois, en ma présence, votre mentor vous a dit : Monsieur, vous n'êtes qu'un perroquet. » L'enfant ne put répondre mot. Cette juste repartie lui rabattit soudain le caquet. Cette fable regarde la jeunesse. Si elle se contente d'apprendre de mémoire et néglige de comprendre, la réponse du perroquet en fait le portrait.

THÈME 67.

Me pœnitet culpæ meæ, etc.

De la vache et du taureau.

Je me repentirais de vous avoir parlé du bœuf, si je ne vous disais quelque chose de la vache. Nous ne rougissons pas de ne pas lui accorder un meilleur sort. Quoique la vache soit presque la nourrice du genre humain, nous n'en avons pas plus pitié que si elle n'était

THÈME 66.

Puer et psittacus.

« Ad te pertinet garrulitas, hanc unam sortitus es, psittaco aiebat puerulus quidam. Si te quædam verba edoceo, tuum est solummodo illa mihi recantare; ea si sint explicanda, siles; tu dicere videris : Id ad me non attinet. Quidquam intelligere tuum non est : intus tu bestia, nec plus ultra. » Cui psittacus : « Ista minime adulatoria gratulatio, quæ fortasse non ad me unum spectat. Dum sic me compellas, tuam ipse imaginem effingis. Tuum erat interroganti præceptori respondere, et sæpe silentium tenebas. Sæpius me præsente, pædagogus sic te est allocutus : Tu puer vere psittacus es. » Nihil puer respondere potuit. Quod quidem haud insulsum responsum garrulitatem ejus contudit. Ista ad juventutem fabula spectat. Si memoriter tantum ediscat, atque intelligere neglexerit, psittaci responsum imaginem ejus adumbrat.

THÈME 67.

Me pœnitet culpæ meæ, etc.

De vacca et tauro.

Me vobis de bove verba fecisse pœniteret, nisi de vacca pariter pauca dissererem. Nos non pudet illi non meliorem sortem concedere. Quamvis hominum generis vacca fere nutrix exsistat, hujus nos haud magis miseret, quam si nulla esset illius uti-

d'aucune utilité. Nous ne sommes pas fâchés de faire du lait, qu'elle nous donne, une nourriture délicieuse. Le cuisinier ne s'ennuie pas de se servir de beurre, et les gens de la campagne de se nourrir de fromage. Le laboureur n'est pas fâché de l'atteler quelquefois à la charrue; mais, lorsque, devenue un peu âgée, elle paraît ne plus devoir être utile, il aime mieux ne pas rougir de la conduire au boucher que de perdre le profit qui peut lui revenir. Vous ne serez pas fâchés de savoir quelque chose du taureau. Il est fier, indocile, quelquefois indomptable et furieux. L'homme, ce maître de la nature, rougirait de son impuissance, s'il était obligé de conduire un troupeau de taureaux ; il serait bientôt fâché d'une témérité qui lui serait funeste; une femme, un enfant même, conduisent facilement un troupeau de bœufs.

THÈME 68.

Ces enfants se sont repentis de l'étourderie qui les a engagés dans ce chemin plein de boue. L'homme de bien ne rougit jamais des maximes qui ont réglé la conduite qu'il a tenue. Vos parents ont été fâchés des événements malheureux qui vous sont arrivés. Les jeunes gens qui se dégoûtent de l'étude rougiront un jour de la négligence qui leur a été funeste. J'ai rencontré votre chère mère; elle s'ennuyait de votre longue absence. J'irai voir votre cher père, il aura sûrement pitié de l'affreuse misère qui accable une personne qui lui est connue, et qui n'est pas indigne d'estime. Celui qui demande un conseil à un homme sage ne se repentira pas de l'avis qui lui aura été donné. Il est avantageux d'être instruit par l'exemple des autres plutôt que par le sien. Celui qui rougit des fautes qui lui sont reprochées, et qui s'en repent, donne lieu d'espérer de lui.

litas. Nos non piget lacte quod illa nobis suppeditat, optimo veluti cibo, vesci. Nec coquum tædet butyro uti, nec rusticos caseo vesci. Illam nonnunquam aratro jungere non piget agricolam; ubi vero provectior ætate nullam videtur utilitatem allatura, mavult non ipsum pudeat eam ad lanium perducere, quam emolumentum amittere quod ad ipsum redire potest. Vos non pigebit nonnihil de tauro audire. Ferox ille est, indocilis nonnunquam indomitus et furiosus. Hominem, istum naturæ dominum, puderet suæ imbecillitatis, si taurorum gregem agere cogeretur. Illum brevi temeritatis pigeret, quæ ipsi exitiosa foret; bovinum gregem facile femina, imo et puer agunt.

THÈME 68.

Pueros istos pœnituit temeritatis quæ ipsos in cœnosam istam perduxit viam. Virum probum præceptorum nunquam pudet, quæ vitam, quam est ingressus, instituerunt. Tuos parentes calamitatum piguit, quæ tibi acciderunt. Adolescentes qui studium fastidiunt, aliquando negligentiæ pudebit, quæ ipsis exitiosa fuerit. Mihi tua dilecta parens occurrit; illam tuæ diuturnæ absentiæ tædebat. Dilectum tuum patrem ego invisam; illum profecto miserebit teterrimæ miseriæ quæ hominem haud sibi ignotum, nec existimatione indignum, premit. Si quis consilium a viro sapiente quærit, eum accepti consilii non pœnitebit. Expedit aliorum exemplo potius quam suo, edoceri. De illo sperandi locus est, quem culparum pudet, quæ ipsi exprobrantur, et quarum pœnitet.

THÈME 69.

Les Israélites commencèrent bientôt à se repentir de leur sortie de l'Égypte. Ils parurent souvent s'ennuyer de la nourriture qui leur était envoyée du ciel. Ils semblaient rougir de la protection du Seigneur, qui les avait comblés de bienfaits. Combien de fois Moïse, qui était à leur tête, ne parut-il pas fâché de l'autorité qui lui avait été confiée, et ne rougit-il pas du penchant de ce peuple à l'idolâtrie! Dieu, qui avait menacé de mort les Ninivites, aima mieux ne pas exécuter sa vengeance que de ne pas avoir pitié de ce peuple, et il leur pardonna. Caïn aima mieux désespérer du pardon que de se repentir du crime qui lui était reproché. Celui qui ne veut pas avoir pitié du pauvre n'obtiendra pas le pardon accordé seulement à celui qui est miséricordieux. Vous ne voulez pas être fâché de votre désobéissance, puisque vous ne paraissez pas rougir de l'avouer. Je ne désire pas me repentir de l'avis que je vous ai donné : vous n'oseriez être fâché du succès qui l'a couronné.

THÈME 70.

Refert, interest regis.

L'écolier et le serin.

Il eût importé à ce jeune enfant de comprimer le caractère de légèreté qui le possédait tout entier. Pendant deux ans, les leçons d'un maître habile et sage l'avaient laissé presque aussi ignorant qu'il était. Il entend un jour un serin, perché dans une cage, siffler parfaitement un air des plus jolis. « Il m'importe, dit-il,

THÈME 69.

Egressus sui ex Ægypto mox Israelitas pœnitere cœpit. Illos sæpe visum est cibi tædere qui ipsis e cœlo mittebatur. Illos Domini præsidii pudere videbatur, qui beneficiis ipsos cumulaverat. Quoties Moysen, illis præpositum, pigere visum est imperii quod sibi fuerat commissum, et illum istius populi ad idololatriam proclivitatis puduit! Deus, qui mortem Ninivitis erat minatus, maluit ab ultione temperare, quam non miserere istius gentis, et illis pepercit. Veniam Cainus desperare maluit, quam sceleris, quod sibi fuerat exprobratum, pœnitere. Qui pauperis misereri non vult, ipse homini tantummodo misericordi concessam veniam non consequetur. Tuæ non vis inobedientiæ renuntiare, siquidem illam fateri te pudere non videatur. Consilii quod tibi dedi haud me pœniteat cupio; tu vero prosperi exitus, qui illud absolvit, pigere nequaquam audeas.

THÈME 70.

Refert, interest regis.

Puer et acanthis.

Hujusce junioris pueri interfuisset leve ingenium comprimere, quo totus detinebatur. Biennio ab erudito licet et sapiente pædagogo edoctus, fere tam ignarus quam antea exstiterat. Die quadam acanthidem audit in cavea insidentem lepidissime cantus modulantem. « Mea refert, inquit, audire

de savoir comment tu es devenu musicien. Il est de mon intérêt de l'apprendre de toi. — Puisqu'il est de votre intérêt, jeune homme, dit le serin, d'avoir ma réponse, voici le moyen dont je me suis servi et qui m'a réussi. Tous les jours, soir et matin, mon maître me jouait un air ; j'oubliais tout le reste ; je l'écoutais de toutes mes oreilles. Il m'importait de l'écouter attentivement ; en quelques mois j'appris à l'imiter. Vous pouvez vous rendre habile comme moi ; montrez-vous attentif et docile à ce que vos maîtres vous enseignent. » Cette leçon, aussi utile que sage, importe au bonheur de quiconque brigue le savoir. Il est le fruit du travail et de l'application.

THÈME 71.

Il importerait aux rois et aux grands de gouverner avec sagesse et modération ; mais il importe aux sujets, plus qu'ils ne pensent, d'obéir aux lois. Il m'importait d'apprendre cette nouvelle, et il vous importera de ne la pas oublier. Il nous importe surtout de connaître nos devoirs ; mais il nous importe aussi de les remplir. Il nous eût importé de savoir le moment de votre départ, et il vous importe de nous faire savoir le jour fixe de votre arrivée. Il importe à l'homme doué de raison de connaître celui qui est l'auteur d'un si grand don. L'âne disait : « Il ne m'importe pas de servir ce vieillard ou tout autre, si je porte mon bât. » Il eût importé au corbeau de ne pas faire parade de sa voix. Il vous importera, jeunes gens, de lire et d'étudier les fables qui sont entre vos mains. Il vous importe à tous deux d'examiner avec soin cette affaire, car elle intéresse votre réputation.

quomodo tu musicus evaseris. Mea interest id ex te
cognoscere. » Cui acanthis: « Quum tua, puer, inquit, intersit nostrum audire responsum, hac ego
sum usus ratione, quæ mihi bene cessit. Singulis
diebus, vespere et mane cantilenam mihi modula-
batur herus; atque ego cetera oblita, totis illam
auribus excipiebam. Mea attente eum audire intererat; paucis vixdum effluxis mensibus, illum imitari sum edocta. Et tu æque ac ego peritus evadere
potes; te attentum docilemque præceptis ma-
gistrorum præbe. » Ad felicitatem cujusvis do-
ctrinæ appetentis præceptum istud æque utile ac
sapiens interest. Illam parit et labor et attentio.

THÈME 71.

Regum et virorum principum interesset sapienter et moderate imperium tractare; at subditorum
magis quam putant legibus obedire interest. Istud
nuntii audire mea referebat; tua vero non illud
oblivisci intererit. Nostra quidem refert officia
noscere; at rursus illa explere nostra interest. Tui
discessus tempus novisse nostra interfuisset; tua
vero refert nobis tui adventus præfixum diem nun-
tiare. Hominis ratione præditi interest illum novisse, qui tanti muneris est auctor. « Mea nihil
refert, aiebat asellus, huic seni aut cuivis alii
inservire, clitellas si portem meas. » Corvi interfuisset suam vocem non ostentare. Vestra adolescentum intererit fabulas quæ inter manus versantur, legere, et illis studere. Vestra utriusque refert
rem istam diligenter perpendere, quippe quæ ad
vestram famam pertineat.

THÈME 72.

Du bœuf (suite).

Il importe au cultivateur de connaître quelle est l'utilité du bœuf pour le labour. Il nous importerait de faire attention aux avantages que nous en retirons. Il n'importe pas au bœuf de vivre, puisqu'il ne vit et ne meurt que pour l'homme. Il nous importerait d'être plus reconnaissants envers l'auteur de la nature, qui nous a procuré de si grandes ressources. Ce sentiment importerait à notre bonheur. Mais il nous importe en ce moment d'examiner encore le service que le bœuf rend à l'homme. Il traîne des fardeaux considérables ; il ne se rebute jamais. Il importe beaucoup à l'économie de savoir ce qui suit : la nourriture du bœuf n'est pas dispendieuse ; il n'a besoin que de soins ordinaires. Le boucher le tue lorsqu'il est au tiers de sa vie. La chair de cet animal fournit à l'homme une nourriture succulente et un bouillon exquis ; le cuir est employé à différents usages. Il importe à la jeunesse d'avoir quelque notion des animaux domestiques qui nous rendent de si grands services.

***

Régime du verbe impersonnel est.

THÈME 73.

Est regis. Est meum, etc.

Il est d'un magistrat de rendre la justice avec intégrité. Il appartient au législateur suprême de donner à l'homme des lois ; c'est à lui de commander, c'est à nous d'obéir. C'est au vieillard de donner des conseils, c'est à la jeunesse de les suivre. Il appartient au téméraire de tout oser, et à l'homme modeste et prudent de

THÈME 72.

De bove (sequitur).

Agricolæ interest nosse quæ sit bovis ad arandum utilitas. Nostra interesset attendere quæ ex illo percipiamus commoda. Bovis vivere minime interest, quum ille homini tantum et vivit et moritur. Nostra interesset gratiores nos præbere erga naturæ conditorem, qui tanta in nos subsidia contulit; qui quidem sensus ad nostram interesset felicitatem. At nostra tunc temporis interest iterum operam explorare quam bos homini præstat. Ille gravissima devehit onera, nec ulla re deterretur. Plurimum ad villaticam administrationem interest quod sequitur, audire : minimo sumptu bos pascitur; cura tantum vulgari illi opus est. Tertiam vix ætatis partem attigit, quum illum occidit lanius. Hujusce animalis caro escam homini succulentam et exquisitum jus subministrat; corio ejus in varios usus utuntur. Juventutis interest nonnullam de domesticis animalibus, quæ tantam nobis præstant operam, notionem habere.

Régime du verbe impersonnel est.

THÈME 73.

Est regis. Est meum, etc.

Est magistratus judicia sancte et integre exercere. Est supremi legislatoris leges homini constituere; illius est imperare; parere, nostrum. Senis est consilia dare, juventutis illa exsequi. Temerarii est audere cuncta, modesti vero sapien-

réussir. La cigale disait à la fourmi : « Il m'appartenait de chanter pendant la belle saison. — Dansez maintenant, lui dit la fourmi ; il ne m'appartient pas de prêter à celle qui se divertissait pendant que je travaillais. » Ces prairies et ces vergers sont au fermier le plus riche de ce pays. Ces livres ne sont pas à moi ; je les ai empruntés à un ami notre voisin. Ces prix et ces couronnes sont à vous ; vous les avez obtenus de votre maître. Cette balle est à moi, je vous la prêterai volontiers. Ces troupeaux étaient à moi : ils sont à vous présentement, puisque je vous les ai vendus. Il appartient au loup de tuer et d'égorger, au berger de veiller, au chien d'aboyer. La sagesse dit : « C'est à moi d'instruire et à lui de m'écouter. » La prudence croit que c'est à elle de tout prévoir et de réussir.

THÈME 74.

La rose et l'immortelle.

La rose voyait une immortelle à ses côtés : « Il t'appartient bien, lui dit-elle, d'oser te comparer à moi. L'empire dans le royaume de Flore m'appartient de mémoire d'homme. Regarde ces couleurs, contemple cet éclat ; établis, si tu l'oses, entre nous quelque comparaison. Je suis la reine des fleurs ; la préférence m'appartient de droit. — Je n'ai pas l'impudence, répond doucement l'immortelle, d'oser vous disputer le pas ; c'est à vous de charmer nos regards par le vif éclat de vos couleurs ; c'est à moi de m'en consoler, et de ne pas vous porter envie. Vous brillez, il est vrai, mais pour quelques instants. Un bien est précieux, selon moi, lorsqu'il est solide. C'est à vous de briller, c'est à moi de durer ; mes couleurs moins éclatantes bravent l'outrage

tisque propositum attingere. Formicam his verbis alloquebatur cicada : « Meum erat æstivo tempore cantitare. » Cui formica : « Et tu nunc saltita : meum non est quidquam illi commodare, quæ lasciviebat, dum ego laborarem. » Ista prata et ista pomaria sunt villici hujusce regionis ditissimi. Hi libri non sunt mei : hos ego ab amico nobis proximo sum mutuatus. Tua sunt hæc præmia, tuæ sunt lauri; illa a præceptore tuo impetrasti. Hæc pila mea est; hanc ego tibi libenter commodabo. Mei erant hi greges; nunc tui sunt, quum illos ego tibi vendiderim. Est lupi trucidare et mactare, pastoris vigilare, canis latrare. Meum est, inquit sapientia, hominem docere, illius autem me audire. Existimat prudentia suum esse cuncta prævidere, atque rem prospere gerere.

THÈME 74.

Rosa et elichrysum.

Elichrysum juxta se rosa cernebat : « Sane tuum est, inquit, audere te mecum conferre. In imperio Floræ, post hominum memoriam, meum est sceptrum. Tu hosce colores inspice, hunc intuere splendorem; vel minimam inter nos, si audes, collationem constitue. Florum ego sum regina; principatus jure ad me solam pertinet. » Cui placide elichrysum : « Haud ita ego sum inpudens, qui tecum de principatu contendere ausim. Tuum est vivido colorum tuorum splendore oculos omnium permulcere; meum est me ipsum consolari, nec tibi invidere. Tu, quidem, sed aliquantisper refulges. Id unum, me judice, bonum pretiosum, si et diuturnum fuerit. Fulgere tuum est; durare meum; minus splendidi mei colores temporis in-

des temps. » C'est à la vertu seule qu'il appartient de durer ainsi que l'immortelle. Trop semblable à la rose, la beauté naît, brille et disparaît.

THÈME 75.

De l'âne.

Il appartient à l'âne d'être patient et tranquille, comme au cheval d'être fougueux et ardent. S'il ne lui appartient pas d'être délicat pour la nourriture, il l'est pour le breuvage. Il n'appartient pas à nos palefreniers de l'étriller, il préside lui-même à sa toilette ; il se vautre sur le gazon. Il ne nous appartiendrait pas de le prendre pour modèle de docilité, car il est quelquefois indocile et têtu ; mais il nous appartient d'imiter la constance et le courage avec lesquels il endure les coups. Il lui appartient d'être gai, et même joli, d'avoir de la légèreté et de la gentillesse quand il est jeune. Mais il semble nous appartenir d'en avoir peu de soin, d'en exiger des travaux trop pénibles, de l'accabler de coups ; et nous nous plaignons de la tristesse et de l'indocilité de cet infatigable animal. Il semble appartenir à quelques ânes de l'Arabie d'égaler le cheval, de courir avec légèreté, d'avoir une haute et belle taille. Mais l'âne d'Arabie trouve dans ce pays un climat favorable, et des maîtres qui ont de lui un soin particulier ; alors il déploie toutes les facultés qui lui appartiennent.

jurias vincunt. » Virtutis solius est veluti elichrysi durare. Rosæ similior venustas oritur, fulget, evanescit.

THÈME 75.

De asino.

Asini est patientem esse et placidum, veluti equi impatientem esse et acrem. Illius quidem non est in esca delicatum esse; tamen in potione ille delicatior. Nostrorum non est agasonum illum strigili fricare; ipse sui cultus artifex, sese in gramine volutans. Nostrum non esset illum nobis docilitatis exemplum proponere, quippe qui nonnunquam et indocilis sit et pervicax; at nostrum est constantiam et fortitudinem imitari quibus plagas tolerat. Illius est esse hilarem, imo lepidum, agilem et elegantem, quamdiu junior est. Nostrum vero esse videtur, illum parum curare, graviores ab illo labores repetere, plagis illum conficere; et nos de istius indefessi animalis et morositate et indocilitate conquerimur. Nonnullorum Arabiæ asinorum esse videtur equo pares esse, alacriter currere, præcelsa atque egregia esse statura. At in ista regione, asino et serenum cœlum obtigit, et domini occurrunt, quibus ipse præcipue est curæ; tunc ille omnes suas dotes explicat.

Régime de l'impersonnel *opus est*, etc.

THÈME 76.

Mihi opus est amico. Interdico tibi domo meâ.

Qui des hommes n'a pas besoin d'un ami? Nous sommes nés pour la société, nous avons tous besoin de secours mutuels. La sécheresse a été fort grande; la terre aurait besoin d'eau. Ces melons auraient besoin de soleil. Un délassement honnête n'est pas interdit à l'homme; il est nécessaire à l'esprit et au corps. Lycurgue avait interdit aux Lacédémoniens la monnaie d'or et d'argent. Les anciens Romains s'étaient interdit la passion des richesses, mais non l'ambition et la gloire. Ces blés bientôt mûrs auraient besoin de quelques jours de chaleur. Cette vigne a besoin d'une petite rosée. Ce cerf altéré aurait eu besoin d'une fontaine dans laquelle il étanchât sa soif. Ces jeunes gens ont couru longtemps; ils ont besoin de repos. Le médecin a interdit au malade toute nourriture solide; il n'a besoin que de bouillon. Votre parent m'avait interdit sa maison; j'aurais besoin de vous pour rentrer en grâce avec lui.

THÈME 77.

Les deux diamants.

L'esprit le plus heureux a besoin de culture, et les dons naturels n'interdisent point le travail. S'il est besoin d'exemples, je puis en citer un. Deux diamants, tous deux d'égale grosseur, avaient été tirés de la même carrière; tous deux avaient besoin de l'art du lapidaire. L'un reste brut, et tel qu'il fut tiré; l'autre, poli, attire tous les regards. « Pourquoi, dit le pre-

Régime de l'impersonnel opus est, etc.

THÈME 76.

Mihi opus est amico. Interdico tibi domo meà.

Cui inter homines opus non est amico? Ad societatem nos sumus nati; unicuique nostrum mutuis officiis opus est. Siccitas permagna fuit; arvis opus esset aqua. Solis æstu peponibus illis opus esset. Honesta quadam relaxatione homini non interdicitur; quæ et animo et corpori æque necessaria est. Lacedæmoniis Lycurgus aureis argenteisque nummis interdixerat. Divitiarum quidem, non vero honorum et laudis cupiditate, sibi veteres Romani interdixerant. His segetibus modo maturis opus esset nonnullis æstivis diebus. Tenui rore huic viti opus est. Sitienti huic cervo fonte fuisset opus, cujus unda sitim sedavisset. Cursum diu tenuerunt ii adolescentes; quiete illis opus est. Ægrotanti medicus solida quavis esca interdixit; illi jure tantum opus est. Domo sua mihi cognatus tuus interdixerat; te mihi opus esset, ut cum illo in gratiam redirem.

THÈME 77.

Duo adamantes.

Cultura vel felicissimo ingenio opus est, et natura insitæ dotes labore non interdicunt. Exemplis si fuerit opus, unum ego proferam. Eadem fuerant eruti lapidicina duo adamantes, pari uterque magnitudine : utrique scalptoris arte opus erat. Quorum alter rudis, et is, qui fuerat erutus, jacet; perpolitus alter omnium in se oculos convertit.

mier, tous les yeux se fixent-ils sur toi? je n'ai besoin
ni de plus de grosseur ni de plus de dureté; et cependant, si je ne suis pas méprisé, je n'éprouve qu'indifférence. — J'avoue, répondit l'autre, notre ressemblance première. Tous deux, dans ce premier état, nous avions besoin d'une main habile; elle me fut accordée, je lui dois mon état. Si la même faveur t'eût été accordée, tu n'aurais pas besoin de déplorer ta triste destinée. » Ce diamant raisonnait juste; mais l'autre, négligé, était-il coupable? Je ne décide pas la question; je reviens à mon sujet. Si nous voulons être estimés, soyons polis et non grossiers.

THÈME 78.

Le limaçon et le passant.

Un jeune limaçon était sorti de sa coquille : la nature, en l'y renfermant, ne lui a point interdit entièrement la lumière; mais rarement quelqu'un sort de sa sphère et n'a pas besoin d'un censeur. Même chose arriva à notre limaçon. Sorti de cette obscurité, il s'admire, se contemple. « Le Créateur, dit-il, ne m'a pas interdit la beauté: passant, voyez comme je brille. — Tu brilles? répond le passant : j'aurais besoin de tes yeux, car jamais tu ne fus plus hideux à voir. Lorsque, renfermé dans ton heureuse obscurité, tu t'étais interdit le grand jour, tu cachais tes défauts et ta difformité. Si tu t'étais interdit cette sotte vanité qui te porte à vouloir paraître et trahit tes défauts, tu n'aurais pas eu besoin de cette leçon. » Soyons plus sages que le limaçon, et ne forçons pas notre talent.

« Quare, prior inquit, omnium in te convertuntur oculi? Mihi majori nec amplitudine, nec soliditate opus est; attamen ego sin minus contemptui, saltem neglectui habeor. » Ille contra : « Nos quidem, inquit, primum simillimos exstitisse fatebor. Ambobus in priore statu perita manu opus erat; cui quidem mihi concessæ, splendorem sane debeo. Idem si tibi contigisset, luctuosam dolere vicem tibi non esset opus. » Apte quidem dicebat hic adamas; alter vero impolitus num in culpa erat? Litem ego non dirimam. Ad propositum meum redeo. Existimationem nobis si velimus comparare, politi, non autem rudes simus.

THÈME 78.

Cochlea et viator.

Suo domicilio emerserat cochlea juvenis, cui quum ibi natura eam inclusit, prorsus luce non interdixit; at raro admodum de suo statu cuivis prominenti censore non opus est. Idem et cochleæ accidit. Ista vix obscuritate emersa, sese contemplatur, sui facta admiratrix : « Nec mihi creator, inquit, venustate interdixit; siste viator! quantum ego fulgeam aspice. » At ille : « Fulges? inquit; mihi tuis opus esset oculis; tu enim nunquam visu fœdior exstitisti. Ubi feliciter ista inclusa obscuritate tibimet ipse lucis splendore interdixeras, et vitia et deformitatem celabas. Ista si tu tibi stulta superbia interdixisses, quæ ad id te inducit ut prodire velis, et tua detegas vitia, isto tibi documento non fuisset opus. » Nos, cochlea prudentiores ne nostro ingenio vim faciamus.

THÈME 79.

Qualités de l'âne.

Il y a peu de paysans qui n'aient besoin de l'âne et qui s'interdisent les services de cet animal. L'âne a besoin de connaître le maître à qui il appartient; mais il ne s'interdit pas l'attachement pour lui; il sait le distinguer parmi les autres. Il n'a pas besoin de fréquenter long-temps le même chemin pour le reconnaître. La nature ne lui a interdit ni la finesse de l'odorat et de l'ouïe, ni la vivacité de l'œil. Lorsqu'il a besoin de se plaindre d'un trop lourd fardeau, il incline la tête, il couche les oreilles. Si l'homme prend plaisir à le tourmenter, la nature ne lui a pas interdit toute plainte; il ouvre la bouche et fait entendre un cri assez désagréable. S'il est besoin de faire la description de cette musique, c'est un son perçant, aigu, plusieurs fois répété. Le caractère pacifique de cet animal lui a interdit les mouvements vifs, impétueux: il se fatigue bientôt. Il est besoin d'une grande précaution pour le bien charger; car il se lasse et s'use très-vite.

Régime d'un verbe sur un autre verbe.

THÈME 80.

Amat ludere. Eo lusum, etc.

Les hommes ont du goût pour différents exercices: les uns aiment à chasser, les autres à pêcher; celui-ci aime aller à cheval, celui-là aime à jouer à la paume. Lorsque nous irons nous promener, vous viendrez nous rejoindre. Votre frère était venu étudier, mais il vien-

5.

THÈME 79.

Asini dotes.

Paucissimis rusticis asino non est opus; paucissimi sibi hujusce animalis opera interdicunt. Asino opus est herum suum cognoscere; at studio erga illum sibi non interdicit; illius inter ceteros discernendi peritus est. Illi eamdem diutius viam relegere non opus est, ut eam dignoscat. Illi natura nec narium, nec aurium subtilitate, nec oculorum perspicacitate interdixit. Ubi illi conquerendi locus est de graviore onere, cervicem demittit, aures deprimit. Si illum sæpius homo male habeat, illi omni querela non interdixit natura; hiante ore clamorem injucundum tollit. Quam musicen si describere opus sit, sonum esse dixerim acutum, acrem, sæpius repetitum. Huic animali acribus fervidisque motibus mite ingenium interdixit; brevi defatigatur. Ad onerandum asinum maxima cautione opus est; quippe qui viribus quam citissime fractus deficiat.

———

Régime d'un verbe sur un autre verbe.

THÈME 80.

Amat ludere. Eo lusum, etc.

Homines variarum sunt studiosi exercitationum : alios venari, alios piscari juvat; hunc equitare, illum pila ludere delectat. Quum deambulatum ibimus, tu nos assequeris. Tuus frater ad stu-

dra avec nous à la campagne. Certain orateur commençait à haranguer, mais la mémoire lui manqua. A peine
eut-il commencé à ouvrir la bouche, qu'il cessa de parler. La grenouille cessa d'enfler sa peau lorsqu'elle creva.
Un loup et un agneau vinrent étancher leur soif au
même ruisseau. Un corbeau commençait à manger un
fromage ; il s'était perché sur une branche : un renard
avide de rapine accourt le féliciter, ou plutôt lui ravir
sa proie désirée. La sottise du corbeau fut bientôt
trompée par le fin renard. Il n'a pas honte de lâcher sa
proie ; le renard la saisit et l'emporte. Soyez plus sages
que le corbeau ; apprenez à ne pas prêter l'oreille au
flatteur.

THÈME 81.

Le paysan et le miroir.

Un de ces campagnards pour qui tout est nouveau, et
qui n'ont jamais osé sortir du village qui leur a donné
le jour, trouva par hasard un miroir. « Ce meuble, lui
dit quelqu'un, présente à chacun la figure qui lui est
naturelle. » Notre homme à l'instant quitte tout, court
se regarder ; mais à peine a-t-il aperçu sa grotesque
figure, qu'il ne veut point se reconnaître. Outré de dépit, il s'agite, se tourmente, et le miroir de répéter tous
les gestes qu'il fait. Le rustre se met à tempêter, court
saisir une lourde massue, et voulant se venger de cette
insulte, il décharge un grand coup sur la glace. Pour un
miroir, il en eut mille, dont chacun s'empressait de ré-
fléchir cette ingrate figure. Nous sommes trop souvent
semblables à ce rustre ; nous voulons venger en vain un
outrage, et nous courons nous précipiter dans des malheurs évidents. Qui veut se dérober au badinage, augmente toujours le nombre des railleurs.

dendum venerat; at nobiscum rus veniet. Quidam orator concionari cœperat, at memoria lapsus est. Vix os aperire cœperat, quum desiit loqui. Cutem inflare desiit rana, quum rupta jacuit. Ad eumdem rivum lupus et agnus venerunt sitim expletum. Corvus caseum comedere cœperat; ramo insederat; prædæ cupida vulpes illi gratulatum accurrit, vel potius prædam exoptatam arreptum. Corvi stoliditas brevi a callida vulpe delusa est. Illum non pudet prædam emittere, quam vulpes arreptam aufert. Corvo sapientiores estote; discite aures adulatori non præbere.

THÈME 81.

Rusticus et speculum.

Ex istis rusticis unus, quibus nova sunt omnia, et qui nunquam exire pago ausi sunt in quo sunt in lucem editi, in speculum forte incidit. « Is..., dixit ei quidam, supellex natura inditam faciem cuique exprimit. » Nec mora : opere omni relicto, homo noster sese inspectum procurrit; at ille ridiculam vix aspexit faciem, quum sese jam non vult agnoscere. Ira percitus, se versat, sese torquet; et speculum, quoscunque gestus agit, reflectere. Stomachari cœpit rusticus, gravem clavam arrepturus currit, et istam dum vult injuriam ulcisci, grandem speculo ictum impingit. Cui mille pro uno fuere specula, quæ singula istam ingratam faciem certatim reflectunt. Et nos sæpius isti sumus similes rustico; frustra studemus contumeliam ulcisci, et in apertas ruimus calamitates. Qui vult effugere jocum, is irridentium semper numerum auget.

THÈME 82.

De la vigne.

La vigne s'élève en s'accrochant avec ses tendrons à ce qu'elle rencontre. Elle étend en serpentant une multitude de branches ; mais le vigneron a soin d'en retrancher plusieurs ; autrement elle ne pousserait que des sarments et produirait peu de raisin. Au commencement du printemps, le vigneron aperçoit un bourgeon sortir du nœud du sarment qui est resté. De ce bourgeon sort le raisin, et si vous le goûtiez alors, vous le trouveriez âpre au goût ; mais il s'adoucit en mûrissant. La nature lui a donné des pampres destinés à le garantir des ardeurs du soleil. Vous avez vu sans doute des vignerons planter et façonner la vigne. Votre père en avait donné une à cultiver au plus habile vigneron du pays. Il passait presque toute la saison à sarcler, à biner et à épamprer: aussi passa-t-il l'automne à vendanger ; nous le verrons emplir les cuves et les tonneaux. Il entendra plusieurs personnes féliciter ses vendangeurs ; il leur donnera à emporter des paniers de raisin.

THÈME 83.

Le bœuf et l'âne.

« Je te vois triste et chagrin, et ce matin je t'entendis braire d'une belle manière, disait le bœuf à l'âne. Dis-moi ce qui peut te désespérer. Est-ce que tu serais effrayé du travail ? Notre sort, tu le sais, nous a condamnés à la peine, à la fatigue. — Je le sais fort bien, dit l'âne ; tu m'exhortes inutilement à faire ce que je fais tous les jours et de bon cœur. Je ne suis pas âne pour

THÈME 82.

De vite.

Vitis sese erigit complectendo claviculis suis quidquid offendit. Mille serpendo profundit racemos; at plures amputandos curat vinitor; sin aliter, sarmentis tantum silvesceret, et uvas paucas proferret. Ineunte vere, vinitor erumpentem ex articulo sarmenti quod superfuit, gemmam conspicit. Ex ista gemma oritur uva, quam si tunc temporis degustaveris, gustu peracerbam offendes: at maturescendo dulcescit. Illi pampinos natura dedit, qui illam tueantur a nimiis solis ardoribus. Vinitores profecto vidisti vitem conserentes atque proscindentes. Unam tuus pater excolendam tradiderat peritissimo hujusce regionis vinitori; qui quidem omnem fere tempestatem et sarriendo, et repastinando, et pampinando consumebat : unde et autumnum vindemiando traduxit; illum videbimus et vinarios lacus et dolia implentem. Complures suis vindemiatoribus audiet gratulantes; illis et calathos uva refertos auferendos tradet.

THÈME 83.

Bos et asinus.

« Tristiculum et mœstum te video, attamen mane lepidissime te rudentem audivi, asello bos inquiebat. Dic, quæso, unde desperes. Num tu labore deterreris? Nos, id apprime scis, ad labores et ærumnas sors addixit. » Cui asinus : « Et ego, inquit, apprime scio; intempestive tu me ad id agendum adhortaris quod ego et sponte et quotidie perago. Et ego haud certe pro nihilo asinus exsisto.

rien. Je passe tout mon temps à travailler; le travail ne me fait pas peur. — Eh! pourquoi donc, reprit le bœuf, passer ce temps à te chagriner? — Eh bien! dit l'âne, puisque mon sort paraît t'intéresser, je te dirai mon secret. Tu sais ce que je ne cesse de faire pour mon maître. Tu me vois partir dès le matin, porter les fruits et les légumes qu'il récolte dans le jardin. Un certain jour tu m'as vu charrier le foin, dont je ne mange guère; ou c'est la meule du moulin qu'il me fait tourner, et certes elle n'est pas légère.

THÈME 84.

Le bœuf et l'âne (suite).

« Ce matin mon maître revenait de me charger comme à l'ordinaire; je l'entendais marcher derrière moi. Tout à coup je bronchai, je m'abattis, mon pied heurta contre un malheureux pavé. Les fruits dont j'étais chargé tombent dans l'eau, dans la boue; j'avais fait mille efforts pour ne pas me laisser choir. Alors mon homme en colère passe une mortelle heure à me rouer de coups; je sens mon pauvre dos tout meutri, tout moulu. Ce maître qui se montre si sévère envers moi, lui qui me connaît si porté à le servir, aurait bien dû plutôt venir secourir son pauvre âne. — Ta réflexion est juste, lui répondit le bœuf, touché de la misère d'un ami; mais hélas! trop souvent je vois agir ainsi les hommes. Prenez les intérêts de quelqu'un, que votre zèle vous porte à le servir, et qu'ensuite la moindre inattention vous fasse tomber dans une faute légère, l'ingrat presque aussitôt oublie les services rendus et ne pense qu'à venger cette offense. » Il en est cependant, soit dit avec la permission du bœuf, qui n'aiment à se venger qu'en faisant du bien.

Totum laborando tempus consumo, nec me labor deterret. — Unde, quæso, bos subjecit, tempus istud temet macerando teris ? — Agedum, respondit asinus, ego tibi, quum meæ sortis misereri videaris, meum detegam arcanum. Quidquid ego heri mei causa agere non cessem, te certe non fugit. Mane me proficiscentem cernis, et olera et poma quæ in horto colligit bajulantem. Die quadam me fœnum devehentem vidisti, quod vix paululum tondeo : aut pistrini molam, haud certe leviorem, me versare jubet.

THÈME 84.

Bos et asinus (sequitur).

« Herus meus hodie mane redibat a me pro solito more onerando ; illum post me incedentem audiebam. Repente lapsus, corrui ; fatale, eheu ! calce pavimentum offendi. Per undas et cœnum fructus effunduntur quibus eram onustus ; mille ego fueram conatibus reluctatus ne corruerem. Extemplo ira percitus ille per sempiternam horam plagis me contundit ; misellum mihi dorsum totum contusum et perverberatum dolet. Ab hero isto, qui sese erga me adeo severum præbuit, quum ad illi serviendum me tantopere propensum noverit, multo magis misello asello fuisset opitulandum. » Cui bos amici sortis misertus : « Recte quidem sentis ; isto vero modo sæpius agentes homines video. Cujusvis commodis inservias, tuum ad illi serviendum te studium incitet, si quid forte levissimum vel minima inconsiderantia peccaveris, acceptorum beneficiorum repente immemor, ingratus istam ulcisci tantum offensionem meditatur. » Sunt nonnulli tamen, pace bovina dixerim, quos beneficiis solummodo ulcisci juvat.

5.

THÈME 85.

Du cheval.

Le cheval aime à partager avec l'homme la gloire et le travail, il marche avec lui aux combats. Il court s'exposer aux dangers et les affronte. Si l'homme veut goûter les plaisirs de la chasse, de la course, le cheval s'empresse de les partager. Non moins docile que courageux, il ne se laisse pas emporter à son feu ; il sait réprimer son impétuosité. Si le cultivateur revient de labourer ses terres, le cheval le reçoit sur son dos et lui fournit une voiture commode : si le cavalier l'anime à courir, il s'élance ; s'il le retient, il s'arrête. Lorsque les poulains sont réunis ensemble, ils s'animent à courir les dangers ; ils se défient à sauter un ruisseau, à traverser une rivière. Ceux qui, dans ces exercices volontaires, montrent aux autres l'exemple, sont ordinairement les meilleurs, les plus souples et les plus disposés à obéir, lorsqu'ils ont été domptés. Plus d'une fois vous les avez vus bondir et folâtrer dans la plaine, courir çà et là, se ruer sur l'herbe, et, par ces différents exercices, développer et leurs forces et leurs membres.

THÈME 86.

Le berger, les paysans et le loup.

Un berger, jeune encore, et partant enclin au badinage, cherchait à s'égayer aux dépens de la contrée. Il se mit à crier au loup ; notre berger jette partout l'alarme ; et tous les villageois s'empressent de courir au troupeau. « Qu'on nous le donne à tuer, ce maudit

THÈME 85.

De equo.

Equum juvat et laudem et laborem cum homine partiri; cum eo ad prœlia procedit. Ruit sese periculis objectum, et in illa incurrere sustinet. Homo si forte fuerit cupidus aut cursui aut venationi indulgendi, equus ipse voluptatis utriusque particeps esse non dubitat. Æque docilis ac fortis suo ardore sese abripi non sinit: impetum ille suum apte refrenat. Agricola si redeat ab arandis agris, illum equus suo excipit dorso, et illi facile vehiculum subministrat: si forte illum ad currendum eques incitaverit, prosilit; si contra frenaverit, consistit. Equuli una conjuncti sese ad pericula adeundum incitant; sese ad fossam transiliendam, amnem trajiciendum, provocant. Qui ceteris exemplum in istis spontaneis exercitationibus præbent, ii vulgo sunt et optimi et maxime flexibiles, et ad parendum paratissimi, ubi fuerunt edomiti. Sæpius illos vidistis in campo subsilientes et lascivientes, huc et illuc concursitantes, per gramina ruentes, atque hisce variis exercitationibus vires et artus explicant et augent.

THÈME 86.

Pastor, rustici et lupus.

Pastor juvenis adhuc, et inde ad jocum proclivis, loci popularium periculo sese oblectandi occasionem captabat. Lupum inclamare cœpit; terrorem pastor ubique latissime infert: rusticus quisque ad gregem concurrere certat. « Occidendus nobis,

loup, s'écrient-ils ; s'il en échappe, il sera bien adroit. »
Le berger, fort tranquille, leur dit en souriant : « Vous
passez votre temps à courir bien loin. Je voulais m'a-
muser, je suis content. » Les paysans, honteux, se
retirent. Mais quelque temps après un loup, revenant
de chercher aventure, se jette sur le troupeau. En vain
le berger veut le repousser ; il le voit avec douleur dévo-
rer, sous ses yeux, un agneau qu'il venait d'arracher à
sa mère. Guillot alors de crier tout de bon au secours ;
mais aucun villageois ne bouge. Le loup achève le carnage. Le berger désolé s'empresse de courir au village ;
il reproche aux paysans leur peu d'humanité. « Ami,
lui répond l'un deux, n'en accusez que vous ; un
menteur n'est jamais cru par ceux qu'il a trompés une
fois. »

THÈME 87.

Isaac revenait de se promener, lorsque Rébecca
arriva. Votre fermier reviendra le soir d'ensemencer
vos terres. Quand je serai revenu de visiter votre famille, je vous engagerai à faire un voyage dans mon
pays natal. Les exemples de vertu consignés dans l'histoire doivent nous exciter à les imiter. L'architecte est
revenu d'examiner cet édifice ; il vous engage à venir
le voir. Les bergers de votre ami sont revenus de faire
paître les troupeaux plus tard qu'à l'ordinaire. Je vous
avais engagé à venir à la chasse avec nous ; mais vous
reveniez de pêcher, et vous n'avez pas voulu nous procurer ce plaisir. Nos lévriers sont revenus de poursuivre
le cerf et le sanglier ; il faut les mener se reposer. Les
prix qui ont été remportés par votre jeune frère vous
exciteront à suivre un si bel exemple. La belle saison a
engagé votre famille à faire quelque séjour à la maison
de campagne de votre aïeul.

conclamant, scelestus iste lupus tradatur; si letum effugerit, ille certe callidissimus exsistet. » Quibus pastor placida voce : « Et vos, ait subridens, tempus latissime currendo teritis. Memet oblectare mihi mens erat; mihi satis est. » Pudore suffusi discedunt rustici. Verum haud multo post lupus quidam a quærenda præda rediens in gregem irruit. Nequicquam eum propulsare certat pastor; illum ipsissimis dolens videt oculis agnum vorantem, quem subripuerat matri. Tunc opem serio pastor inclamare; rusticus vero nullus pedem movere. Cædem lupus perficit. Dolore amens ad vicum pastor properat, suam rusticis inhumanitatem exprobrat. Cui ex illis unus : « Te unum, o bone, inquit, incusa; mendaci nulla ab his quos semel delusit fides habetur. »

THÈME 87.

Isaacus ab ambulando redibat, quum adventavit Rebecca. Vespere tuus villicus redibit ab inserendis tuis agris. Quum ab invisenda tua familia rediero, te inducam ad iter in meum patrium solum suscipiendum. Exempla virtutis historia tradita nos incitare debent ad ea imitanda. Architectus ab isto explorando ædificio rediit; te hortatur ad illud invisendum. Tui amici pastores serius solito redierunt a pascendis gregibus. Ego te fueram hortatus ut nobiscum venatum venires; tu vero a piscando redibas, nec istam nobis concedere voluptatem voluisti. Vertagi nostri ab insequendis et cervo et apro redierunt; illos oportet perducere ad quietem. Præmia a tuo juniore fratre relata te inducent ad istud tam præclarum exemplum imitandum. Æstivum tempus tuam induxit familiam ad paulisper in avi tui villa commorandum.

THÈME 88.

L'homme véritablement heureux est celui qui arrive au terme de la vie en remplissant fidèlement les devoirs qui lui ont été prescrits. Votre parent vous a apporté plusieurs ouvrages à lire et à examiner ; je l'avais vu passer ce matin ; il paraissait faire la plus grande diligence. Votre ami me racontait avoir lu le trait suivant. Un cheval était très-vieux, il ne pouvait broyer ni paille ni avoine ; il n'aurait pu exister longtemps à ne rien manger. Mais les deux chevaux qui étaient habituellement auprès de lui, passaient une partie du temps à broyer sous leurs dents la paille et l'avoine, et présentaient ensuite l'un et l'autre à manger au vieux cheval, qui ne subsistait que par le soin attentif de ses deux voisins. Vous ne pouvez sans doute voir sans admiration la nature inspirer à des animaux des sentiments qui honoreraient les hommes eux-mêmes. Celui qui passerait le temps à recueillir des traits semblables, et les offrirait à lire à un lecteur curieux, ne serait pas indigne de votre estime.

SYNTAXE DES PRONOMS.

Pronoms relatifs.

THÈME 89.

Deus qui regnat. Pater et mater quos amo, etc.

Le hibou.

Un jeune hibou, qui s'ennuyait d'une solitude d'où il n'était jamais sorti, résolut d'aller dans le voisinage et de vivre avec les autres oiseaux dont il avait entendu

THÈME 88.

Vere fortunatus est ille qui constituta officia diligenter explendo supremam vitæ metam attigit. Permulta tibi tuus cognatus opera legenda atque recognoscenda attulit; illum hodie mane transeuntem conspexeram; ipse videbatur quam maximam adhibere diligentiam. Tuus amicus factum subjectum sese legisse mihi enarrabat. Quidam vetulus equus nec paleam, nec avenam dentibus poterat conterere; nec diutius nihil manducans exsistere potuisset. At equi duo, qui ex consuetudine illi assidebant, temporis partem consumebant paleam et avenam suis dentibus conterendo, et mox utramque vetulo equo comedendam porrigebant, qui duorum tantum vicinorum attentiore cura vitam sustentabat. Et vos profecto naturam miramini istis animalibus sensus injicientem, qui hominibus ipsis honori essent. Si quis hujusce modi facta colligendo tempus consumeret, atque studioso lectori perlegenda offerret, ille profecto vestra existimatione haud esset indignus.

SYNTAXE DES PRONOMS.

Pronoms relatifs.

THÈME 89.

Deus qui regnat. Pater et mater quos amo, etc.

Bubo.

Junior bubo, quem solitudinis tædebat, unde nunquam exierat, iter sibi constituit in viciniam atque cum ceteris avibus convictum, quarum cantus quidem audierat, quas vero minime noverat.

le ramage, mais qu'il ne connaissait pas. Il était grossier, sauvage, entièrement étranger à la société, dont il ignorait les lois. Celui qui a ces défauts a bien de la peine à plaire. Plein de rusticité, et n'ayant nulle grâce, il n'avait rien qui n'attirât les traits de la satire. Partout sifflé, honni, il était le jouet des oiseaux dont il briguait la compagnie; il part et ne revient plus. Que cet exemple nous serve de leçon. Si nous voulons nous rendre aimables et plaire à des égaux dont nous briguons les suffrages, ayons des mœurs, de la douceur, de la politesse. Enfants, qui m'avez entendu raconter l'histoire du hibou, si vous l'imitez, vous aurez un sort pareil, et vous vous repentirez, mais trop tard, de votre conduite.

THÈME 90.

De l'astronomie.

Les différents besoins que les hommes ont éprouvés, et qu'il leur importait de satisfaire, ont donné naissance aux arts et aux sciences. Au contraire, l'oisiveté paraît être la cause qui a donné lieu à l'astronomie. Mais les avantages qu'elle procure, et l'objet de cette science, la vengent suffisamment de la bassesse de cette origine, si elle est véritable. Les anciens peuples, qui n'avaient pas besoin de demeures fixes, qui ne rougissaient pas de passer la nuit à garder les troupeaux, s'amusèrent à examiner les étoiles. Ce sont ces petits corps lumineux qui échappent presque à nos regards, et qu'il importait d'examiner. Ils observèrent la marche régulière de ces étoiles, et, à force d'observations, prédirent le chemin qu'elles tenaient et la place qu'elles devaient occuper. Des gens plus habiles ont profité de ces premières observations, dont ils ont fait une science certaine.

Rusticus erat ille et agrestis, prorsus a societate abhorrens, cujus legum erat omnino rudis. Hisce omnibus qui vitiis laborat, difficile admodum placet. Huic rusticitate pleno et omni lepore destituto nihil non erat quod satiræ tela non provocaret. Sibilis ubique explosus, dedecore conspersus, ceteris ludibrio fuit avibus, quarum cœtum ambiebat : profectus, jam non rediit. Ex isto nos exemplo documentum capiamus. Si nos amore dignos et gratos æqualibus præbere velimus, quorum ambimus suffragia, mores optimos, mansuetudinem et urbanitatem præferamus. Et vos, pueri, qui me bubonis fabulam narrantem audivistis, illum si fueritis imitati, eamdem sortem experiemini, et vestræ, serius vero, agendi rationis vos pœnitebit.

THÈME 90.

De astronomia.

Permulta quæ necessaria homines sunt experti, et quæ explere illorum intererat, artes necnon scientias procreaverunt. Contra, otium causa videtur esse unde exorta est astronomia. Utilitates vero quas procreat, et hujusce scientiæ propositum, humilis certe ortus injuriam, si vera sit, satis superque ulciscuntur. Veteres populi, quibus certis sedibus non opus erat, quos noctem in custodiendis gregibus traducere non pudebat, in stellis observandis detinebantur. Eæ corpuscula sunt ista splendida, quæ fere oculos fugiunt, et quæ explorare intererat. Certum harumce stellarum cursum observarunt, atque iteratis observationibus, quod sequerentur iter, et quem locum occuparent, prædixerunt. Quibus quidem primis annotationibus usi sunt doctiores viri, et illas in certam traduxerunt scientiam.

THÈME 91.

L'enfant et le sabot.

Certain écolier, que la paresse poursuivait un peu trop, était souvent puni pendant les récréations. Mais le maître, homme sage, usait aussi d'indulgence et lui permettait quelquefois le jeu, dont il s'acquittait avec beaucoup d'allégresse. A l'instant notre drôle reprenait les jouets, et surtout le sabot, qu'il faisait tourner avec beaucoup d'adresse. Mais notre espiègle, qui n'aimait pas beaucoup la peine, se lassait bientôt de le fouetter. Un jour qu'il s'était mis hors d'haleine, il voit le sabot s'arrêter : « Pourquoi, dit-il, me forces-tu de te fouetter sans cesse, moi dont le bras se lasse si facilement? Pourquoi tourner seulement quand je te fouette? » Le sabot, qui se plut à lui reprocher le défaut dont il était coupable, lui répondit en deux mots : « Je vous imite, je fais comme vous. » L'homme est quelquefois un peu comme ce sabot, et a besoin d'affaires qui le secouent et le forcent parfois d'agir.

THÈME 92.

La nécessité dont nos premiers parents furent pressés donna lieu à l'invention de l'agriculture, art dont l'objet est la culture de la terre. D'abord les creux des rochers leur parurent des demeures dont ils pouvaient user. Ils imaginèrent ensuite de bâtir des cabanes, dont ils jugèrent le séjour plus digne de l'homme. Insensiblement ils construisirent des maisons et des palais dont leur parurent dignes les princes et les rois. Tel est l'art de l'architecture. Les limites qu'il fallut assigner à l'héritage échu aux enfants d'un même père donnèrent lieu à la géométrie ou science des mesures. Les Égyp-

THÈME 91.

Puer et turbo.

Discipulus quidam, quem nimio plus vexabat inertia, pœnas sæpius per ludos dabat. Præceptor vero, vir sapiens, indulgentia quoque utebatur, et illi nonnunquam ludo indulgere permittebat, quo quidem ille summa elatus lætitia fungebatur. Extemplo ad crepundia, præsertim ad turbinem, se convertebat nebulo, quem mira dexteritate versabat. Improbulus vero quem haud multum juvabat labor, brevi in illo verberando defatigabatur. Die quadam quum totus esset anhelans, cessantem aspicit turbinem : « Unde te, inquit, me continuo verberare cogis, cujus adeo facile defatigatur brachium ? quare verberibus tantum a me impetitus versaris ? » Turbo, quem juvit illi vitium quo laborabat exprobrare, hisce paucis respondet : « Ego te imitor; quod tu, id et ego facio. » Homini nonnunquam, turbinis istius tanquam imagini, negotiis opus est, quæ illum exagitent, et agere identidem cogant.

THÈME 92.

Ex ista, qua primi parentes nostri pressi sunt necessitate, orta est agricultura ; cujus artis propositum est agrorum cultura. Primo cavæ rupes quasi domus illis visæ sunt, quibus uti poterant. Deinde excogitarunt casas ædificare, illam sedem homine digniorem arbitrati. Sensim et ædes et palatia exstruxerunt, quibus ipsis visi sunt digni principes et reges. Ea est ars architecturæ. Ab unius parentis filiis, quibus hereditatis fines erant adscribendi, geometria sive mensurarum ars inventa

tiens sont le peuple à qui nous sommes redevables de cette invention. Le Nil, dont les eaux inondaient tous les ans les campagnes, dérangeait les limites qu'ils avaient placées. Ils inventèrent l'art de mesurer, pour retrouver ces limites après l'inondation.

THÈME 93.

L'éléphant et le jeune lion.

Un jeune lion à qui une mort cruelle avait ravi ceux dont il avait reçu le jour, fut accueilli par un éléphant, animal dont tout le monde connaît la sensibilité. Celui-ci le traite comme un fils qu'un père aime avec tendresse. Entre autres leçons par lesquelles il voulait former ce fils adoptif, en voici quelques-unes : « Évite, mon fils, ce penchant à la férocité à laquelle toute ta race n'est que trop portée; partout elle jette la terreur et l'effroi. Deviens par ta bonté les délices et l'amour des habitants des bois. » L'élève paraissait goûter cette leçon, à laquelle il prêtait une oreille attentive: à l'attention plus d'une fois il joignit la promesse. « Foi de lion, disait-il, je veux être doux comme un mouton. » La promesse, je le crois, était sincère; mais il fallait l'exécuter. La jeunesse n'est pas une caution bien sûre à qui il faille se fier. Cependant sous les yeux de ce maître, par qui il fut si bien instruit, le lion fut paisible, doux, humain; il fut doux ou parut l'être : mais dès qu'il fut grand, il oublia bientôt et promesses et leçons.

fuit. Ægyptiorum genti istam et nos inventionem debemus. Nilus, cujus aquæ quotannis per agros effundebantur, dispositos limites e loco movebat. Inde metiendi artem excogitavere, ut cujusque limites post eluvionem reperirent.

THÈME 93.

Elephantus et junior leo.

Junior leo, quem dira mors illis orbaverat a quibus fuerat in lucem editus, ab elephanto fuit exceptus; cujus quidem animalis omnes pietatem noverunt. Hunc elephantus veluti filium habet, quem pater summopere diligit. Permulta inter præcepta quibus adoptivum studebat filium informare, pauca ego proferam : « Ad istam feritatem, o nate, proclivis esse nolito, cui genus omne tuum nimis est deditum; terrorem ubique et trepidationem injicit. Tu contra benignitate et clementia silvicolarum amor esto et deliciæ. » Quæ præcepta discipulo arridere videbantur attentas scilicet aures præbenti : imo sæpius et attentus multa pollicitus erat. « Data leonis fide, et ego, inquit, haud secus ac ovis mansuetus esse volo. » Vera sinceraque illum promisisse credo; servandum vero erat promissum. Haud certior, cui sit credendum, sponsor est juventus. Eo tamen, a quo tam scite fuerat eruditus, invigilante magistro, leo placidus, mitis, humanus exstitit; humanum se aut præbuit, aut simulavit. Ubi vero adolevit, brevi et præcepta et promissa est oblitus.

THÈME 94.

L'éléphant et le jeune lion (suite).

Le lion quitte bientôt l'éléphant, de qui il tenait ces sages instructions, et par qui il avait été soigneusement élevé; il court rejoindre ceux de sa race. Il les voit tous les jours aller à la chasse, égorger impitoyablement les animaux qui tombent sous leurs pattes. Ce spectacle d'abord le révolte; il était trop contraire aux leçons du maître par qui il avait été instruit. Bientôt le naturel se réveille en lui, l'aspect du sang cesse de lui déplaire. Il croit pouvoir prendre pour modèles ceux à qui il se voit associé. Ce n'est plus ce mouton par qui la paix devait régner; il devint pire encore qu'un lion. L'instruction, par laquelle se forment et le cœur et l'esprit, est sans doute nécessaire; mais le mauvais exemple corrompt les bonnes mœurs. Vainement des enfants auront puisé près d'un père ou d'un maître sage et prudent les leçons de vertus dont ceux-ci leur auront donné des exemples, s'ils ne fuient la société des gens vicieux, dont l'amitié, l'exemple seul, infectera bientôt leurs mœurs et leur innocence et rendra ces enfants méchants comme ceux qu'ils fréquentent.

THÈME 95.

Les trois règnes de la nature.

Tout le monde connaît cette division des trois règnes de la nature, dont le premier s'appelle *végétal*. Il renferme ce qui sort du sein de la terre et qui en reçoit la vie et la nourriture. Je pourrais citer les arbres, les plantes, les herbes, qui tous sont renfermés dans le

THÈME 94.

Elephantus et junior leo (sequitur).

Brevi ab elephanto leo discedit, a quo fuerat tam sapienter edoctus, et studiose educatus, atque ad suum genus properat. Illos quotidie videt ad venationem proficiscentes, crudeliter animal quodque mactantes, si forte in ungues deveniat. Quo primum spectaculo cohorruit, nimium scilicet præceptis reluctanti magistri a quo fuerat edoctus. Mox in illo natura recrudescit; jam non illi displicet cruoris aspectus. Quibus est societate conjunctus, eos sibi fingit ad imitandum proponi posse. Jam non agnus ille est per quem pax vigere debebat; ipso leone pejor factus est. Procul dubio necessariam esse dixerim doctrinam, qua scilicet mens et animus informatur; at probos mores corrumpunt prava exempla. Frustra pueri patri præceptorive et sapienti et prudenti assidentes virtutis hauserint documenta, cujus et ipsi exempla præbuerint, nisi vitiosorum cœtum fugerint, quorum amicitia, imo et solum exemplum, innocuos brevi mores fœdabunt; et istos efficient pueros haud nequitia impares illis quibuscum versantur.

THÈME 95.

De tribus naturæ regnis.

Nemo nescit istam trium naturæ regnorum divisionem, quorum primum *vegetum* est dictum. Illud quidquid terræ gremio oritur, vitamque ab illa accipit et nutritionem, complectitur. Et ego arbores, plantas, herbas enumerare possim, quas quidem

règne végétal. Si du premier nous passons au second, qui est le règne *animal*, il comprend tout ce qui a vie : ainsi, les quadrupèdes, les oiseaux, les poissons, les reptiles, les insectes, composent le règne animal. L'homme en fait aussi partie, puisqu'il a une vie animale ; mais la raison, qui le distingue des animaux, en fait une classe particulière. Enfin, dans le troisième règne, qui est le *minéral*, est compris tout ce qui se forme dans le sein de la terre : les mines, les métaux, la pierre, le marbre et autres productions semblables, qu'il serait trop long de citer.

THÈME 96.

Les maladies auxquelles les hommes sont sujets, et dont nous sommes si souvent affligés, ont donné naissance à la médecine. Cet art renferme la connaissance des différentes parties du corps humain, science à laquelle on donne le nom d'*anatomie*. Le naturaliste, par qui les secrets de la nature sont expliqués, a d'abord étudié les plantes, étude à laquelle on donne le nom de *botanique*. Les plaies ou blessures, dont nous ne pouvons quelquefois nous préserver, ont donné lieu à l'art de la chirurgie. Le célèbre chirurgien par qui fut faite une opération bien périlleuse est celui par qui votre jeune frère a été instruit. J'irai bientôt remercier celui par qui j'ai fait la connaissance d'un homme aussi estimable. Votre avocat, par qui j'ai obtenu des juges une audience honorable, est également digne de votre estime.

omnes vegetum regnum amplectitur. E primo si ad secundum, scilicet *animale* regnum, descendamus, quidquid vivit continet ; unde regnum animale constituunt et quadrupedes, et aves, et pisces, et reptilia et insecta. Hujus quoque pars homo, quum illi sit animalis vita ; at ratio, qua a ceteris animalibus discernitur, illum in propria classe constituit. Tandem in tertio, quod est *metallicum* regnum, continetur quidquid in terræ sinu procreatur : fodinæ, metalla, lapis, marmor, ceterique hujusce generis fetus, quos enumerare longius esset.

THÈME 96.

Morbi quibus obnoxii sunt homines, et quibus tam sæpe premimur, medicinæ locum dedere. Quæ quidem ars corporis humani variarum partium notitiam complectitur, cui scientiæ *anatomiæ* nomen est inditum. Rerum naturalium investigator, a quo evolvuntur arcana naturæ, primo plantis studuit, quod studium *herbariæ artis* nomine est appellatum. Et plagæ et vulnera, a quibus nonnunquam cavere nequimus, chirurgicæ arti locum dedere. Nobilis ille chirurgus a quo periculosissima facta est medicina, ipse est a quo tuus edoctus est junior frater. Mox ego illi gratias persolutum ibo, per quem in hujusce adeo æstimandi viri consuetudinem veni. Tuus causidicus, per quem a judicibus honorificam audientiam impetravi, æque tua dignus est existimatione.

Pronoms personnels.

THÈME 97.

Mihi paruit. Tibi dedi librum.

De la rhétorique et de la philosophie.

Voudriez-vous m'apprendre ce que signifie le mot *rhétorique?* — Je vous satisferai volontiers. La rhétorique est l'art de bien parler. — Mon frère vous parlait hier de logique ; il me serait utile de connaître aussi cette science. — Elle nous est encore plus nécessaire ; car elle nous apprend à bien penser. — Vous m'avez promis quelque chose sur la philosophie. — Si je vous l'ai promis, il faut tenir ma parole. Si la rhétorique nous apprend à bien parler, la logique à bien penser, la philosophie, j'ose le dire, est plus nécessaire encore. — Si vous ne me le disiez, je ne le croirais pas ; mais vous m'avez dit quelque chose des deux autres, vous me parlerez de celle-ci. — La philosophie nous apprend à régler nos passions et à acquérir la vertu. — S'il en est ainsi, je veux être philosophe.

THÈME 98.

Le chien qui a mordu son maître.

Un bon ami, dit-on, est le trésor le plus précieux que le ciel nous ait donné ; mais, après lui, le chien, je crois, est le plus beau don qu'il ait accordé aux humains. Un homme avait un chien plein de zèle pour lui, gardant fidèlement la maison. Un jour de carnaval,

Pronoms personnels.

THÈME 97.

Mihi paruit. Tibi dedi librum.

De rhetorica et philosophia.

Visne me edocere quid vox *rhetorica* significet? — Tibi libenter dicam. Ars recte loquendi est rhetorica. — Heri tibi meus frater de logica verba faciebat; mihi sane utile foret et hanc scientiam cognoscere. — Ea nobis multo magis necessaria est, qua recte cogitare edocemur. — Nonnihil mihi de philosophia pollicitus es. — Illud ego si tibi promisi, mea servanda est fides. Si rhetorica recte loqui, logica recte sentire edocemur; philosophia, dicere ausim, multo magis est necessaria. — Id tu ipse nisi mihi dixeris, haud ego credam. De duabus pauca dixisti, de hac tu quoque dices. — Philosophia et cupiditates frenare, et virtutem comparare edocemur. — Quæ si ita sint, equidem philosophus esse volo.

THÈME 98.

Canis qui suum momordit herum.

Pretiosissimum, quem Deus nobis concesserit, thesaurum esse fidum amicum affirmant; verumtamen secundum illum, canis, ut opinor, donum certe præclarissimum est, quod homini dederit. Cuidam canis erat plane illi devotus, domus sedulus custos. Quadam bacchanalium die, herus

le maître rentre fort tard à la maison couvert d'un masque horrible. Le chien le prend pour un voleur; à l'instant il s'élance sur lui et le déchire à belles dents. Mais dès qu'il a reconnu ce bienfaiteur, ce bon maître qu'il a cruellement blessé sans le savoir, il s'enfuit, il hurle sans cesse, il refuse tout aliment. En vain le maître le caresse, le flatte avec douceur, en vain il lui prodigue mille témoignages de tendresse; ils ne font qu'augmenter la fureur du pauvre chien, qui bientôt meurt de faim et de douleur. Homme ingrat! en lisant cette histoire, rougis de ton mauvais cœur.

THÈME 99.

Dites-nous quelque chose de la musique. J'aime bien entendre le violon, la flûte, la harpe. — Les anciens employaient la musique à chanter des hymnes et à célébrer les louanges des dieux; ils s'en servaient dans les cérémonies religieuses, et la nommaient pour cela un art divin. Mais ils l'employaient aussi dans les repas. Vos frères sont très-bons musiciens; il leur est facile de jouer de plusieurs instruments. Votre sœur, à qui sa maman a donné une harpe, en joue avec grâce; j'en ai écouté les sons avec attention, et j'en ai été content. J'aime beaucoup la musique militaire; j'en suis admirateur; je la préfère au cliquetis des armes et au tumulte des camps.

domum serius se recipit, horrenda retectus persona. Canis latronem adesse putat; in illum repente irruit, atque infenso dente lacerat. At ubi sæpius de se bene meritum et optimum agnovit herum, quem inscius tam fœdo vulnere confodit, aufugit, ululare non cessat, a cibo prorsus abstinet. Frustra herus eum blande palpat, benigne ei blanditur, frustra mille modis amorem illi testatur; inde miselli canis magis ac magis crescit rabies, qui brevi fame doloreque consumptus jacet. Homo ingrate, te hanc legentem historiam tui depravati pudeat animi.

THÈME 99.

Nonnihil de musica dicere velis. Me juvat fidium, tibiæ, citharæ, sonum audire. — Musicam veteres adhibebant in decantandis hymnis, celebrandisque deorum laudibus. Hac in ritibus sacris utebantur; quam idcirco divinam artem vocitabant. At illam quoque in conviviis adhibebant. Optimi musici sunt tui fratres; illis multis instrumentis uti facile est. Tua soror, cui citharam dedit mater, venuste chordas pulsat; cujus ego numeros attente audivi, et illis fui contentus. Musica militari plurimum ego delector; illam demiror; illam et armorum strepitui et castrorum tumultui longe quidem antepono.

THÈME 100.

Le petit chien et le petit chat.

Un jeune chien et un chaton habitaient tous deux sous le même toit. Quelqu'un me dépeignit le caractère du jeune chien : il me parut doux, caressant. Le chat avait un caractère tout contraire. Le chien était choyé de son maître, qui lui prodiguait mille caresses ; mais à peine arrêtait-il les yeux sur le chat. Celui-ci s'aperçut bientôt de cette indifférence ; il se plaignit amèrement : « Pourquoi, dit-il au chien, l'extrême différence de ton sort et du mien? Tout le monde ici te régale, tous te caressent, tous vantent à l'envi tes tours de souplesse, et moi ils me regardent d'un œil dédaigneux : ni maître ni maîtresse ne m'ont jamais témoigné d'amitié ; je n'en reçois que rebuffades. Je te le cède, il est vrai, en talent, je suis moins joli, moins habile ; mais je leur suis plus utile : j'empêche le dégât des souris ; ce n'est pas leur rendre un petit service. — Ils te rendent justice, dit le chien ; mais cela ne suffit pas pour être chéri. Il faut savoir joindre l'agréable à l'utile, et se rendre aimable, quand on veut être aimé. »

THÈME 101.

La brebis, l'agneau et le berger.

Une brebis avait mis au monde un agneau ; elle en était tendrement aimée. L'agneau était gras, vigoureux et beau ; mais la sotte pécore ne s'en crut pas la mère. Si l'agneau s'approchait de sa mamelle pour en sucer le

THÈME 100.

Catellus et catulus feles.

Catellus catulusque feles sub eodem habitabant tecto. Catelli quidam mihi mores depinxit : blandus mihi visus est et comis. Feli longe dissimiles erant mores. Suo hero in deliciis erat catellus ; cui quum ille multa blandimenta daret, vix oculos in felem conjiciebat. Hæc longe dissimilem sortem sensit, de qua acerbe conquesta est : « Unde, quæso, canem allocuta, tantopere mea a tua sorte discrepat? Hic tibi quisque large dapes ministrat, quisque tibi blanditur, certatim quisque tuas præstigias prædicat, me contra fastidioso despiciunt oculo : nullum mihi ab hero et nullum ab hera benevolentiæ pignus concessum est ; superba tantum illorum fastidia patior. Equidem ego tibi ingenio impar sum, et lepore et arte deterior ; at ego illis te multo sum utilior : mures vastantes arceo ; haud certe mediocrem in hoc illis operam navo. » At canis : « Jus et æquum tibi tribuunt ; quod tamen non satis est ut quis diligatur. Utili dulce accedat necesse est : et qui studet amari, sese dignum amore præbeat. »

THÈME 101.

Ovis, agnus et pastor.

Agnum ovis quædam pepererat ; ab illo summopere diligebatur. Præterea pinguis, nitidus, formosus erat agnus ; stolida vero bestia hujus se matrem non esse credidit. Agnus si forte ad ubera

lait, la brebis sans cesse le repoussait. Le pauvre agneau se désolait, il bêlait et criait. Un berger, qui le vit, s'en approche et lui dit : « Ta mère ne te traite pas bien ; qu'importe? n'épargne rien pour lui plaire. » L'agneau suivit ce conseil ; il lui prodigua mainte et mainte caresse. L'insensible brebis n'y put résister plus longtemps ; elle traita l'agneau comme un fils, et sentit pour lui l'amour le plus tendre. Enfant, qui que tu sois, veux-tu calmer la rigueur rarement trop sévère d'une mère, que cet agneau te serve de modèle.

THÈME 102.

La fourmi et la mouche.

Une fourmi charriait tout le jour du grain, dont elle voulait se sustenter dans la saison pluvieuse. Une mouche volage la rencontre par hasard : « Y penses-tu? dit-elle; et quelle est ta folie? Nous sommes dans la belle saison, elle nous invite au plaisir; et toi, loin de t'y livrer, tu consacres au travail ce beau temps de la vie. Laisse là ces grains, songe à te divertir, goûte les douceurs que l'été te présente. — Ce conseil peut être bon, lui répond la fourmi; mais la belle saison, que tu me vantes tant, ne dure pas toujours; l'hiver lui succède : que je manque alors de subsistance, viendras-tu me secourir dans mon besoin? Peut-être alors, hélas! périras-tu de faim. » Qui veut éviter de grands maux, doit y penser et souffrir quelque chose. Ayons la prudence de cette fourmi, et sachons imiter sa prévoyance. Pensons à l'avenir, et par les travaux du jeune âge procurons-nous une heureuse vieillesse.

accederet, unde lac sugeret, hunc a se mater perpetuo propulsabat. Confectus ægritudine misellus agnus balatus et clamores edebat. Hunc pastor videns accedit, et his affatur verbis : « Te quidem mater haud benigne habet ; quid refert ? nihil tamen parcas, ut illi te gratum præbeas. » Monenti paruit agnus, permulta ovi blandimenta impertitus. Immitis antea ovis jam non obsistere valuit : agnum veluti natum habuit, et singulari illum amore prosecuta est. Puer, quisquis fueris, si matrem raro severiorem flectere volueris, agnus iste tibi sit exemplo.

THÈME 102.

Formica et musca.

Granum formica toto devehebat die, quo hiemali tempestate vitam sustentaret. Levis in illam forte musca incidit : « Quæ tua mens ? inquit, quanta stultitia ! Æstivum adest tempus, nos ad voluptatem invitat ; cui tu non modo te non tradis, imo vitæ jucundissimum certe tempus labori impendis. Ista omitte grana, lætitiæ indulge, et quæ præbet æstas oblectamenta præliba. — Recte forte suades, ait formica ; quod vero tantopere prædicas æstivum tempus, non est diuturnum ; subit hiems ; tunc temporis cibi si fuero egena, num tu mihi esurienti opem latura accedes ? Tunc forte et tu misella es fame peritura. » Si quis acerbas voluerit calamitates vitare, ipsi prævidendæ sunt, et nonnihil patiendum. Et nos hujusce formicæ prudentiam et sapientem illius diligentiam imitemur. Futurum cogitemus, juvenesque, labori dediti, felicem nobis senectutem præparemus.

THÈME 103.

Tout homme de talent qui s'admire perd dès lors une grande partie de son mérite. La peinture s'est introduite par le désir d'avoir la ressemblance d'un objet dont le cœur regrettait l'absence. Tel peintre se félicitait et s'enthousiasmait d'un tableau qu'il avait fait, qui fut surpassé par un rival. Démosthène, ce célèbre orateur, ne s'ébranla pas du mauvais succès de la première harangue qu'il prononça. La danse s'était introduite chez les Hébreux dans les cérémonies religieuses. Le poison se glissa bientôt dans les veines de Socrate. Si l'occasion s'était présentée, je vous aurais parlé de ce grand homme. Si vos affaires se passent comme nous l'espérons, vous me le ferez savoir, je vous prie. Il est rare de voir deux savants, plus encore de voir deux poëtes, se louer et ne point se porter envie ; il est plus ordinaire de les voir se déchirer dans les écrits qu'ils publient.

THÈME 104.

Des plantes.

La terre se couvre tous les ans d'une variété infinie de plantes ; elles se reproduisent toutes pour les besoins et l'agrément de l'homme. Le botaniste se félicite de les connaître particulièrement. Les plantes se sèment, se cultivent ; quelques-unes, comme le lierre, s'attachent à ce qu'elles rencontrent. Si le roseau s'ébranle du moindre coup de vent, il plie, mais ne rompt pas. Les plantes s'enfoncent plus ou moins dans la terre, à laquelle elles tiennent par de fortes racines ; de ces racines s'élève une tige proportionnée à la plante, et

THÈME 103.

Quivis egregiis instructus dotibus admirator sui plurimum e sua virtute excidit. Usurpata est ars picturæ cupiditate scilicet effigiem cujusvis habendi, quem absentem animus desiderabat. Is sibi gratulabatur pictor, atque pictam a se tabulam nimio plus demirabatur, qui fuit ab æmulo superatus. Demosthenes, ille clarissimus orator, infelici minime motus est exitu primæ, quam habuit, orationis. In ritibus sacris saltatio apud Hebræos in morem cesserat. Brevi venenum in Socratis venas irrepsit. Si se dedisset occasio, de illo inclyto viro verba ad te fecissem. Si res tua quemadmodum speramus cesserit, illud, quæso, mihi rescribes. Raro admodum duos eruditos, rarius etiam duos poetas videre est sese invicem laudantes, nec sibi mutuo invidentes; sæpius illos videas sese in scriptis, quæ in lucem edunt, maledictis invicem carpentes.

THÈME 104.

De plantis.

Permulta quotannis plantarum varietate terra vestitur; quæ quidem singulæ necessitatibus et oblectamento hominis renascuntur. Illas præcipue novisse gaudet herbarius. Seruntur, excoluntur plantæ; quarum nonnullæ, hederæ instar, quidquid obvium fuerit complectuntur. Arundo, quam si forte levissimus auræ afflatus movet, incurvatur, non rumpitur. Altius minusve in terram deprimuntur plantæ, validis huic adhærent radicibus; ex ista radice surgit caulis plantæ accommodatus, atque ex

de cette tige sortent des branches qui se couvrent de feuilles, de fleurs, de fruits et de graines. Ces arbustes que vous admirez, et dont vous respirez la suave odeur, s'appellent rosiers. L'odeur qu'ils exhalent se répand dans tout le jardin. Si l'occasion se présentait, je vous en cueillerais un bouquet. La rose et l'œillet semblent se disputer la primauté ; ces deux fleurs s'entremêlent agréablement.

THÈME 105.

L'enfant et la poule.

Un enfant, s'ennuyant du travail, allait, venait, rôdait, furetant partout. Il aperçoit dans son nid une poule qui s'agitait, se tourmentait beaucoup et lui parut souffrir. Peu après il l'entend chanter et s'applaudir. « Qu'est-ce-ci ? lui dit-il ; naguère tu paraissais souffrir ; hé ! comment en un instant le plaisir a-t-il succédé à la douleur ? » La poule lui répond : « Quand je te semblais souffrir, je pondais mon œuf ; maintenant, contente et satisfaite, je m'applaudis en chantant. Veux-tu, de ton côté, éprouver la même allégresse ? imite cet exemple, surmonte ce dégoût, fais ton devoir. D'abord, je l'avoue, les commencements te paraîtront pénibles ; mais à peine les premiers moments seront-ils passés, que ton âme sera satisfaite. Je puis t'en parler savamment : mon exemple en est une preuve certaine et récente. »

illo caule ramusculi erumpunt, qui foliis, floribus, pomis, seminibusque vestiuntur. Eæ quas demiramini arbusculæ, et quarum suavem trahitis odorem, rosaria nominantur. Per totum diffunditur hortum ex illis afflatus odor. Si se daret occasio, serta vobis ex illis texerem. De principatu contendere videntur rosa et ocellus; qui flores jucundissime immiscentur.

THÈME 105.

Puer et gallina.

Laboris pertæsus puer quidam ibat redibatque singula rimans, et quocunque cursitans. Gallinam in nido forte conspexit mille modis sese agitantem atque versantem, quæ ipsi dolore angi visa est. Haud multo post illam canentem sibique plaudentem audit. « Quid est? inquit; dolore pressa tu nuper videbaris; quomodo tuum uno eodemque temporis puncto luctum subiit voluptas? » Cui gallina : « Quum ego tibi dolore viderer oppressa, meum ovum pariebam; nunc læta gaudioque exsultans, mihi ipsa cantu plaudo. Tune vis eamdem vicissim percipere lætitiam? hocce et tu exemplum imitare, istud fastidium vince, tuum exple munus. Primum, fateor, gravia tibi videbuntur initia; quæ vix prima effluxerint tempora, quum lætitia tuus animus perfundetur. Quod et ego tibi dicere scienter valeo, cujus certum recensque argumentum tibi nostrum est exemplum. »

Pronoms interrogatifs.

THÈME 106.

Quis vestrûm, etc.

Qui de vous est assez hardi pour traverser avec moi cette rivière? Qui des mortels est content du sort que la Providence lui a assigné? Qui, de votre frère ou de vous, est arrivé le premier et m'a apporté des nouvelles de notre pays? Lequel des deux, du berger ou du monarque, croyez-vous le plus heureux? Qui ne se repentirait de donner la préférence au berger? Cependant qui des deux est le plus tourmenté par les soins et les inquiétudes? Qui fait sa cour au premier et envie son sort? Personne ne l'envie, me répondrez-vous; mais beaucoup de gens envient l'éclat qui environne le trône. Qui peut désirer les honneurs, quand ils sont contrebalancés par un tel contre-poids? Qui ne préférera une honnête médiocrité au tumulte et au brillant éclat des cours? Cependant qui d'entre nous n'aspire pas à un rang plus élevé? Qui ne rougira pas enfin de cette folle ambition?

THÈME 107.

Le serin et son maître.

« Qui m'a fait prisonnier? qui m'a renfermé dans cette maudite cage? » répétait mille fois un serin déplorant sa triste destinée. « Qui te porte à soupirer ainsi? lui dit son maître, plein de tendresse pour lui. Cette cage te délivre de l'épervier. Je ne m'occupe qu'à soulager ton ennui. Qui te prodigua jamais des soins aussi assidus? Je te régale de biscuits, je t'apprends tous les airs les plus jolis. Qui t'a peint ces bouquets, ces fleurs

Pronoms interrogatifs.

THÈME 106.

Quis vestrûm, etc.

Quis vestrum tam audax est, ut mecum amnem istum transeat? Quis mortalium ea contentus est sorte quam ipsi Providentia tribuit? Uter, tune an frater tuus, prior advenit, et mihi de patria aliquid nuntii attulit? Utrum, pastoremne an regem, beatiorem existimas? Quem non pœniteret pastorem anteponere? Attamen uter curis et sollicitudinibus magis vexatur? Quis priori subblanditur, illiusque sorti invidet? Nemo illi invidet, mihi respondebis; at multi splendori invident quo solium circumdatur. Quis honores ambire potest, quum isto pondere compensantur? Quis honestam non anteponet mediocritatem tumultui et splendido aularum fulgori? Attamen quis nostrum sublimiorem non appetit gradum? Quem tandem istius stultæ ambitionis non pudebit?

THÈME 107.

Acanthis et herus.

« Quis me captivam in ista exsecranda cavea tenet inclusam? » iterum iterumque dictitabat quædam acanthis, miserrimam suam lugens sortem. « Quid, ait herus, a quo diligebatur, ad ita gemendum te impellit? Ea te cavea ab accipitro securam facit. In hoc uno sum intentus, ut tuum sublevem tædium. Quis unquam adeo assiduas tibi curas impendit? Te coptis dono, te quotidie festivissimos cantus edoceo. Quis ista serta, quis flores

qui entourent ta cage? Qui te prive de voir le ciel et les riantes campagnes? Qui des deux est le plus heureux, de toi ou de ce moineau qui manque de tout? » Tout cela n'était pour notre oiseau qu'un songe : il n'aspirait qu'à la liberté. « Tout ceci, disait-il en son langage, n'est qu'un vain son; de quelque ornement qu'il pare cette cage, elle n'est après tout qu'une belle prison. La liberté, je le répète, la liberté, voilà toute ma passion. » Il raisonnait ainsi, quand le maître vient le voir, lui apporte un biscuit, et oublie, en le quittant, de refermer la cage.

THÈME 108.

Le serin et son maître (suite).

« Qui m'a si bien servi? » s'écrie-t-il aussitôt; et sans tarder un seul instant, il s'élance hors de sa cage. Qui fera ses adieux? qui protestera de sa reconnaissance? Ce n'est pas qu'il oublie; mais c'eût été un obstacle à ce qu'il désirait tant. « Qui sera désormais plus heureux que moi? Qui peut décrire les charmes de la liberté, s'il ne l'a goûtée? » Ainsi raisonnait notre oiseau; mais, hélas! qui donc avait placé sur le toit voisin un vieux chat en sentinelle? Qui l'avertit du départ du serin? Au moment où celui-ci veut prendre l'essor et agite ses ailes, notre vieux Rodilard l'agrippe et le croque. Qui de nous, hélas! trop semblable au serin de cette fable, ne soupire sans cesse après la liberté? qui n'est pas dupe de ce fantôme de félicité? Trop souvent la perfide, en nous rendant l'espoir du bonheur, nous rend plus méprisables que nous n'étions sans elle. Celui qui sait vivre content de son sort, et n'envie point celui d'un autre, est libre à mon avis, fût-il même esclave.

pinxit, quæ tuam circumcingunt caveam? Quis te
cœli lætarumque segetum aspectu prohibet? Uter,
tune an passer iste, qui omnibus indiget, est felicior? » Quæ singula avi somnio similia videbantur;
libertatem unam illa sitiebat. « Inanis sonus hæc
ista sunt omnia, sua voce aiebat ; quocunque meam
caveam instruxerit ornatu, splendidus illa tantum
est carcer. Libertas, iterum iterumque dico, libertas
hæc una est mihi cupido. » Ista sua mente revolvebat, quum illi herus invisens coptam affert, oc-
cludendæque immemor caveæ discedit.

THÈME 108.

Acanthis et herus (sequitur).

« Quis mihi tam præclare adfuit? » protinus exclamat ; nec mora, extra caveam prosilit. Quis pro
illa supremum valedicet? quis gratum ejus profite-
bitur animum? Non quod illa fuerit immemor ; plurimum vero votis ejus obstitisset ista salutatio.
« Quis me deinceps felicior existet? Quis libertatis
illecebras enuntiet, eam nisi gustaverit ? » Ista
secum revolvebat avis ; at quis, eheu! in proximo
tecto vetulam collocarat felem excubias agentem ?
Quis avolasse acanthidem illam certiorem fecit?
Eo ipso momento quo in sublime ferri certat et alas
quatit, vetula feles arreptam vorat. Quis nostrum ,
eheu ! hujusce fabulæ acanthidi similior libertatem
perpetuo non sitit? quem non deludit vana ista
felicitatis species? Sæpius perfida, dum nobis felicitatis spem prætendit, miseriores quam ubi nulla
erat, nos efficit. Qui sua sorte contentus vivit, nec
alterius sorti invidet, mea sententia liber est, etsi
fuerit servituti addictus.

THÈME 109.

La mouche et le lait.

Une mouche, en rôdant, vit un vase plein de lait. Que va-t-elle faire? « Bon ! dit-elle, ceci est fait pour moi. Que dirais-je de mon bonheur? Je vais m'abreuver de cette liqueur à souhait. » Que prétendait notre sotte? elle voulait boire seulement. Oui, sans doute, mais elle ne prévoyait pas y trouver son tombeau. Elle s'y jette et se rassasie à loisir. C'est fort bien ; mais il fallut sortir. Que voyez-vous de difficile? Pour un oiseau la chose eût été facile, mais pour la mouche le vase fut un abîme. Que lui arriva-t-il? un funeste naufrage. Que figure ce vase? de quoi est-il l'image? Il peint les attraits séducteurs des plaisirs. Que nous apprend la mouche? que conclure du sort qu'elle éprouva? Le mortel trop souvent ignorant et peu sage trouve sa perte dans les plaisirs qu'il poursuit.

THÈME 110.

De la pluie.

Que produisent les vapeurs de la terre et des rivières qui s'élèvent dans l'air, sinon la pluie? Quoi de plus admirable que cette harmonie que l'auteur de la nature a mise entre les éléments? Que récolterait le cultivateur, si les pluies ne rendaient les terres fécondes? Que produirait la terre sans la pluie qui l'humecte? Qu'avons-nous recueilli, lorsque nous avons eu un été si sec? Quoi de plus précieux pour la fécondité de nos campagnes que ces pluies douces qui tempèrent une chaleur excessive? La pluie purge l'air des exhalaisons

THÈME 109.

Musca et lac.

Musca, dum cursitat, vas lacte plenum forte conspexit. Quid est actura? « Optime quidem, ait, istud mihi est appositum. Quid de mea enarrem felicitate? Isto et ego liquore ex votis sitim expletura sum. » Quid istud sibi sperabat stolida? id unum, bibere avebat. Ita sane, ibi vero sese tumulo condendam minime prævidebat. Eo ruit præceps, commode quidem illa satiatur. Optime sane; at illi fuit exeundum. Quid tibi difficile occurrit? Avi quidem res facillima fuisset; muscæ vero vas pro gurgite fuit. Quid illi accidit? triste naufragium. Quid vas istud adumbrat? cujus rei est imago? Fallaces illud voluptatum illecebras exprimit. Quid nos musca docet? quid e sorte quam experta est concludendum? Sæpius ignaro et incauto homini perniciei sunt voluptates quas insequitur.

THÈME 110.

De pluvia.

Quid, nisi pluviam, terræ fluminumque procreant vapores, qui per aera excitantur? Quid isto mirabilius concentu quem inter elementa constituit naturæ supremus auctor? Quid agricola perciperet, nisi fecundam tellurem pluviæ efficerent? Quid terra procrearet absque pluvia quæ illam humectat? Quid nos percepimus, quum adeo arida nobis fuit æstas? Quid agrorum nostrorum fecunditati pretiosius, quam istæ tenues pluviæ quæ nimium calorem moderantur? Pluvia aera purgat exhalationibus, quæ nostro possent nocere spiritui.

qui pourraient nuire à notre respiration. Elle est la principale source de toutes les fontaines et de toutes les rivières. Quoi de plus utile et de plus nécessaire? Qu'étudierez-vous, quand vous aurez fini ce volume?

THÈME 111.

Que pensez-vous de la fécondité de la terre? Que pouvez-vous étudier de plus utile? que pouvez-vous admirer davantage? Qu'y a-t-il de nécessaire à l'homme, qu'elle ne produise? Quoi de plus admirable que la variété des richesses qu'elle nous prodigue? Quoi de plus diversifié que les différentes manières dont le bois peut s'employer? Dites-moi, bûcheron, je vous prie, à quoi servira cet arbre énorme que vous abattez? Que lui demandez-vous? Il l'ignore; mais cet ingénieur l'a destiné pour la construction d'un vaisseau. Qu'attend ce menuisier? du bois pour faire des meubles qui décoreront cet appartement. Que deviendraient, dans la saison rigoureuse de l'hiver, les vieillards et les enfants, si les menues branches de ces arbres ne leur procuraient une chaleur dont les membres froids de l'un et délicats de l'autre ont besoin?

THÈME 112.

La mouche et le miel.

Une mouche avait fait, dans le lait qu'elle buvait, un triste naufrage. « Quoi de plus dangereux que le plaisir? s'écria d'un ton grave une sœur qui l'avait aperçue. Que promet le plaisir? il promet de la joie; et cependant que procure-t-il? il conduit à la mort. Pour moi, je profiterai d'un tel exemple; je n'irai point m'a-

Ea omnium fontium atque amnium præcipua origo.
Quid est utilius magisque necessarium? Cui rei
studebis, istum ubi librum perlegeris?

THÈME 111.

Quid de ubertate terræ sentis? Cuinam rei uti-
liori studere, quid magis admirari potes? Quid est
homini necessarium, quod illa non procreet? Quid
ista varietate opum admirabilius, quas illa nobis
effundit? Quid magis variari potest, quam mul-
tiplex modus quo lignum impendi potest? Dic,
quæso, lignator, ad quem usum servata ingens
ista, quam cædis, arbor? Tu vero quid ab illo
quæris? Istud eum plane fugit; hic vero machina-
tionis peritus illam exstruendæ navi destinavit.
Quid iste lignarius faber exspectat? ligna scilicet,
unde supellectilem construat, quæ has ædium
partes exornabit. Quid, sæva hiemis tempestate,
de senibus et parvulis fieret, nisi minuti harumce
arborum rami benigno illos refoverent calore, quo
gelidis alterius, delicatulis alterius membris opus
est?

THÈME 112.

Musca et mel.

Triste musca naufragium in lacte fecerat, quod
potabat. « Quid voluptate periculosius? severa
voce exclamavit e sororibus una, illam quæ forte
conspexerat. Quid prætendit voluptas? gaudium;
attamen quid parit? ad perniciem deducit. Ego
vero isto edocta exemplo nequaquam ad vas istud

breuver à ce pot; à moins de frais j'aurai ce qu'il me faut. Que vient d'apporter le domestique? qu'a-t-il posé sur cette table? Si je ne me trompe, c'est un bassin plein de miel, mets délectable et dont je pourrai, sans danger de ma vie, me régaler tout à mon aise. Quoi de plus doux que ce mets délicieux? Comme il est moins liquide que ce lait, je puis sur sa surface errer d'un pas ferme et solide, et je ne cours pas le danger de me noyer. » Trop souvent que faisons-nous? ce que fit notre mouche : éviter un danger et tomber dans un autre. Mais revenons à notre sujet.

THÈME 113.

La mouche et le miel (suite).

Pleine de confiance dans sa prudence, la mouche se pose sur la douce substance; elle la contemple avec complaisance, elle en savoure la douceur. Mais que deviendra-t-elle, lorsque, après s'en être largement repue, elle voudra se retirer? Que sera-ce, lorsqu'elle sentira avec surprise ses pattes empêtrées dans ce miel? Qu'est-il besoin de vous dire le sort qu'elle éprouva? Au milieu de ce miel dont elle était éprise, la pauvre mouche expira. Souvent celui qui insulte à l'imprudence d'autrui et se promet plus de sagesse, a le même sort que celui dont il s'est moqué. Qu'apprendrons-nous de ce double exemple? Que vous dirai-je? et pourquoi parlerai-je encore? Que sert d'éviter un danger, si nous n'évitons tous les autres?

ibo potatum; leviore sumptu, quod necessarium est assequar. Quid modo attulit famulus? quid in ista deposuit mensa? Ni fallor, plenum melle lancem, suavissimo quidem cibo; quo nullo vitæ discrimine commodissime satiari potero. Quid isto exquisitissimo ferculo dulcius? Quum sit minus hoc lacte liquidum, firmo solidoque pede in illius superficie oberrare possum, memet immergendi minime periculum adeo. » Quid et nos sæpius agimus? quod ista egit musca : unum scilicet periculum vitamus, in alterum incidimus. Verum ad propositum nostrum redeamus.

THÈME 113.

Musca et mel (sequitur).

Suæ plus æquo prudentiæ fidens musca dulci incubat cibo ; benignis eum contemplatur oculis, et illius suavitatem pleno ore gustat. Quid vero de illa agetur, ubi largo satiata ore volet discedere? Quid futurum, ubi suos impeditos melle pedes mirabitur? Quid opus est sortem quam illa experta est vobis enarrare? Medio jacens melle quo capta fuerat, stolida bestiola animam efflavit. Illum sæpissime qui alterius imprudentiæ insultat, majoremque sibi adfuturam prudentiam sperat, idem manet exitus qui fuit hujus quem derisui habuit. Quid et nos ex hoc gemino exemplo documenti capiemus? Quid vobis dicam? quare plura loquar? Quid prodest unum vitare, nisi cetera fugerimus pericula?

THÈME 114.

Quæ mater liberos suos non amat, etc. ?

Quelle cuisine pourraient faire nos traiteurs et nos cuisiniers, s'ils n'avaient point de bois ? Quel boulanger cuirait le pain ? Quel légume sec pourrait servir à notre nourriture ? Quelle manufacture pourrait continuer les travaux auxquels elle se livre ? Quelle vaste étendue de terrain demeurerait inculte, s'il n'était couvert de bois et de forêts ! Quelle retraite aurait le gibier ? Quelle désolation pour le chasseur ! Quelle calamité pour ceux qui doivent venir après nous ! Quel couvert aurait le voyageur contre les chaleurs brûlantes du soleil, si les arbres disposés sur la route ne l'en défendaient ? Quel avantage, quelle richesse pour un État, qu'un grand nombre de forêts vastes et bien entretenues ! Quel malheur menacerait nos neveux, si cette partie de l'administration était négligée !

THÈME 115.

L'écureuil et l'enfant.

Un écureuil joli, mignon et fait à peindre, se démenait dans sa prison d'une belle manière. Quel avantage y trouvait-il ? quelle espérance nourrissait-il ? Ce n'est pas ce dont il est ici question. Une troupe d'enfants qui le regardaient en étaient émerveillés : l'un d'eux, d'un air grave, quoiqu'il fût un maître étourdi, prend la parole : « Ami, dit-il, quel est ton but ? quel avantage espères-tu de tous ces mouvements ? — Et toi, répond l'écureuil à l'instant, quel fruit retires-tu du jeu, du badinage, qui t'occupent tout entier ? Si je m'amuse, je n'ai rien de mieux à faire. Pour toi, tu joues continuellement, comme si tu n'avais pas d'autre affaire ; et ce-

THÈME 114.

Quæ mater liberos suos non amat, etc.?

Quam artem coquinariam exercere possent et coquinarii et obsonatores, nisi lignum illis esset? Quisnam pistor panem coqueret? Quod exsiccatum olus escam nobis præbere posset? Quæ officina operibus peragendis instare queat? Quantum agri spatium incultum jaceret, nisi et silvis et nemoribus tegeretur! Quis esset venaticæ prædæ recessus? Quis futurus venatori luctus! Quanta posteris calamitas! Quomodo tegeretur viator a fervente solis æstu, ni juxta viam consitæ arbores illum tuerentur? Quanta civitati utilitas! quantæ illi sunt opes permultæ et amplissimæ et diligenter excultæ silvæ! Quanta posteris impenderet calamitas, ista si neglecta jaceret administrationis pars!

THÈME 115.

Sciurus et puer.

Pulchellus, lepidus et ad unguem factus sciurus quidam mille modis in carcere sese exagitabat. Quid inde commodi capiebat? quam spem fovebat? De hoc non hic agitur. Turba puerorum illum conspiciens demirabatur, quorum unus severam induens frontem, etsi perquam levissimus esset, hæc verba facit : « Amice, inquit, quid tuum est propositum? quid commodi ex istis motibus speras adfuturum? » Cui extemplo ille : « Tu vero, quem e ludo jocoque, quibus totus es deditus, fructum percipis? Et ego quum memet oblecto, mihi nihil est melius agendum. Tu contra perpetuo nugaris, veluti cui nulla res alia peragenda esset; tu

pendant tu me blâmes. Ah! si, comme vous, j'étais
pourvu de cette raison dont vous abusez tant! » Quelle
sage leçon donnait cet écureuil! mais quel profit en
retira l'enfant? Quelle heure déroba-t-il à ses vains
amusements? aucune. Il resta comme l'écureuil de la
fable. De sages leçons ne suffisent pas; il faut en profiter.

THÈME 116.

Du chanvre.

Quelle est cette herbe que j'aperçois dans ce petit
champ? Quelle odeur forte et désagréable exhale-t-elle?
Cette herbe que vous voyez, et qui grandira à la hauteur d'un homme, est le chanvre. Quel est l'usage de la
graine? Les pigeonneaux, les perroquets et plusieurs
autres oiseaux s'en nourrissent. Mais le chanvre est
d'un autre usage plus intéressant pour nous. Lorsqu'il
est mûr, le paysan le cueille; il le laisse quelque temps
dans l'eau, afin que l'enveloppe pourrisse. Que fait-il
après cela? Les femmes l'en retirent, elles l'exposent
ensuite à l'air ou au soleil; lorsqu'il est sec, elles le
brisent et en tirent la filasse. La partie la plus grossière
est employée par le cordier: il en fait de la corde
ou de la ficelle. La plus fine est mise en réserve; les
femmes en font un fil, dont le tisserand fait ensuite la
toile.

tamen me vituperas. Proh! utinam mihi divinitus obtigisset ista ratio qua tantopere abuteris! » Quam sapienter monebat sciurus iste! quam vero puer inde utilitatem percepit? Quam vanis oblectamentis subripuit horam? nullam. Sciuro fabulæ similis usque permansit. Non satis sunt salutaria præcepta; illis est utendum.

THÈME 116.

De cannabi.

Quæ illa est herba, quam isto in agello conspicio? Quam gravem et injucundum odorem exhalat! Ea, quam cernis, herba, et quæ ad altitudinem viri crescet, est cannabis. Quis seminis est usus? Eo columbarum pulli, psittaci, et plurimæ aliæ aves pascuntur. At cannabis alius est usus nobis longe potior. Ubi maturuit cannabis, illam colligit rusticus, atque aliquantisper in aqua relinquit, ut putrescat integumentum. Quid agit postea? Hanc inde mulieres extrahunt, mox aut acri aut soli exponunt; ubi exsiccata est, illam conterunt, atque linum depexum extrahunt. Pars crassior a restiario impenditur; ex ea funem aut resticulam torquet. Tenuior asservatur; stamen ex ea mulieres conficiunt, quo telam textor postea texit.

THÈME 117.

Le trompette prisonnier et le vainqueur.

« Quel crime peux-tu me reprocher? disait un trompette au vainqueur qui l'avait fait prisonnier. Quel traitement peu mérité tu me fais souffrir! Quand nos soldats marchèrent contre vous avec audace, quelle place occupais-je? Quelles armes m'as-tu trouvées? Quelle faute peux-tu me reprocher? Peut-être m'accuseras-tu d'avoir embouché quelquefois la trompette? — Vous n'avez, je le sais, dit le vainqueur, jamais déployé votre bras dans les batailles. Mais, dites-moi, quel était votre but en embouchant la trompette guerrière? Quel courage, quelle valeur n'inspirait-elle pas à vos guerriers! Vous ne nous avez pas fait de mal par vous-même, je l'avoue; mais vous y avez animé les vôtres. Quelle injure vous fais-je donc en vous traitant en ennemi? Quel sort différent devez-vous attendre de moi? » Qui conseille le mal et y excite est plus coupable encore que celui qui le commet. Quel malheur de le conseiller et de se croire innocent !

THÈME 118.

Quelle grêle a plusieurs fois ravagé nos campagnes! quels maux a-t-elle causés! Quelle heure était-il quand elle commença à tomber? Quel bonheur avez-vous eu de ne pas être sorti à ce moment-là! Quelle récolte auraient eue nos fermiers, si la grêle n'eût détruit nos moissons! Quelles vendanges feront nos vignerons après le ravage de ce terrible fléau? Quelles branches d'arbres ont pu résister à cette grêle affreuse? Quels troupeaux alors paissant dans nos plaines a-t-elle épargnés? Quel

THÈME 117.

Captivus buccinator, et victor.

« Quid tu mihi sceleris exprobrare potes? victori buccinator aiebat, quem ille captivum fecerat. Quam injusta me excrucias pœna! Quum in te audaci vultu nostri processerunt milites, in quo tunc ego stabam loco? Quibus me instructum armis deprehendisti? Quid tu mihi noxæ potes exprobrare? Me forte nonnunquam tubam inflasse argues? » Cui victor : « Tu, scio equidem, dextram nunquam in prœliis exercuisti. Dic, quæso, tamen, quid tibi militarem buccinam inflanti propositum fuit? Quanta fortitudine, quanta virtute tuorum militum animos illa incendebat! Nullum tu quidem, fatebor enim, malum nobis intulisti; tuos vero ad inferendum incitasti. Quanam igitur injuria te afficio, quum tecum veluti cum hoste ago? Quæ tibi sors alia a me est exspectanda? » Injuriæ suasor et auctor multo majori est in culpa, quam qui intulerit. Quanta suadenti, seque culpæ proximum esse neganti calamitas!

THÈME 118.

Quæ grando rura nostra sæpius vastavit! quæ mala intulit! Quota erat hora, quum decidere cœpit? Quam felix, quod isto momento non fueris egressus! Quantam segetem nostri obtinuissent villici, nisi grando nostras delevisset segetes! Quas nostri vinitores vindemias metent, post istius horrendæ pestis vastationes? Qui arborum rami isti horrendæ grandini obniti potuere? Quibus tunc in campis nostris pascentibus gregibus illa pepercit?

quantième du mois est-ce aujourd'hui? Qu'avez-vous étudié hier? Quel malheur menace ceux qui ne prennent pas les précautions suffisantes! Quelles personnes ont été blessées mortellement par ce redoutable fléau! Quelle sera la récompense que vous me réservez? « Quel avantage obtiendra mon fils, si je vous le confie? » demandait un ignorant à un philosophe. Quelle fut la réponse? elle vous est connue.

THÈME 119.

Quis te redemit? Jesus-Christus.

La boulangerie.

Qui a donné à la terre cette fécondité que nous admirons et dont nous profitons? C'est Dieu. Que sème ce laboureur? Du blé. Que fait cette femme? Du pain. Que vois-je dans ce coffre devant lequel elle est debout? De la farine. Que délaye-t-elle dans cette farine? Du levain. Qu'est-ce que du levain? Un morceau de pâte qu'elle a gardé de la dernière cuisson et qui s'est aigri. Que lui importe-t-il de délayer cette pâte aigre avec la nouvelle farine qu'elle pétrit? Il lui importe extrêmement, afin que la nouvelle pâte qu'elle fait puisse lever. Que fera-t-elle quand cette pâte sera finie? Que vous importe de me faire toutes ces questions? Il m'importe plus que vous ne pensez; je veux satisfaire ma curiosité. Eh bien! je répondrai à vos questions, mais une autre fois.

Quotus est hodie mensis dies? Cui rei hesterna die studuisti? Quanta illis instat calamitas, qui parum præcavent! Quot homines mortifere illa tremenda peste vulnerati sunt! Quæ merces erit, quam mihi serves? « Quid commodi filius meus percipiet, illum si tibi tradidero? » sic philosophum quemdam interrogabat vir indoctus. Quid fuit philosophi responsum? illud vobis notum est.

THÈME 119.

Quis te redemit? Jesus-Christus.

Ars pistrinaria.

Quis istam telluri tribuit ubertatem quam nos demiramur, et qua utimur? Deus. Quid serit hic agricola? Triticum. Quid ista mulier facit? Panem. Quid ego in ista arca video, cui adstat? Similam. Quid in ista simila diluit? Fermentum. Quid est fermentum? Farinæ ex aqua subactæ fragmentum, quæ e postrema servata coctura coacescuit. Quid illius refert acrem istam subactam farinam cum nova quam pinsit diluere? Illius summopere refert, ut nova quam pinsit farina fermentare queat. Quid illa aget, quum ista pista erit farina? Quid tua refert ista omnia a me quærere? Mea magis quam putas refert; ego meæ volo curiositati satisfacere. Agedum, tuis interrogationibus, sed alias, respondebo.

THÈME 120.

La boulangerie (suite).

Me direz-vous ce que va faire maintenant cette femme? car elle a fini sa pâte. Oui. Apercevez-vous là des paniers? Oui. Ne voyez-vous pas la pâte divisée et mise dans ces corbeilles? J'ai vu tout cela. Ne remarquez-vous pas ces couvertures qu'elle a eu soin d'étendre dessus? Oui. Elle agit ainsi pour entretenir une chaleur nécessaire à la pâte pour lever. Allons, ne vous contentez pas de la regarder, aidez-la plutôt; prenez ce fourgon; remuez le bois qui est dans le four. Maintenant retirez la braise, et qu'il n'y reste pas de cendre. Armez-vous de ce balai, et balayez bien le four. Avez-vous bien nettoyé l'âtre? Oui. Que votre jeune camarade vous apporte cette pelle; mettez dessus un pain et enfournez-le; faites de même des autres. Quand cela sera fait, que votre four soit bien fermé, et ne retirez votre pain que dans une heure et demie.

THÈME 121.

Fabrication du papier.

Quelle est la matière dont on fait le papier? De petits morceaux de linge souvent jetés dans la rue et que les pauvres gens ramassent. Leur importe-t-il de les ramasser? Oui, sans doute; ils les vendent aux fabricants. Ces chiffons sont-ils employés par le fabricant tels qu'il les reçoit? Quelle demande me faites-vous? Non, sans doute; il les lave et les dépose dans des

THÈME 120.

Ars pistrinaria (sequitur).

Tune mihi dices quid ista mulier sit actura? quippe farinam aqua subigere desiit. Dicam. Tune ibi sportas conspicis? Conspicio. Nonne divisam subactam aqua farinam, atque in canistris impositam vides? Ista ego omnia vidi. Nonne ista vides tegumenta, quæ insuper extendenda curavit? Video. Sic agit ut necessarium subactæ farinæ calorem foveat, unde fermentet. Agedum, ne satis habeas illam inspicere, huic potius opem feras: illud arripe rutabulum; ligna quæ in clibano sunt, exagita. Nunc prunam extrahe, nihil cineris supersit. Istis instructus scophis, clibanum apte converre. Tune focum apte purgasti? Purgavi. Junior tuus socius istam tibi palam afferat: huic panem impone, atque in furnum conde: de ceteris fac similiter. Quod ubi factum erit, apte claudatur clibanus, neque panem, nisi post sesquihoram, extrahe.

THÈME 121.

Quomodo conficitur charta.

Qua ex materie charta conficitur? Linteis panniculis sæpius in via projectis, quos pauperculi homines colligunt. Illorumne interest eos colligere? Ita profecto; quippe illos fabricantibus vendunt. Istine panniculi a fabricante iidem impenduntur, quos ille accipit? Quid tu a me quæris? Minime profecto; illos lavat, atque in lacubus deponit,

7.

cuves, jusqu'à ce qu'ils soient broyés et réduits en pâte. Que devient ensuite cette pâte? Elle est mise dans des mortiers, et pilée plusieurs fois. Est-ce la dernière préparation? Non, certes. N'avez-vous pas entendu le fabricant donner d'autres ordres? Oui, mais je ne m'en souviens pas ; continuez donc de nous instruire. « Retirez, a-t-il dit, cette pâte de ces mortiers ; ayez soin de la faire sécher, et quand vous vous en servirez pour fabriquer le papier, jetez-la dans un troisième mortier. Quand elle sera ainsi perfectionnée, mettez-la dans des cuves pleines d'une eau très-claire et un peu chaude et remuez-la plusieurs fois. »

THÈME 122.

La création du monde.

Qui a créé le monde et qui le gouverne? Dieu, par sa puissance. Qui fut le premier des hommes? Adam, dont Dieu forma le corps de la terre, et à qui il donna une âme par laquelle il pût connaître et aimer Dieu. A qui importe-t-il d'obéir aux commandements de Dieu? A l'homme. Qui s'est jamais repenti de lui avoir obéi? Personne. A qui importe-t-il de connaître l'histoire de la création? A nous. Adam et Ève eurent-ils des enfants? Oui, ils en eurent plusieurs, entre autres Caïn et Abel. N'offrirent-ils pas tous les deux des sacrifices au Seigneur? Oui, Caïn lui offrit des fruits de la terre, et Abel les premiers-nés des troupeaux. Les sacrifices des deux frères furent-ils agréables à Dieu? Il accepta celui d'Abel et rejeta celui de Caïn. N'avaient-ils pas choisi l'un et l'autre ce qu'ils avaient de meilleur? Oui ; mais ils n'étaient pas dans les mêmes sentiments. Abel était juste ; mais Caïn était transporté de jalousie contre son rère, et il le tua.

donec contriti sint, atque in massulam redacti.
Quid de hac massula postea agitur? Illa in mortariis
deposita sæpius contunditur. Istane ultima præpa-
ratio? Minime profecto. Nonne fabricantem audiisti
alia imperantem? Audivi; at ego jussorum non me-
mini; ergo tu nos edocere perge. « Istam, inquit,
massulam e mortariis extrahe; illam exsiccandam
cura; et ubi illa uteris ad conficiendam chartam, in
tertium immitte mortarium. Ubi isto fuerit perfecta modo, illam in lacus immitte limpidissima
refertos aqua paululumque calida, atque sæpius illam exagita. »

THÈME 122.

Mundi creatio.

Quis mundum creavit, et illum regit? Deus sua
potestate. Quis primus hominum exstitit? Adamus, cujus Deus corpus e terra finxit, et cui dedit
animam, qua posset Deum et nosse et amare. Cujus interest parere mandatis Dei? Hominis. Quem
unquam pœnituit illi paruisse? Neminem. Cujus
interest creationis historiam novisse? Nostra. Fue-
runtne Adamo et Evæ liberi? Plures fuere, in
primis Cainus et Abel. Nonne uterque Domino
sacrificia obtulit? Obtulerunt ambo; Cainus scilicet terræ fruges, Abel gregis primogenitos.
Deone fuerunt accepta duorum fratrum sacrificia?
Oblatum ab Abele accepit, a Caino respuit. Nonne
uterque optimum quodque elegerat? Ambo elege-
rant; at eadem utrique mens non erat. Justus erat
Abel; Cainus vero adversus fratrem invidia elatus
illum interfecit.

THÈME 123.

La création (suite).

Dieu n'avait-il pas menacé Adam de mort, s'il lui désobéissait? Oui. Adam mourut-il aussitôt après qu'il eut péché? Non; mais il fut condamné à la mort et à toutes les misères de la vie. Dieu le laissa-t-il sans espérance? Non, il lui promit un sauveur, en prononçant sa sentence : « Homme ingrat et rebelle, lui dit ce Dieu vengeur et miséricordieux tout ensemble, mange ton pain à la sueur de ton front tous les jours de ta vie, et retourne à la terre dont tu as été tiré. Que celle que je t'ai donnée pour compagne enfante avec douleur, qu'elle te soit assujettie. Et toi, esprit de malice, qui as porté l'homme à la révolte, ne t'applaudis pas de ton triomphe et d'avoir renversé l'ordre de mes desseins. Qu'un jour, de celle que tu t'es assujettie sorte une race bénie, qui écrase ta tête altière et superbe, en même temps que, serpent insidieux, tu dresseras à la partie la plus basse d'elle-même un piége où tu seras pris. »

SYNTAXE DES PARTICIPES.

THÈME 124.

Gallus escam quærens margaritam reperit, etc.

La fabrication du papier (suite).

L'ouvrier, faisant chaque feuille de papier séparément, la coule dans un moule. Chaque fabricant don-

THÈME 123.

Mundi creatio (sequitur).

Nonne Deus Adamo mortem erat minatus, ni ipsi paruisset? Minatus certe. Adamusne, postquam deliquit, statim exstinctus est? Non statim ; sed ad mortem et omnes vitæ miserias damnatus est. Eumne Deus insperatum reliquit? Minime ; salvatorem illi est pollicitus, dum sententiam illi edixit : « Homo ingrate et rebellis, dixit illi Deus ultor simul et misericors, panem in sudore vultus tui comede singulis vitæ tuæ diebus, et tandem ad terram unde fuisti eductus, revertere. Illa, quam tibi sociam dedi, doloribus pariens prematur, tibi sit subjecta. Tu vero, nequitiæ spiritus, qui hominem ad rebellandum impulisti, tuum ne tibi triumphum plaude, subversamque meorum consiliorum seriem. Aliquando ex illius progenie, quam tibi fecisti subditam, benedicta progenies oriatur, quæ excelsam superbamque tuam conterat cervicem, dum tu, serpens insidiose, infimæ illius parti insidiaberis, ipse tuo laqueo irretitus. »

SYNTAXE DES PARTICIPES.

THÈME 124.

Gallus escam quærens margaritam reperit, etc.

Quomodo conficitur charta (sequitur).

Opifex unamquamque chartæ plagulam separatim conficiens, illam in typum infundit. Ut quisque

nant aux outils dont il se sert un nom propre, on a donné à celui-ci le nom de forme. Chaque forme, ayant été plongée dans une cuve pleine d'eau épaissie par la pâte des chiffons, est couverte, quand on la retire, de la matière la plus épaisse. La plus claire, s'étant écoulée, laisse une pâte plus solide ; la feuille de papier est renversée sur un morceau d'étoffe de laine. Plusieurs feuilles ayant été ainsi entassées, l'ouvrier les met en presse, afin d'exprimer la plus grande partie de l'eau ; puis il les étend jusqu'à ce qu'elles soient parfaitement sèches. Ces feuilles ayant été ainsi séchées, il les plonge dans une chaudière remplie d'une colle très-claire, faite de rognures de parchemin. Toutes ces préparations étant faites, il faut polir ces feuilles avec une pierre légèrement frottée de graisse de mouton.

THÈME 125.

De l'imprimerie.

Une description exacte de l'imprimerie surpassant votre intelligence, je puis néanmoins vous en donner une légère idée. L'art de fondre ayant été inventé, quelqu'un s'en servit pour fondre séparément toutes les lettres. Ces lettres ou caractères ayant été distribuées dans une multitude de casselins, l'ouvrier les tire et les place dans le composteur : tel est le nom de l'instrument où il les assemble. Les lettres ainsi assemblées forment des mots, puis des lignes. De plusieurs lignes réunies se forment des pages, qui sont ensuite fortement serrées dans un châssis de fer, nommé forme. Cette forme, apportée par un ouvrier robuste, est placée sous la presse. Là, un autre ouvrier enduit cette forme d'encre.

artifex instrumentis quibus utitur proprium tribuit vocabulum, huic formæ nomen indidit. Quæque forma, in lacum refertum aqua pannulorum massula concreta, immersa, ubi est extracta, materie crassissima contegitur. Effusa pars liquidissima solidiorem massulam relinquit, et chartæ plagula in laneum pannulum subvertitur. Plurimas ita congestas plagulas opifex prælo subjicit, plurimam ut aquæ partem exprimat; inde illas extendit, donec plane sint exsiccatæ. Isto exsiccatas modo plagulas in æream ollam immergit, glutine liquidissimo refertam e membranulis confecto. Quibus exactis præparationibus, istæ sunt expoliendæ plagulæ lapide leviter vervecis pinguedine illito.

THÈME 125.

De arte typographica.

Accurata typographiæ descriptione vestram superante intelligentiam, illius tamen artis tenuem imaginem vobis adumbrare possum. Inventa liquefaciendi arte quidam usus est, ita ut singulas separatim liquefaceret litteras. Quas litteras sive characteres per multas casulas distributas educit opifex, et in casula compositoria disponit; hoc est instrumenti nomen in quo illas colligit. Hocce modo litteræ collectæ verba, mox lineas, efficiunt. Ex pluribus conjunctis lineis paginæ conficiuntur, quæ mox in ferreo replo, cui nomen forma, arctius comprimuntur. Quæ forma a robusto opifice allata prælo supponitur. Ibi alter opifex atramentum huic

Ensuite, tirant fortement un barreau, il presse sur la forme la feuille de papier, qui reçoit exactement l'empreinte de toutes ces lettres.

THÈME 126.

Le déluge.

Dieu, ayant promis à l'homme un sauveur, se devait l'accomplissement de sa promesse. Ne devant le donner que dans les temps marqués, il prépare tout de loin pour l'exécution de son dessein. L'iniquité, s'étant répandue sur toute la terre, l'avait déjà corrompue. Dieu extermina tous les hommes par le déluge. Noé, devant être épargné parce qu'il était juste, eut ordre de construire une arche. La colère de Dieu ayant été apaisée par ce terrible châtiment, il se ressouvint de sa miséricorde. Les eaux s'étant écoulées, Noé sortit de l'arche et offrit à Dieu un sacrifice qui lui fut agréable. Les hommes, ayant méprisé les avis de Noé, avaient péri dans les eaux. La terre, ayant été privée de ses habitants, fut repeuplée par les enfants de Noé. Dieu ayant fait alliance avec Noé, lui renouvela les promesses faites à Adam. L'idolâtrie ou le culte des faux dieux régnant par toute la terre, Dieu choisit Abraham et lui renouvela ses promesses.

THÈME 127.

Dieu, ayant promis à Abraham une nombreuse postérité, ne lui donna un fils que longtemps après sa promesse. Sara, femme d'Abraham, devant être mère de

formæ inducit. Mox valide attracto vecte, formæ
impositam premit chartæ pagulam, quæ omnes
istas litteras recte impressas excipit.

THÈME 126.

De diluvio.

Salvatorem homini Deus pollicitus, sibi explendi
promissi fidem debebat. Temporibus tantum con-
stitutis illum daturus, cuncta longe disponit ad
perficiendum suum consilium. Per totam grassata
terram iniquitas hanc jam fœdaverat. Deus omne
genus humanum diluvio delevit. Servandus Noemus, quia justus erat, arcam struere jussus est.
Hac horrenda pœna placata numinis ira, suæ
Deus misericordiæ recordatus est. Quum effluxis-
sent aquæ, egressus arca Noemus Deo sacrificium
obtulit, quod illi fuit acceptum. Homines, quum
Noemi monita sprevissent, aquis perierant. Terra,
suis incolis orbata, a Noemi filiis propagata
est. Deus, inito cum Noemo fœdere, promissa
Adamo tradita illi renovavit. Ubique terrarum
vigente idololatria, seu falsorum numinum cultu,
Abrahamum Deus elegit, et sua illi renovavit promissa.

THÈME 127.

Deus, Abrahamo innumeram pollicitus proge-
niem, filium tamen illi promissum longo post tempore dedit. Uxor Abrahami, Sara, promissorum

l'héritier des promesses, mit au monde Isaac. Quand ce cher fils fut devenu grand, Abraham, ayant reçu l'ordre de Dieu, l'emmena sur une montagne pour le lui immoler. Isaac devant être mis à mort, Abraham, par ordre de Dieu, ne lui fit aucun mal. Rébecca, nièce d'Abraham, ayant été désignée par Dieu même pour être l'épouse d'Isaac, il la fit entrer dans la tente de sa mère et l'épousa. Ésaü devant être béni par Isaac, Jacob, qui était le plus jeune, mais à qui Ésaü avait vendu son droit d'aînesse, obtint le premier la bénédiction. Jacob, ayant provoqué le ressentiment de son frère, partit de la maison de son père, afin d'éviter la colère d'Ésaü, qui le menaçait de la mort.

SYNTAXE DES PRÉPOSITIONS.

THÈME 128.

Vas ex auro.

Le chocolat.

Le chocolat est fait des amandes d'un arbrisseau nommé cacaotier. Les fabricants mettent ces amandes sur le feu, et les tournent jusqu'à ce que la peau se détache de l'amande. Ils réduisent en poudre ces amandes dans un mortier, y mettent du sucre, de la cannelle, et mêlent le tout ensemble. Après cela ils mettent cette pâte sur une pierre échauffée par un réchaud de feu. L'ouvrier, appuyant fortement les mains sur un pesant rouleau de fer, broie cette pâte. Le soir il la divise et en forme ces tablettes que vous voyez. Vous avez plus d'une fois fait un déjeuner de chocolat. Vous

heredis futura parens, in lucem edidit Isaacum. Ubi dilectus hic filius adolevit, jussus a Domino Abrahamus eum in montem abduxit, ubi illum Deo immolaturus erat. Isaaco jugulando Abrahamus, Deo jubente, nihil nocuit. Rebeccam, Abrahami fratris filiam, a Deo ipso designatam, ut esset Isaaci sponsa, ille in tabernaculum matris introduxit, et eam uxorem duxit. Quum esset Esau ab Isaaco benedicendus, Jacob natu minor, at cui Esau jus primogeniti vendiderat, prior benedictionem accepit. Jacob, quum fratris sui iram concitasset, patris domo profectus est, ut iram Esau effugeret, qui mortem ipsi minabatur.

SYNTAXE DES PRÉPOSITIONS.

THÈME 128.

Vas ex auro.

De chocolato.

Chocolatum ex amygdalis cujusdam arbusculæ conficitur theombromæ dictæ. Istas amygdalas igni impositas fabricantes versant, donec ab amygdala cutis exsolvatur. Amygdalas easdem in mortario ad pulverem contundunt, saccharum et casiam immittunt, et una permiscent. Dein hanc massulam lapidi imponunt foculo ignis tepefacto. Confector valide manibus incumbens gravi ferreo radio massulam istam terit. Vespere facto, ex illa divisa istas conficit, quas cernitis quadras. E chocolato sæpius optimum sumpsistis jentaculum. Tu quidem hodie

en avez pris ce matin dans une tasse de porcelaine, et
votre frère dans un gobelet d'argent. Le domestique
vous avait apporté du pain de la plus pure farine. Plusieurs personnes, après le chocolat, avalent un verre
d'eau.

THÈME 129.

Velum longum tres ulnas, etc.

Pêche de la baleine.

La pêche de la baleine se fait dans la partie la plus
septentrionale de l'Europe. Il s'y rassemble une multitude de barques destinées à cette capture. Lorsqu'une
baleine paraît sur l'eau, le plus hardi et le plus vigoureux des pêcheurs, armé d'un javelot long de cinq ou
six pieds, attaché à une corde de plus de deux cents
toises, le lance sur la baleine. Quand il a pu la percer,
c'est ville prise ; le monstre coule à fond. Les pêcheurs
laissent filer leur corde. S'il en faut une trop grande
quantité, ils attachent au bout une table de liége ou
une citrouille vide et bien fermée, dont ils observent
les mouvements. Quand la baleine a perdu son sang,
elle revient sur l'eau ; alors les pêcheurs la tirent avec
la corde, l'achèvent, la traînent sur le rivage et s'en
emparent.

THÈME 130.

Cette pierre, qui a été tirée de la carrière voisine,
est longue de six pieds et large d'un. Le diamètre de
la roue dont les ouvriers se sont servis pour la monter
était de quinze pieds. Les ouvriers l'ont roulée à cin-

mane illud hausisti in poculo porcellano, tuus frater in calice argenteo. Panem vobis famulus attulerat ex polline. Permulti, post chocolatum, poculum aquæ hauriunt.

THÈME 129.

Velum longum tres ulnas. etc.

De balænæ piscatu.

In regionibus Europæ maxime septentrioni circumjectis fit balænæ piscatus. Eo confluunt plurimæ cymbæ isti capturæ destinatæ. Ubi primum
æquori balæna imminet, piscator audacissimus va-
lidissimusque spiculo instructus ad quinque sexve
pedes longo, funi ducentis sexpedis et amplius
longo alligato, illud in balænam injicit. Si forte
illius dorsum transfoderit, præda ejus est; cete
submergitur. Interea rudentem piscatores explicant. Si longior explicandus fuerit, extremo funi
vel suberis tabulam, aut vacuam sciteque occlusam
cucurbitam alligant, cujus varios observant motus. Sanguinem ubi effudit balæna, iterum aquis
innatat; quam piscatores fune pertrahunt, perem-
ptamque ad littus deducunt et occupant.

THÈME 130.

Hic lapis e proxima lapicidina extractus longus
est sex pedes, et unum pedem latus. Peritrochii
diametros, quo usi sunt operarii, ut illum extrahe-
rent, ad quindecim pedes patebat. Illum ad quin-

quante pas de la carrière. Le bloc de marbre que j'ai vu dans l'atelier de ce marbrier était plus large d'un pied et plus long de deux ; il a été transporté à cinquante pas de l'endroit où il doit être placé. Cette tablette de marbre est longue de quatre pieds et large de dix pouces. Votre maison de campagne, où elle doit être posée, est éloignée de Paris de deux lieues. Ces glaces sont plus hautes d'un pied que celles que vous avez vendues. Les portefaix qui les ont apportées les ont déposées à vingt pas de la maison et les ont mises en lieu sûr. Le brancard sur lequel elles étaient posées avait deux pieds de large ; il était long de huit pieds.

THÈME 131.

Ferire gladio, etc.

Les métaux.

Les métaux sont des matières pesantes, dures, éclatantes, qui deviennent fluides par l'ardeur du feu et reprennent leur solidité en refroidissant. Cet ouvrier se sert du marteau pour aplanir ce lingot d'or. Ce métal l'emporte sur les autres en valeur et en éclat. Il obtient cette valeur, soit de l'opinion que nous nous en sommes formée, soit de la difficulté de l'exploiter. Les vases destinés aux usages les plus sacrés sont quelquefois d'or ou d'argent ; autrefois ils étaient de bois ou de verre. Le toit de certains édifices était autrefois de plomb, quelques-uns l'avaient d'argent. Les ustensiles de cuisine sont ordinairement de cuivre ; les outils, de fer ou d'acier. Les bijoux sont faits de pierreries enchâssées dans l'or. Certaines étoffes ont un tissu d'or, d'autres d'argent. Cette cuiller d'argent a coûté soixante et douze francs, et cet anneau vingt-cinq francs.

quagesimum a lapicidina passum devolverunt operarii. Marmoris massa, quam ego in marmorarii
officina vidi, uno pede latior, duobusque pedibus
longior erat; ad quinquagesimum devecta est passum a loco ubi ponenda est. Ista marmorea tabella
quatuor pedes longa est, decemque unciis lata.
Tua villa, in qua reponenda est, duabus leucis a
Lutetia distat. Illa specula uno pede sunt altiora
illis quæ vendidisti. Bajuli qui ea detulere, illa vigesimo ab æde passu deposuere, atque in tuto col-
locavere loco. Tensa cui erant imposita, duobus
lata, octo longa pedibus erat.

THÈME 131.

Ferire gladio, etc.

Metalla materiæ sunt graves, solidæ, fulgentes,
quæ, ignis fervore fluidæ factæ, refrigeratæ iterum
solidescunt. Malleo hic opifex utitur, ut istam auri
massulam complanet. Ceteris metallum istud et
pretio et splendore præstat. Cui quidem addicitur
pretium sive ex opinione quam de illo concepimus,
sive ex difficultate illius eruendi. Vasa sanctissimis
usibus destinata sæpius ex auro argentove sunt
conflata: quæ olim lignea seu vitrea erant. Nonnul-
larum ædium tectum olim e plumbo, nonnulla ex
argento erant. Vasa coquinaria vulgo e cupro;
instrumenta e ferro sunt aut chalybe. Gemmæ e
lapillis auro inclusis sunt conflatæ. Quædam vestes
auro, aliæ argento sunt contextæ. Illud cochlear
argenteum septuaginta duobus, hic annulus viginti
quinque francis constitit.

THÈME 132.

Hic liber constat viginti assibus.

Je suis sorti ces jours derniers avec votre parent; nous fîmes ensemble plusieurs achats. L'épicier nous vendit le sucre un franc soixante et dix centimes, et le café trois francs le kilogramme. Le marchand de drap nous vendit quatre mètres de drap à quarante francs le mètre, et trois mètres de velours pour trente francs. Mon cordonnier nous vendit à chacun une paire de bottes, que nous payâmes trente-six francs. Je dois aller incessamment voir le libraire. Je lui achèterai les œuvres complètes de Rollin, s'il ne me les vend pas plus de quarante francs. Il m'a vendu les œuvres de Cicéron soixante francs; un Virgile avec notes, vingt-quatre francs; le Cours de Littérature de La Harpe, cent cinquante francs. Le mémoire de l'architecte qui a construit cette maison a été soldé vingt mille francs. Le bâtiment que votre oncle a mis à la mer a coûté cinq cent mille francs.

THÈME 133.

Ces jeunes gens se proposent de faire une promenade et de la terminer par une collation. Le plus versé dans l'économie a été chargé de présenter le mémoire à la société; il se montait à dix francs : il a voulu détailler les objets. Chez le pâtissier, un pâté a coûté deux francs. Il a été acheté à la fruitière une salade de laitue, cinquante centimes; et pour l'assaisonnement, payé soixante et quinze centimes. Il a acheté chez le charcutier une tranche de jambon un franc vingt centimes.

THÈME 132.

Hic liber constat viginti assibus.

His proxime elapsis diebus cum tuo cognato sum egressus; una plures fecimus emptiones. Saccharum nobis aromatorius argenteo franco et septuaginta centesimis vendidit, tribusque francis cafæi bilibram. Pannorum propola quatuor nobis panni ulnas vendidit, quarum quæque quadraginta francis constitit, tresque panni serici villosique triginta francis. Utrique sutor meus ocreas vendidit, quas triginta sex francis exsolvimus. Mox bibliopolam sum invisurus. Ab illo omnia Rollini opera emam, nisi plus quam quadraginta francis ille vendiderit. Mihi Ciceronis opera sexaginta francis vendidit, Virgilii opera scholiis illustrata quatuor et viginti francis, omne litterarium opus de *La Harpe* centum et quinquaginta francis. Architecti, qui istam ædificavit domum, ratio viginti millibus francis persoluta est. Navis, quam ventis permisit tuus avunculus, quingentis millibus francis constitit.

THÈME 133.

Ambulationem sibi conficiendam proponunt illi adolescentes, et illam merendula absolvendam. Parcimoniæ peritissimo mandatum est ut societati rationem præberet, cujus summa erat decem francorum; rem quamque voluit evolvere. Apud cupedinarium artocreas duobus francis constitit. A pomaria acetarium emptum est e lactucis decem assibus; condimentum quindecim assibus solutum. A porcinario pernæ ofellam viginti quatuor assibus

Le limonadier lui a vendu quatre bouteilles de bière un franc soixante centimes. Puis un large saladier de fraises a coûté deux francs. Dépensé pour croquignoles et petites friandises quatre-vingt-quinze centimes. Le total de la dépense monte à neuf francs. La petite société a cru ne pouvoir mieux faire que de décider à l'unanimité que le franc restant serait la portion du pauvre : il a été remis par l'un d'eux à une mère de famille chargée d'enfants.

THÈME 134.

Veniet die dominica.

Principales époques de l'histoire sainte.

Dieu, après avoir créé en six jours le ciel, la terre et la mer, se reposa le septième. Les Juifs célébraient le sabbat le samedi ; les chrétiens le célèbrent le dimanche. Les fêtes commencent le soir de la veille et se terminent le soir suivant. Le déluge universel, ou époque de Noé, arriva l'an mille six cent cinquante-six. Le temps qui s'écoula entre le déluge et la vocation d'Abraham dura quatre cent vingt-six ans. Abraham sortit de son pays vers l'an deux mille cent. Ce patriarche devait avoir une nombreuse postérité ; mais elle devait être réduite en servitude. Cette prédiction fut accomplie quatre cent trente ans après qu'elle eut été faite, et Moïse vint au monde. Les Israélites sortirent d'Égypte vers l'an deux mille cinq cents. L'année même de cette délivrance, cinquante jours après, Dieu leur dicta des lois sur le mont Sinaï. Après Moïse et Josué, ils sont gouvernés successivement par des juges et par des rois, et Salomon bâtit le temple vers l'an trois mille, après cinq cents ans.

8.

emit. Caupo quatuor illi cervisiæ lagenas triginta duobus assibus vendidit. Larga insuper fragorum lanx quadraginta constitit assibus. Pro talitris et placentulis decem et novem asses impensi sunt. Summa impensæ fuit novem francorum. Nihil potius agendum sibi censuit juvenilis societas quam una-nimi voce statuere pauperis partem fore viginti qui supererant asses : qui quidem ab uno ex illis ma-trifamilias prole angustatæ sunt traditi.

THÈME 134.

Veniet die dominica.

Præcipuæ historiæ sacræ ætates.

Deus, postquam sex diebus cœlum. terram et mare creavit. die septimo quievit. Judæi sabba-tum saturnia die celebrabant; illud christiani die dominica agunt. Pridie vespere dies festus inchoa-tur, sequenti vespere absolvitur. Diluvium univer-sale, seu Noemi ætas, anno millesimo sexcente-simo quinquagesimo sexto evenit. Quod diluvium inter et vocatum Abrahamum tempus effluxit, quadringentos viginti sex annos duravit. Anno cir-citer bis millesimo centesimo sua patria egressus est Abrahamus. Huic patriarchæ innumera futura erat posteritas; at in servitutem erat redigenda. Quæ quidem perfecta est prædictio a quadringen-tis triginta annis edita; atque Moyses in lucem est editus. Anno circiter bis millesimo quingentesimo ex Ægypto egressi sunt Israelitæ. Ipso eodem anno, die quinquagesimo postquam liberati sunt, leges in monte Sina Deus illis declaravit. Post Moysen et Josue, a judicibus regibusque vicissim reguntur; atque templum anno circiter ter mille-simo Salomon ædificat, quingentis circiter elapsis annis.

THÈME 135.

Principales époques de l'histoire sainte (suite).

Il y avait quatre cents ans que le temple de Salomon était bâti, lorsque Dieu, irrité contre les Juifs, les rendit esclaves des Assyriens. Il y avait plusieurs années qu'il les avertissait par les prophètes, qui les menaçaient de cette calamité; la fin en fut révélée à Daniel. Il y avait soixante et dix ans qu'ils étaient assujettis au vainqueur, lorsque Cyrus leur permit de retourner dans leur pays. Plus de deux cents ans avant la naissance de ce prince, Dieu l'avait nommé par la bouche d'Isaïe. Pendant plus de cinq cents ans qui s'écoulèrent depuis le retour de ce peuple infidèle, ils n'eurent plus de prophètes. Ce silence de Dieu, qui dura plusieurs siècles, devait les rendre attentifs à la naissance d'un prophète d'un ordre supérieur, c'est-à-dire de Jésus-Christ. Il vint au monde vers l'an quatre mille. Il y vécut trente ans ignoré, exerça sa prédication pendant trois ans, respecté de très-peu, méconnu et outragé par le plus grand nombre, et termina une mission si importante par une mort ignominieuse; mais, trois jours après, il ressuscita glorieux et immortel.

THÈME 136.

Principales époques de l'histoire romaine.

Rome fut fondée vers l'an du monde 3250, environ 750 ans avant Jésus-Christ. Depuis Romulus, son fondateur, jusqu'à la bataille d'Actium, tombeau de cette fière république, elle subsista 720 ans qui peuvent se diviser en cinq époques. Elle eut d'abord les rois, qui

THÈME 135.

Præcipuæ historiæ sacræ ætates (sequitur).

A quadringentis circiter annis templum Salomonis erat ædificatum, quum Judæis Deus iratus illos Assyriorum captivos fecit. Illos a pluribus annis per prophetas monebat, qui hanc illis minabantur calamitatem, cujus finis Danieli revelatus est. A septuaginta annis victori erant subjecti, quum Cyrus illis in patriam revertendi copiam fecit. Ducentis annis et amplius ante hujusce principis ortum, Deus illum per os Isaiæ nomine vocaverat. Per quingentos et amplius annos, qui effluxerunt post hujusce infidelis populi reditum, nullus inter illos exstitit propheta. Quo quidem silentio, quod pluribus sæculis tenuit Deus, illorum advertendi erant animi ad ortum præstantioris prophetæ, Christi scilicet. Is anno circiter quater millesimo ortus est. Ibi triginta annos ignotus vixit, tres annos prædicationem egit, a paucissimis cultus, a plurimis abdicatus et contumeliose exceptus, tanti momenti missionem fœdissima morte absolvit; at triduo post gloria refulgens et immortalis a mortuis surrexit.

THÈME 136.

Præcipuæ romanæ historiæ ætates.

Anno mundi ter millesimo ducentesimo quinquagesimo Roma condita fuit, anno circiter ante Christi ortum septingentesimo quinquagesimo. A Romulo, illius conditore, ad actiacam pugnam, ferocis hujusce reipublicæ tumulum, septingentos viginti annos stetit, qui possunt in quinque ætates dividi.

la gouvernèrent 244 ans. A ces rois, dont le dernier périt 508 ans avant Jésus-Christ, succéda le gouvernement des consuls. Mais, sous cette nouvelle forme de gouvernement, elle fut prise par les Gaulois l'an du monde 3617. Il y avait 120 ans que les consuls étaient à la tête de la république. Entre la prise de Rome par les Gaulois et la première guerre punique, arrivée vers l'an 490 de Rome et 264 ans avant Jésus-Christ, il s'était écoulé 123 ans. La quatrième époque est celle de la ruine de Carthage par le second Scipion l'Africain. Il y avait près de cent vingt ans que les premières hostilités entre Rome et Carthage avaient commencé. Enfin la bataille d'Actium, livrée l'an du monde 3973, l'an de Rome 720, et 31 ans avant Jésus-Christ, mit fin à cette république.

THÈME 137.

Principales époques de l'histoire de France.

L'histoire de France peut se diviser en cinq époques. L'établissement de cette monarchie date de l'an 420. Mérovée, troisième roi, qui donna son nom à la race des Mérovingiens, était aïeul du grand Clovis. Cette branche dura 330 ans. Pepin le Bref, père de Charlemagne, fut élu en 761. Ce dernier, déclaré empereur d'Occident, régna 46 ans; il fonda l'université. Sous ce prince la langue latine cessa d'être langue vulgaire. Cette seconde race dura 236 ans. Hugues Capet, chef de la troisième

Primo a regibus per ducentos quadraginta quatuor annos administrata est. Regum imperium, quorum ultimus quingentesimo octavo ante Christum anno periit, subiit consulum imperium. Hac vigente nova imperii constitutione, a Gallis capta est anno orbis ter millesimo sexcentesimo decimo septimo. Reipublicæ a centum et viginti annis præerant consules. Captam inter a Gallis Romam et primum punicum bellum, quod circiter anno quadringentesimo nonagesimo Romæ, ducentesimo sexagesimo quarto ante Christum exarsit, centum tres et viginti effluxerant anni. Quarta ætas est Carthaginis excidium, quæ a posteriore Scipione Africano prorsus deleta est. Fere centum et viginti annis hostili sese modo primum gesserant Roma et Carthago. Tandem commissa actiaca pugna, anno mundi ter millesimo noningentesimo septuagesimo tertio, Romæ septingentesimo vigesimo, ante Christum trigesimo primo, reipublicæ finem attulit.

THÈME 137.

Præcipuæ historiæ Francorum ætates.

In quinque ætates dividi potest Francorum historia. Conditum fuit hoc regnum anno quadringentesimo vigesimo. Merovæus, rex tertius, qui Merovigum stirpi nomen suum indidit, magni Clodovæi avus erat. Quæ stirps trecentis et triginta annis stetit. Pipinus Brevis, Caroli Magni pater, anno septingentesimo sexagesimo primo rex fuit electus. Posterior ille, Occidentis imperator declaratus, sex et quadraginta regnavit annos; universitatem condidit. Quo regnante, lingua latina desiit esse patria lingua. Stirps illa secunda ducentis triginta sex annis stetit. Tertiæ stirpis caput, Hugo

race, fut élu roi en 987. Depuis ce prince jusqu'à Philippe VI, chef de la branche des Valois, il s'écoula 340 ans. Cette branche posséda la couronne 260 ans, jusqu'à Henri IV, chef de la branche des Bourbons. Ce prince, dont le nom est si cher à la France, régna 21 ans. Depuis ce prince jusqu'au monarque actuellement régnant, nous trouvons un espace de 243 ans.

THÈME 138.

Jacob, parti de la maison de son père, arriva chez Laban, son oncle; il le servit sept ans, et il lui demanda Rachel pour épouse; mais Laban lui donna Lia au lieu de Rachel. Jacob le servit encore sept ans pour avoir Rachel. Il ne retourna chez son père que vingt ans après qu'il en fut sorti. Isaac, père de Jacob, vivait encore; il fut aveugle quarante ans, et fut enterré par Jacob et Ésaü auprès d'Abraham, qui avait vécu cent trente ans. Jacob fut le père des douze tribus qui passèrent en Égypte, où, après la mort de Joseph, elles furent esclaves quatre cents ans. Pharaon les opprimait par de durs travaux; et afin qu'elles ne se multipliassent pas, il avait ordonné de tuer les nouveau-nés. A cette époque, et pendant que les ordres du prince s'exécutaient à la rigueur, naquit Moïse. Il fut caché quelques mois, et ensuite exposé sur les eaux du Nil. La fille de Pharaon, qui venait le soir se baigner, l'aperçut, en eut pitié, et l'adopta pour son fils.

Capetius, anno noningentesimo octogesimo septimo rex electus est. Ab isto principe ad Philippum sextum, Valesiæ stirpis principem, trecenti quadraginta effluxere anni. Solio potita est stirps illa ducentos sexaginta annos, ad Henricum quartum, Borbonidum stirpis caput. Vir ille princeps, cujus nomen Gallis adeo carum mansit, unum et viginti regnavit annos. Ab isto principe usque ad nunc imperantem, ducentorum quadraginta trium annorum spatium decurrit.

THÈME 138.

Paterna domo profectus Jacob ad Labanum avunculum pervenit; cui septem per annos famulatum præstitit, et Rachelem, quam duceret uxorem, ab illo postulavit; Liam vero Racheli Labanus substituit. Septem insuper annis illi serviit Jacob, ut Rachelem obtineret. Ad patrem post viginti annos ex quo exierat, rediit. Isaacus, Jacob pater, adhuc vivebat; quadraginta per annos oculis fuit captus, et a Jacob et Esau prope Abrahamum tumulo conditus, qui centum et triginta annis vixerat. Duodecim Jacob pater fuit tribuum, quæ in Ægyptum migrarunt, ubi, defuncto Josepho, quadringentis annis servierunt. Duris illos Pharao laboribus premebat; et ne multiplicarentur, recens natos occidi jusserat. Eo tempore quum summo jure regis edicta perficerentur, natus est Moyses. Qui quidem per aliquot menses abditus, mox super aquas Nili fuit expositus. Pharaonis nata, quæ vespere ad corpus abluendum accedebat, illum conspexit, atque illius miserta, veluti filium adoptavit.

8.

THÈME 139.

Le long séjour des Israélites en Égypte avait effacé de la mémoire du plus grand nombre les promesses de Dieu. Moïse demeura quarante ans à la cour de Pharaon ; et, renonçant au vain éclat qu'elle lui promettait, il alla rejoindre les Israélites ses frères. Il fut obligé de s'enfuir. Il y avait quarante ans qu'il était dans le pays de Madian, quand Dieu l'envoya délivrer son peuple. Israël sortit sous la conduite de Moïse. Après qu'il eut immolé la pâque sur le soir, et marché cinquante jours dans le désert, Dieu lui donna sa loi. Il erra quarante ans dans le désert et arriva à la terre promise, que les espions de Moïse avaient parcourue en trois jours. Après la mort de Josué, ils furent gouvernés près de deux cents ans par des juges. Ensuite ils eurent des rois, dont un des plus célèbres fut David, qui régna sept ans, d'abord à Hébron, et ensuite sur toute la Judée. Salomon, fils et successeur de David, bâtit le temple de Jérusalem.

THÈME 140.

Sum in Gallia, in urbe, etc.

Voyage en France.

Votre ami vient de m'envoyer la relation du voyage qu'il a fait sur les côtes de la France. Je suis parti d'Anvers, port célèbre, me dit-il, avec un de mes parents qui arrivait de Malines, ville archiépiscopale. Nous nous rendîmes de là à Ostende ; puis, traversant la Flandre, nous vînmes à Lille, ancienne capitale de cette province et aujourd'hui chef-lieu de département. De Lille, nous nous arrêtâmes à Arras, où nous ne fîmes

THÈME 139.

Diuturna Israelitarum in Ægypto commoratio e plerorumque memoria Dei promissa penitus deleverat. Quadraginta annis Moyses in aula Pharaonis versatus est; et, vanum quem ei promittebat splendorem abjiciens, se contulit ad fratres suos Israelitas. Fugere fuit coactus. Quadraginta jam effluxerant anni, ex quo in regione Madian versabatur, quum Deus eum misit suam gentem liberatum. Moyse ducente egressus est Israel. Immolata ad vesperum pascha, et quinquaginta dies in deserto itinere facto, Deus ei legem dedit. Quadraginta annis per desertum erravit, atque promissam in terram pervenit, quam tribus diebus speculatores Moysis perlustraverant. Defuncto Josue, ducentis fere annis a judicibus fuerunt gubernati. Mox illis reges fuere, e quibus celeberrimus unus fuit David, qui septem Hebron primo regnavit annos, mox in omni Judæa. Davidis filius et successor Salomo templum hierosolymitanum ædificavit.

THÈME 140.

Sum in Gallia, in urbe, etc.

Iter in Gallia.

Suscepti a se juxta Galliæ oras itineris narrationem modo mihi misit tuus amicus. Antuerpia, scribit ad me, e portu nobili solvi cum uno ex propinquis qui Mechlinia ex urbe archiepiscopali adventabat. Ostendam inde nos contulimus; mox per Flandriam iter habentes, Insulas venimus in urbem, hujusce provinciæ quondam principem, nunc nomarchiam. Insulis profecti Atrebati constitimus,

qu'un séjour très-court. Nous voulions incessamment visiter tous les ports de la Normandie et des provinces maritimes. Nous allâmes d'abord à Dieppe, port célèbre par le concours des pêcheurs. Nous nous embarquâmes à Dieppe et nous abordâmes au Havre ; puis, longeant toujours les côtes, nous vînmes à Cherbourg. De là, notre bâtiment porté un peu en haute mer, nous descendîmes aux îles de Guernesey et de Jersey, qui n'offrent rien de remarquable.

THÈME 141.

Voyage en France (suite).

Ayant mis à la voile, nous partîmes de l'île de Jersey et arrivâmes au port de Brest, un des plus beaux et des plus commerçants. De Brest nous descendîmes à Lorient, port célèbre par le grand commerce qui s'y fait. Résolus de visiter plusieurs villes pendant qu'on radoubait le vaisseau, nous prîmes la poste, qui d'abord nous conduisit à Nantes, seconde ville de la Bretagne, située sur la Loire, près de l'endroit où elle se jette dans l'Océan. De Nantes, nous allâmes à Angers, chef-lieu de département. Le mauvais temps nous y retint plus longtemps que nous ne nous étions proposé d'y rester. Nous ne voulûmes pas continuer notre course sur mer avant d'aller à Tours, si célèbre par ses excellents pruneaux. Le canal de Briare fixa notre curiosité. A Orléans, ville célèbre jadis par ses raffineries, nous descendîmes par la Loire jusqu'à Nantes, où le pilote du vaisseau nous attendait.

ubi paulisper tantummodo commorati sumus. Ea nobis mens erat, ut singulos Normanniæ et maritimarum provinciarum portus quamprimum inviseremus. Deppam primum contendimus, in portum piscatorum frequenti concursu nobilem. Deppæ navem conscendimus, atque ad Gratiæ portum appulimus; mox oras radentes Cæsaroburgum sumus devecti. Inde navis in altum paululum provecta ad Cæsareas insulas nos impulit, ubi nihil occurrit memorabile.

THÈME 141.

Iter in Gallia (sequitur)

Postquam vela dedimus, insula Cæsarea profecti Brestum ad portum, et capacitate et mercatorum frequentia celeberrimum, appulimus. Bresto profecti Oriente in terram evasimus, in portu celeberrimo mercatura. Quum multas invisere urbes nobis esset constitutum, dum navis reficeretur, curru vecti publico, Nannetes primum sumus perducti in urbem Britanniæ secundam, juxta Ligerim amnem positam, ad ostium ubi in Oceanum amnis devolvitur. Nannetibus Andegavum contendimus, urbem nomarchiam. Diutius ibi, quam nobis fuerat propositum, pluvioso cœlo retenti, iterum per mare noluimus iter aggredi, nisi Turones, agrum eximiis prunis passis adeo nobilem, inviserimus. Nostram cepit admirationem Briariæ canalis. Aurelia in urbe, quondam suis coquendi sacchari officinis nobili, per Ligerim Nannetes usque sumus devecti, ubi nos exspectabat navarcha.

THÈME 142.

Voyage en France (suite).

Mais nous jugeâmes à propos de ne nous embarquer qu'à Bordeaux. De Nantes nous passâmes par Poitiers, chef-lieu de département. Nous eussions manqué de visiter un endroit des plus remarquables, si nous ne fussions passés par la Rochelle, port et place forte, célèbre par l'assaut que lui fit donner Louis XIII. Nous en visitâmes le bassin et les fortifications. Nous passâmes par Rochefort, célèbre par son port. De là, traversant le Bocage, nous vînmes à Cognac, ville fameuse par ses eaux-de-vie. Après avoir traversé le Périgord, nous vînmes enfin à Bordeaux, ville située sur la Garonne, dont les vins sont si renommés et qui en fait un grand commerce. Alors nous nous embarquâmes une seconde fois, et, ayant passé le détroit de Gibraltar, nous entrâmes dans la Méditerranée et débarquâmes à Marseille, port célèbre par son commerce.

THÈME 143.

Voyage en France (suite).

Arrivés à Marseille, nous résolûmes de traverser l'intérieur de la France pour retourner à Anvers. De Marseille, nous vînmes à Arles; et, après avoir traversé la partie occidentale de la Provence, nous vînmes à Avignon, ancien séjour des papes. Ayant parcouru la partie méridionale du Dauphiné, nous passâmes par Grenoble, pour nous rendre de là à Lyon, ville célèbre par ses étoffes de soie. Nous résolûmes de passer à Mâcon, dont les vins sont renommés, et de là nous nous rendîmes à Nevers, ville célèbre par ses manufactures

THÈME 142.

Iter in Gallia (sequitur).

Burdigalæ vero tantum navem conscendere statuimus. Nannetibus per Pictavium, urbem nomarchiam, iter habuimus. Quemdam locum et maxime nobilem non fuissemus perlustrati, nisi per Rupellam, portum et oppidum quod jussit oppugnari Ludovicus decimus tertius, habuissemus iter; hujus et alveum et munimenta invisimus. Per Rupifertium, portu inclytum, iter habuimus. Inde nemorensem regionem percurrentes, Connacum venimus, in urbem stillatis vinis nobilem. Postquam petrocoricensem percurrimus agrum, Burdigalam tandem venimus, in urbem Garumnæ appositam, cujus tam famosa sunt vina, quorum ingens exercet commercium. Tunc iterum navem conscendimus, atque superato gaditano freto, mediterraneum mare ingressi, Massiliæ in terram evasimus, in portu suo commercio nobili.

THÈME 143.

Iter in Gallia (sequitur).

Massiliam devecti interiorem Galliæ partem percurrere statuimus, ut Antuerpiam rediremus. Massilia Arelatem venimus; et, per occidentalem Provinciæ regionem habito itinere, Avenionem, in veterem paparum sedem, devenimus. Delphinatus postquam australem regionem pererravimus, Gratianopolim transivimus, ut inde Lugdunum, in urbem sericis pannis nobilem, contenderemus. Statuimus Matisconam transire, suis nobilitatam vinis, et inde Nivernum nos contulimus, in urbem

de faïence. De Nevers, nous passâmes, en nous détournant vers l'est, à Dijon, ancienne capitale de la Bourgogne; et, traversant la Champagne, nous nous arrêtâmes quelques jours à Troyes, ancienne capitale de cette province, ville qui fait un commerce de toiles assez considérable. De Troyes nous passâmes par Châlons et Reims. Nous fîmes un petit séjour à Charleville; nous passâmes par Bruxelles, ancienne capitale des Pays-Bas, et nous nous rendîmes de suite à Anvers.

THÈME 144.

Voyage en France (suite).

Je ferai incessamment un voyage en France, lorsque je serai de retour d'Angleterre. Notre vaisseau abordera à Dunkerque. Je me propose de passer quelques jours à Calais. De Calais, ville célèbre par le siége qu'elle soutint contre Édouard III, je passerai par Saint-Omer, ville assez marchande; mais je veux visiter les différentes villes célèbres du nord de la France. De Saint-Omer, je me rendrai à Lille, ancienne capitale de la Flandre; j'y ferai un séjour assez court. De là je passerai par Douai pour me rendre à Valenciennes, ville célèbre par son commerce de dentelles. Je descendrai ensuite à Cambrai, ville épiscopale qui rappelle le nom de Fénelon. Après avoir visité le canal de Saint-Quentin, je passerai par Péronne, et me rendrai à Amiens, situé sur la Somme, qui se jette dans la Manche au-dessous de Saint-Valery.

fictilibus vasibus insignem. Niverno profecti, itinere ad orientem flexo, Divionem, urbem quondam Burgundiæ primariam, attigimus, atque Campaniam emensi, nonnullis diebus Trecis, in urbe hujusce provinciæ primaria, constitimus, in qua fit lintearia non mediocris negotiatio. Trecis per Catalaunum et Remos iter habuimus. Paulisper Carolopoli consedimus; per Bruxellas, quondam inferioris Germaniæ caput, iter fecimus, et recta Antuerpiam contendimus.

THÈME 144.

Iter in Gallia (sequitur).

Mox in Galliam iter faciam, ubi primum ab Anglia rediero. Dunkercam nostra navis appellet. Caletii nonnullis diebus commorari in animo habeo. Caletio, ex urbe obsidione celebri, quam adversus Eduardum tertium sustinuit, per Divi Omeri fanum iter faciam, urbem mercatorum frequentia florentem; at inclytas septentrionalis Galliæ urbes perlustrare volo. E Divi Omeri fano Insulas me conferam, in urbem quondam Flandriæ primariam; paulisper ibi commorabor. Inde per Duacum iter faciam, ut Valentianas me conferam, in urbem denticulati texti mercatura nobilem. Inde Cameracum, in urbem episcopalem devehar, quæ Fenelonis memoriam revocat. Divi Quintini canalem postquam invisero, per Peronam iter habebo atque Ambianum me conferam, juxta Somonam sitam, quæ in oceanum britannicum defertur infra Divi Valerii fanum.

THÈME 145.

Voyage en France (suite).

Le jeune homme qui doit vous accompagner est né à Beauvais, ville célèbre par ses toiles peintes. J'ai fait pendant les vacances quelque séjour à Soissons, ville fortifiée. J'ai fait un voyage à Laon, et j'y dînai chez un des premiers habitants; nous le trouvâmes dans sa maison, et après le dîner nous nous promenâmes, non dans la campagne, mais dans la ville, dont nous visitâmes les monuments. Votre ami ira bientôt dans l'ancienne Normandie. Il doit passer par Versailles, ancien séjour de la cour. Il ira chez le préfet du département et se rendra à l'assemblée des électeurs. Lorsqu'il sortira du département, il descendra la Seine jusqu'à Rouen; là, il attendra qu'un vaisseau parte du Havre. Votre parent a tiré des huiles de Nice et des jambons de Bayonne. Je revenais de chez votre correspondant, et mon ami arrivait de la chasse, lorsque le courrier m'a remis une lettre.

THÈME 146.

Voyage en France (suite).

Mon ami, qui demeure à Grenoble, veut sortir du Dauphiné, passer par le Languedoc et se rendre à Toulouse; mais pendant ce voyage il passera à Nîmes, et de là ira à Montpellier, ville célèbre par une fameuse école de médecine. Il n'oubliera pas de séjourner quelque temps à Narbonne, ville célèbre par le miel que l'on recueille dans les environs. Il verra le fameux canal

THÈME 145.

Iter in Gallia (sequitur).

Adolescens qui te comitaturus est, natus est Bellovaci, in urbe pictis telis nobili. Feriarum tempore nonnihil ego Suessionibus commoratus sum, in urbe munita. Laudunum iter feci, et ibi prandi apud quemdam e primoribus civitatis, quem domi manentem invenimus; et post prandium non rure, sed in media urbe deambulavimus, cujus monumenta inspeximus. Tuus amicus mox in priscam Normanniam iturus est. Per Versalias, antiquam aulæ sedem, iter est habiturus. Ad nomarchum ibit, atque in concionem electorum se conferet. Ubi e normarchia exierit, per Sequanam Rothomagum usque revehetur; ibi exspectabit donec portu Gratiæ quædam navis solvat. Tuus cognatus oleum Nicia eduxit et pernas Baiona. Ego a tuo procuratore redibam, meus autem amicus a venatione redibat, quum veredarius epistolam mihi tradidit.

———

THÈME 146.

Iter in Gallia (sequitur).

Meus amicus, qui Gratianopoli habitat, e Delphinatu vult exire, per Occitaniam iter facere, atque Tolosam se conferre; at hoc iter faciens per Nemausum transibit, et inde Montem Pessulanum ibit, in urbem celebri medicinæ schola nobilem. Haud dubio aliquandiu Narbone versabitur, in urbe melle famosa, quod in circumjectis locis colligitur. Fama insignem Occitaniæ canalem inviset.

du Languedoc, qui réunit la Garonne à la mer. De Toulouse il se rendra à Agen, ville qui a un collége. Il veut de là descendre la Garonne jusqu'à Bordeaux, ville très-commerçante. Le vin de Bordeaux est très-estimé ; mais celui que l'on recueille en Bourgogne est d'un usage presque universel.

SYNTAXE DES ADVERBES.

THÈME 147.

Ubi terrarum.

Où étiez-vous quand je vous appelai ? J'étais là où vous êtes, et non ailleurs. Où prétendez-vous nous mener promener jeudi ? Quelque part. En quelque lieu que vous nous meniez, nous y serons bien, si vous voulez y venir avec nous. D'où revient cet enfant tout essoufflé et tout en sueur ? Du même lieu où nous allâmes nous promener hier. Nous en sommes revenus ; pourquoi y êtes-vous retourné ? J'allais y chercher un chapeau que j'y avais laissé. Par où coule cette rivière ? Par le même endroit où serpente ce ruisseau. Par quelque endroit que je passe, en quelque endroit que je m'arrête, quelque part que j'aille, de quelque endroit que je revienne, Muphti, mon fidèle Muphti, ce chien qui jamais n'eut son pareil, ne me quitte pas. Vous n'allez nulle part, dites-vous ; mais d'où venez-vous ? De quelque endroit que je vienne, partout où je passe, je vous ai toujours sur mes pas.

quo mari Garumna jungitur. Tolosa Aginum se
conferet, in urbem ubi est collegium. Inde Garumna secunda vult vehi Burdigalam usque, urbem
mercatorum frequentia nobilem. Plurimi pretii est
burdigalense vinum ; collectum vero in Burgundia
vinum fere omnibus in usum venit.

SYNTAXE DES ADVERBES.

THÈME 147.

Ubi terrarum.

Ubi tu eras quum te vocavi? Istic ego eram,
non alibi. Quo die Jovis tu nos deambulatum perducere cogitas? Quopiam. Quocunque nos per-
duxeris, ibi nobis bene erit, eo si nobiscum ire
tibi libuerit. Unde puer iste redit anhelans, totusque sudore perfusus? Indidem, quo heri deambulatum ivimus. Inde nos rediimus ; tu quare eo
es reversus? Ibam petasum quæsitum, quem ibi
reliqueram. Qua effluit hic amnis? Eadem qua
serpit hic rivulus. Quacunque iter faciam, ubicun-
que consistam, quocunque pergam, undecunque
redeam, Muphti, fidissimus Muphti, canis ille cui
par nullus exstitit unquam, non a me discedit.
Nusquam abis, inquis; at unde venis? Undecunque
veniam, quacunque transeam, tu mea semper vestigia subsequeris.

THÈME 148.

Parum vini.

Un peu de vin est nécessaire pour fortifier l'estomac; mais l'excessive cherté de cette liqueur bienfaisante, prise avec modération, oblige un grand nombre de gens à boire beaucoup d'eau. L'exercice procure au corps plus de force qu'une occupation tranquille. Le magistrat qui remplit avec zèle les devoirs de la place qui lui est confiée n'a pas moins de courage que de prudence. Ce libraire vous a vendu assez de livres : les avez-vous tous lus? Nous avons commis trop de fautes pour en espérer le pardon. Un écolier qui a peu de talent, et beaucoup d'assiduité au travail, réussira tôt ou tard. Celui qui a plus de dispositions et moins de constance dans le travail sera un peu au-dessous du premier. Nous n'aurons jamais trop de sages conseils; mais souvent nous n'avons pas assez de docilité.

THÈME 149.

En quel lieu du monde trouvez-vous quelqu'un content de son sort? Je le trouverai plutôt sous l'humble chaumière que sous les lambris dorés. Nulle part vous ne goûterez des plaisirs aussi purs qu'à la campagne. Les jeunes gens que j'ai rencontrés la veille de Pâques se promettaient une promenade aussi longue qu'agréable. Ce congé avait lieu cette année le lendemain du dimanche. Il est d'usage de souhaiter la bonne année la veille du premier jour de l'an. Un oubli involontaire ne m'a procuré cet avantage que le lendemain de la nouvelle année. « Voilà un homme exact! » m'a-t-il

THÈME 148.

Parum vini.

Paululum vini ad corroborandum stomachum est necessarium; at nimium hujusce saluberrimi liquoris, ubi moderate hauritur, pretium permultos cogit ad bibendam plurimam aquam. Exercitatio corpori plus virium affert quam placida occupatio. Magistratus qui magno studio munus sibi commissum adimplet, non minus habet virtutis quam prudentiæ. Satis multos libros tibi vendidit ille bibliopola : tune illos omnes legisti? Nimio plures culpas admisimus, quam ut illarum veniam speremus. Discipulus cui parum est ingenii, et multum assiduitatis atque studii, serius ociusve proficiet. Cui vero major habilitas, et minor constantia est, ille aliquando priori inferior erit. Nobis nunquam erunt nimis multa prudentia consilia; at sæpe nobis non satis inest docilitatis.

THÈME 149.

Ubinam terrarum quemquam invenias sua sorte contentum? Ille sub humili casa mihi potius occurret, quam sub laquearibus auratis. Nusquam tam sinceras quam rure voluptates prælibabis. Adolescentes quos ego pridie Pascham offendi, obambulationem æque longam ac jucundam sperabant. Quæ feriæ, hoc anno, postridie diem dominicam incidebant. More est usurpatum prosperum annum pridie primæ diei anni faustissima quæque precari. Haud voluntaria oblivio illud tam lætum mihi attulit postero tantum die redeuntis anni. « Diligens ecce vir! » mihi vix ingresso dictum est. Quanto

été dit dès que je suis entré. Jugez combien j'étais honteux. Cependant, après ce léger reproche, j'ai été admis ; et pour l'amour de vous j'ai reçu un accueil plus favorable que je n'aurais osé l'espérer. Ce reproche avait été pour moi d'abord comme un coup de foudre : aussi désormais j'irai au-devant des devoirs de politesse et d'usage, plutôt que de m'en acquitter trop tard. Je ressemble à beaucoup d'autres, je n'aime pas les mortifications ; je tâcherai de ne pas me les attirer.

THÈME 150.

Le Messie.

Après l'extinction de la famille des Machabées, le gouvernement de la Judée tomba entre les mains des Romains. Il restait peu de temps jusqu'à la naissance du Messie. Les prophètes et les justes qui l'avaient précédé avaient fait beaucoup de vœux et de prières pour jouir de ce bonheur. Bethléem, désignée par les prophètes, reçut de la naissance du Sauveur plus de gloire que de celle de David. Ce Dieu sauveur voulut naître avec moins d'éclat qu'il ne semblait convenir à sa dignité. Il donna par ses miracles assez de preuves de sa divinité ; mais les Juifs payèrent ses bienfaits par un excès d'ingratitude et de haine. En quel lieu du monde n'a-t-il pas signalé sa bienfaisance ? A-t-il fait quelque part éclater sa vengeance ? La veille de sa mort, il observe la cérémonie de l'agneau pascal, il institue le sacrement de son corps. Dès le matin du troisième jour, il ressuscite glorieux, devenu vainqueur de la mort et de l'enfer. C'est pour l'homme qu'il a subi ces humiliations et ces fatigues. Il vient au-devant de ceux qui s'étaient égarés, et leur dit de faire comme le modèle qui leur est proposé.

pudore suffusus fuerim, tu ipse judica. Attamen leviter objurgatus admissus sum, et tui ergo benignius sum exceptus quam sperare fueram ausus. Quæ quidem objurgatio mihi primum fulminis instar fuerat: itaque deinceps solitis urbanitatis officiis obviam occurram, nedum illis serius fungar. Permultis et ego similis sum; me non juvant objurgationes; et illas minime provocare conabor.

THÈME 150.

De Messia.

Exstincta Machabæorum gente, penes Romanos fuit Judæorum imperium. Paululum ad Messiæ ortum supererat temporis. Permulta vota et preces effuderant prophetæ, et qui ante ipsum vixerant justi, ut illa fruerentur felicitate. Bethleem, quam indicaverant prophetæ, majorem ex Salvatoris quam Davidis nativitate gloriam est consecuta. Deus ille salvator in minore nasci voluit splendore quam ipsius dignitatem decere videbatur. Satis multa divinitatis argumenta edidit miracula; Judæi vero illius beneficia ingrato animo nimioque odio rependerunt. Ubinam terrarum suam non exercuit beneficentiam! Usquamne in ultionem erupit? Pridie mortem suam, paschalis agni ritu peracto, corporis sacramentum instituit. Tertia vix affulsit dies, quum gloria refulgens surgit a mortuis, mortis et inferorum victor. Hominis ergo istas contumelias, hos perpessus est labores. Errantibus obviam venit ipse, atque mandat ut ad exemplar sibi propositum ipsi agant.

SYNTAXE DES CONJONCTIONS.

THÈME 151.

Des poissons.

Lorsque je me promenais le long de cette rivière, j'aperçus plusieurs poissons, dont j'examinai les divers mouvements. Puisqu'ils se soutiennent ainsi sur l'eau, et qu'ils se dirigent partout où il leur plaît, les nageoires dont ils sont pourvus leur servent de rames, et leur queue de gouvernail. Tandis que je les considérais, j'aperçus de petits canards qui venaient se baigner sur les bords de cette rivière. « Pourvu que les petits imprudents ne périssent pas ! » s'écria une poule qui les avait couvés, et qui n'avait pas la même hardiesse. Mais tandis que je parle de poule et de canards, j'oublie les poissons. Lorsque dernièrement je dînais chez votre ami, je fus étonné de la multitude d'œufs que je trouvai dans le ventre d'une énorme carpe qu'il nous servit. Puisque telle est la fécondité des poissons, ils doivent se multiplier extraordinairement. Ce raisonnement était juste. Mais comme ils servent à la nourriture de l'homme, ceux de cette espèce deviennent en partie la pâture des gros, dont la fécondité est beaucoup moindre. Puisque l'espèce destinée à cet usage ne manque pas, abandonnons tout à la sagesse du Créateur.

THÈME 152.

Si vous étiez venu avec moi, vous auriez vu lancer en mer un vaisseau. Si j'ai été privé de ce plaisir, du moins vous me raconterez ce que vous avez vu, et m'en

9.

SYNTAXE DES CONJONCTIONS.

THÈME 151.

De piscibus.

Dum juxta hunc amnem obambularem, complures ego pisces conspexi, quorum varios adnotavi motus. Quum super aquas isto sese sustentent modo, et quocunque libuerit eo sese dirigant, pinnis, quibus instructi sunt, veluti remis utuntur, et cauda pro gubernaculo est. Dum illos attentius considerarem, anaticulas ego conspexi, quæ corpus ablutum in hujusce amnis ripam advolabant. « Pulli isti imprudentes dummodo non pereant! » exclamavit gallina quæ illis incubuerat, et cui non eadem certe audacia inerat. Ast ego, dum de gallina et de anatibus proloquor, piscium sum oblitus. Quum nuperrime apud tuum amicum pranderem, innumera miratus sum ova quæ in cyprini alveo nobis appositi deprehendi. Quum ea sit piscium fecunditas, profecto genus mirum in modum propagatur; et recte quidem ratiocinabar. Quum vero homini præbeant escam, genus istud ex parte grandium piscium fit præda, quorum multo minor est fecunditas. Quum genus huic destinatum usui non deleatur, cuncta supremi Conditoris arbitrio permittamus.

THÈME 152.

Si tu mecum venisses, devolutam in mare navem vidisses. Hac ego si fuerim orbatus voluptate, saltem id quod vidisti mihi enarrabis, atque breviter

ferez une légère description. Si vous êtes indulgent, et si vous voulez vous contenter du peu que j'ai remarqué, j'y consens. S'il fallait juger de la grandeur d'un vaisseau par le nombre de personnes qu'il renferme, vous le croiriez plus grand encore qu'il n'est. Celui que j'ai vu contenait, comme il m'a été dit, six cents personnes. Afin de m'en assurer, j'ai compulsé moi-même les registres. Aussitôt que j'ai été assuré du fait, j'ai parcouru le vaisseau depuis le fond de cale jusqu'au tillac. Si je ne me trompe, la charge était de cinq cents tonneaux ; et si je comptais les barils de poudre au nombre de deux cents, le nombre serait de sept cents. S'il fallait user de rames pour faire avancer un tel édifice, la marche serait lente et le travail pénible ; mais le vent supplée à l'impuissance de nos efforts. Plusieurs mâts, ou longues pièces de bois attachées avec de forts câbles, auxquels sont suspendues des voiles, s'élèvent sur le tillac, afin que le vent, enflant ces voiles, accélère la marche du vaisseau.

THÈME 153.

L'écolier et la Mémoire.

Un enfant venait réciter sa leçon à son maître. « Puisque vous le voulez, dit-il, il faut bien que je vous donne mon livre ; » mais, lorsqu'il voulut réciter, il resta muet. Le fait ne paraîtra pas surprenant, puisque notre drôle avait joué tandis qu'il devait étudier. Mais, comme les excuses ne nous manquent jamais, l'enfant s'en prit à la Mémoire. « J'étais assez simple, lui dit-il, pour attendre de vous quelque secours ; mais vainement je vous appelle, tous les jours vous m'exposez à mille reproches. — Ami, lui répondit-elle, si tu me faisais la cour, je me montrerais plus fidèle. Si tu ne faisais pas

illud describes. Si tu fueris indulgentior, et paululum a me observatum satis habueris, equidem
annuo. Si de navis amplitudine judicandum foret
ex ea quam complectitur hominum frequentia, imo
majorem quam reipsa est arbitrareris. Quam ego
vidi, ea, ut mihi dictum est, sexcentos capiebat
homines. Quod ut pro certo haberem, tabulas ego
interrogavi. Quod ubi verum comperi, navem ego
ab infimo tabulato ad foros perlustravi. Ni fallor,
quingentis erat onerata amphoris; ducentas ego
si sulphurei pulveris numeraverim, ad septin-
gentas cresceret numerus. Si remis esset utendum,
ut tantum proveheretur ædificium, tardum certe
esset iter improbusque labor; at irritis conatibus
succurrit ventus. Foris assurgunt plurimi mali, seu
ligneæ trabes validis rudentibus alligatæ, e quibus
vela pendent, quæ ventis tumefacta citatiorem
navis cursum efficiant.

THÈME 153.

Puer et Memoria.

Puer ad præceptorem ediscenda recitaturus accedebat. Cui : « Quum id velis, inquit, tibi meus
tradendus est liber; » ubi vero recitare voluit,
obmutuit. Nec id mirum certe videbitur, quum iste
nebulo lusisset, dum esset illi studendum. Quum
vero desit nunquam excusationi locus, Memoriam
puer incusavit. « Ego, inquit, ita credulus eram,
ut aliquid a te præsidii exspectarem ; at vero in
vanum invoco, me quotidie mille probris facis ob-
noxium. » At illa : « O bone, inquit, si tu me assidue coleres, ego contra me fideliorem præbe-

le contraire, allant, venant, courant partout, et me laissant toujours seule, je ne te laisserais pas à mon tour. Afin de te plaindre avec raison, il faudrait que tu m'eusses cultivée; mais dès que tu prends un livre, tu le quittes à l'instant. Agis tout autrement, cultive-moi avec soin, et, comme je te le promets, tu seras à l'avenir content de mes services. » L'enfant trouva l'avis sage; il en profita, et s'en trouva bien.

rem. Tu nisi e contrario ageres, trepidans, quocunque cursitans, me solam semper deserens, ego vicissim non te derelinquerem. Ut merito conquerereris, ego tibi fuissem excolenda ; ubi vero primum librum arripuisti, extemplo illum abjicis. Longe aliter agere velis, accurate me cole, et illud ego tibi polliceor, in posterum mea tibi grata erit opera. » Prudens puero visum est consilium ; illo usus est, et ipsi res bene cessit.

DEUXIÈME PARTIE.

THÈME 154.

Les vendanges.

Ce bon vigneron a visité nos vignes avec ses enfants, et il est venu nous annoncer les vendanges comme très-prochaines. Elles commenceront dans quinze jours. Il doit venir avec ses enfants, et amener six femmes avec leurs paniers. Ce bon vieillard surveillera les vendanges, deux de ses enfants porteront la hotte, le troisième conduira la voiture. J'ai dit à votre oncle d'amener son fils ; nous irons ensemble, et chacun aura soin d'emporter son panier pour cueillir des raisins. Nous commencerons à cueillir dans le bas de cette côte. Chaque vendangeur prendra son rayon, et il est défendu de cueillir dans le rayon de son voisin. Votre cousin ayant oublié d'apporter un panier, priez ces ouvriers de vous prêter un des leurs. Si les vôtres sont pleins, il faut appeler le fils du vigneron et les vider dans sa hotte. Ces femmes ont déjà rempli deux fois leurs paniers ; le nôtre n'a point encore été vidé. Je vous prie de rendre à votre cousin son panier que vous avez caché. C'est un excellent enfant ; il s'est empressé de me présenter sa plus belle grappe.

DEUXIÈME PARTIE.

THÈME 154.

De vindemiis.

Probus ille vinitor vineas nostras cum suis liberis perlustravit, nobisque vindemias proximo tempore faciendas nuntiavit. Post quindecim dies incipient. Ille cum suis liberis est venturus, sexque feminas cum suis sportis adducturus. Probus ille senex vindemiatoribus invigilabit, duo ex ejus liberis sportam dossuariam humeris devehent, tertius plaustrum reget. Ego tuo avunculo nuntiavi ut suum adduceret natum; una nos ibimus, et quisque suam secum asportandam curabit sportam, ut uvas legat. In imo colle legere incipiemus. Sulculum suum quisque vindemiator occupabit, neque ulli in proximi sulculo legere fas est. Quum sportam afferre tuus consobrinus sit oblitus, istos operarios roga ut unam e suis tibi commodare velint. Si tuæ sportæ plenæ fuerint, vinitoris filius est vocandus, et illæ in ejus sportam effundendæ. Istæ mulieres suas jam sportas bis implevere; nostra vero nondum exhausta est. Te rogo ut suam tuo consobrino sportam tradere velis, quam abscondisti. Optimus ille certe puer : pulcherrimum mihi suum offerre racemum haud dubitavit.

9.

THÈME 155.

Les vendanges (suite).

Le travail s'avance, et le jour commence à baisser. « Brave homme, toutes ces femmes ont-elles bien rempli leur journée ? — Toutes ont très-bien travaillé. Il est juste de leur payer leur salaire. — Et nos jeunes gens ont-ils souvent rempli et vidé leurs hottes ? — Madame, ils n'avaient pas le temps de respirer. — Brave homme, chacun doit employer son temps en conscience ; mais il ne faut pas se tuer. Le tonnelier sans doute avait eu soin d'examiner la cuve ? Mais mon mari doit lui envoyer ses tonneaux. Sa cuve est-elle bientôt pleine ? — Elle le sera demain, à coup sûr. — Qui prendrez-vous pour fouler la vendange ? — Madame, ce sera votre serviteur ou un de ses fils. — Cela est indifférent à mon mari ; il vous remet ses intérêts entre les mains. Son vin sera-t-il bon cette année ? — On ne peut le désirer meilleur. — Et ses tonneaux, les avez-vous visités ? — Oui, madame, ils sont dans le meilleur état. — Nos voisins ont-ils fini leurs vendanges ? — Elles s'avancent. — Quand conduirez-vous au pressoir ? — Dans trois jour au plus tard. »

THÈME 156.

Vous avez apporté à mon père un échantillon de son vin : il l'a trouvé très-bon ; mais les propriétaires du canton voisin ne sont pas contents du leur. Il vous priera de payer ses vendangeurs et son tonnelier. J'écris à mon parent de me donner des nouvelles de sa récolte. Je vous prierai de passer dans son pays, lorsque vous aurez occasion d'aller de ce côté-là. J'aime les personnes

THÈME 155.

De vindemiis (sequitur).

Properatur opus, et jam inclinat dies. « Vir probe, istæne singulæ mulieres diurno labori incubuerunt? — Optime quidem omnes incubuere. Recte sua illis persolvenda merces. — Et isti adolescentes suamne sæpe sportam et impleverunt et exhauserunt? — Domina, illis ne spiritum quidem ducendi tempus aderat. — Vir probe, suum cuique tempus est bona fide collocandum; nullus tamen labore frangatur. Dolarius profecto vinarium explorandum curaverat? At suos ad illum conjux cados est missurus. Ejusne cella vinaria brevi implebitur? — Cras profecto referta erit. — Quem tibi assumes ad calcandam ejus vindemiam? — Matrona, tibi deditus calcabit, unusve ex illius natis. — Id meus conjux minime curat; tibi sua commoda permittit. Illiusne vinum hocce anno bonum erit? — Melius optari nullo modo potest. — Tune illius cados inspexisti? — Inspexi quidem, matrona, et ii optime sese habent. — Suasne vindemias proximi nostri confecerunt?—Properantur. — Quando ad prelum uvas devehes? — Post tres dies, non autem serius. »

THÈME 156.

Sui meo patri specimen vini attulisti; optimus ei sapor illius visus est; at proximi vineti possessores suo minime sunt contenti. Te rogabit ut vindemiatoribus suis et dolario pretium solvas. Ad meum scribo cognatum, ut mihi de suarum frugum perceptione aliquid mandare velit. Te rogabo ut per illius regionem velis iter habere, quum illuc eundi

qui y demeurent, mais leur pays ne me plaît pas autant que celui que j'habite. Ces prairies et ces vergers que l'on y rencontre à chaque pas semblent nous offrir leurs richesses. J'engagerai mon cher père à y fixer son séjour. Je vous prierai de lever toutes les difficultés; cet endroit semble réunir tout ce que l'on peut désirer. Peut-on ne pas admirer ses vallons, ses coteaux, ses prairies? Vous avez rencontré dernièrement des moissonneurs; avez-vous examiné leur habileté à couper les blés? Notre voisin vous priera de faucher son foin. J'écris à mon fermier de m'envoyer ses enfants. Je vous prierai de vous charger de leur éducation.

THÈME 157.

Chaque pays a ses productions.

Avez-vous goûté quelquefois de la bière? son goût vous paraît-il agréable? Pourriez-vous me dire ce qui entre dans sa composition? — La bière est une boisson faite d'orge et de houblon, que les brasseurs font cuire sur un feu très-vif. — Son usage est-il bien répandu? — Oui, plus que jamais. Certains pays même ne connaissent pas d'autre boisson. Dans les pays qui ne produisent pas de vin, comme la Normandie, on boit du cidre au lieu de bière. Le goût du cidre est plus agréable que celui de la bière; mais celle-ci est, je crois, plus saine. Ainsi chaque pays a ses productions qui fournissent aux besoins de ses habitants. Telle contrée peut vanter son blé, telle autre son vin, telle autre ses fruits, telle autre son commerce. Les besoins de chacune nécessitent ses relations avec les autres. Il en est de la société comme de la terre. Le maître a besoin des services de son serviteur, le malade du médecin; celui-ci a besoin de l'artisan pour se procurer les

tibi locus erit. Homines qui illic habitant, plurimum diligo; mihi vero regione in qua habito minus arridet illorum regio. Ista quæ passim occurrunt et prata et viridaria, suas nobis opes videntur offerre. Meum ego patrem inducam ut ibi sedem constituere velit. Te rogabo ut obstantia quæque solvere velis; eo quidquid optari possit confluxisse videtur. Ecquis hujusce loci et valles, et colles, et prata non miretur? Nuper messores offendisti; illorumne in metendis segetibus dexteritatem attendisti? Te vicinus noster rogabit ut fenum succidas suum. Ad meum villicum scribo ut suos ad me liberos mittat. Te rogabo ut illos instituendos suscipias.

THÈME 157.

Suæ cuique regioni sunt fruges.

Tune cervisiam aliquando degustasti? tibine gratus videtur illius sapor? Tune unde misceatur mihi indicabis?—Cervisia ex hordeo atque salictario lupo conficitur, quam opifices fervidissimo decoquunt igne. — Frequensne cervisiæ usus? — Illa quam frequentissime utuntur. Nec alia potione permultæ utuntur regiones. In agris uvarum minime feracibus, Normannia scilicet, pro cervisia liquorem e malis expressum hauriunt. Cui quidam sapor inest quam cervisiæ gratior; hæc tamen, ut mihi videtur, salubrior est. Inde suæ cuique regioni sunt fruges, quæ incolentibus quidquid necessarium est, suppetunt. Hæc regio suo gaudet tritico, illa vino, alia frugibus, suo alia commercio. Quum nonnulla re quæque egeat, cum ceteris coeat necesse est. De societate item est et de terra. Hero servi opera opus est; ægrotanti medico; huic artificis opera,

choses nécessaires à entretenir une vie qu'il tâche de prolonger dans ses semblables.

THÈME 158.

Les Juifs captifs à Babylone.

Après la mort de Salomon, le royaume se divisa en deux parties, connues sous le nom de royaumes de Juda et d'Israël. Les descendants de David régnèrent sur Juda. Israël eut ses rois, dont le premier, qui avait levé l'étendard de la révolte contre la maison de David, fut Jéroboam. Parmi les successeurs de celui-ci Achab se signala par son impiété. Sous ce prince parurent Élie et Élisée, tous deux célèbres par leurs miracles. Les dix tribus qui composaient le royaume d'Israël ayant irrité Dieu par leur idolâtrie, il les dispersa et les chassa de leur pays. Juda ayant imité Israël dans son infidélité, Dieu suscita contre l'ingrate Jérusalem les armées de Nabuchodonosor, qui emmena ces deux tribus captives à Babylone, où elles restèrent soixante et dix ans, selon que Dieu l'avait fait connaître à Daniel. Pendant qu'il était à Babylone, arriva l'histoire de Suzanne. Si je réunissais les diverses histoires éparses dans les livres saints, que de modèles de vertu exposés à nos yeux !

THÈME 159.

Modèles tirés de l'histoire sainte.

Quelle foi dans Abraham ! quelle obéissance dans Isaac ! Quelle patience, quelle vie traversée nous présentent les différents états où se trouve Jacob ! Quelle

qui necessaria subministret ad sustentandam vitam quam in sui similibus producere studet.

THÈME 158.

Judæi Babylone captivi.

Defuncto Salomone, duas in partes, judaicum scilicet et israeliticum, regnum scissum est. Judæ reges fuere Davidis posteri. Sui Israeli fuere reges, quorum primus, qui adversus Davidicam stirpem rebellarat, fuit Jeroboamus. Inter hujusce successores sua Achabus impietate innotuit. Quo regnante inclaruere Elias et Elisæus, suis uterque miraculis inclyti. Quum decem tribus, quibus conflatum erat israeliticum regnum, sua Deum idololatria exacerbavissent, illas dissipavit, suaque illas regione expulit Omnipotens. Quum Juda fuisset Israelis perfidiam imitatus, Nabuchodonosoris exercitus ingratam adversus Hierosolymam Deus suscitavit, qui duas tribus Babylonem captivas abduxit, ubi septuaginta detentæ sunt annis, prout Danieli Deus indicaverat. Dum ille Babylone erat, Susannæ accidit historia. Si sparsas in sacris libris historias collegerim, quot exemplaria virtutis nostris subjecta oculis!

THÈME 159.

Exemplaria e sacris libris excerpta.

Quanta in Abrahamo fides! in Isaaco quanta obedientia! Quantam patientiam, quot variis Jacob distractam curis vitam exhibet permultos casus

innocence de mœurs dans Joseph ! quelle patience dans la haine injuste de ses frères ! La fausse accusation intentée contre lui est punie de deux ans de prison. Quelle modération pendant sa longue élévation ! Quelle générosité dans le pardon qu'il accorde à ses frères ! Quelle tendre piété pour Jacob son père ! Quel oubli surprenant de sa famille pendant une si longue séparation ! Quelle lumière supérieure porte Moïse à préférer l'ignominie d'Israël à toute la pompe de la cour de Pharaon ! Quel tendre attachement dans ce grand homme pour le peuple qui lui est confié, et dont il eut si souvent à souffrir les murmures et les révoltes ! Quelle pénitence sincère dans David ! et quelle justice sur Saül !

THÈME 160.

Modèles tirés de l'histoire sainte (suite).

Je vois dans Ninive un modèle parfait de docilité et de pénitence. J'admire dans Job une pénitence héroïque, et je vois dans ses humiliations et dans son élévation une image de l'anéantissement et de la gloire du Sauveur promis. Je ne puis me lasser d'admirer Tobie au milieu de sa captivité, toujours fidèle à Dieu, le bénissant également dans la prospérité et la cécité, formant de bonne heure son fils à la crainte de Dieu et à la vertu. Patient dans l'adversité, il admire à son tour et bénit la Providence dans les soins qu'elle prodigue à son fils. Ses yeux si longtemps fermés s'ouvrent, et ils chantent tous ensemble les bienfaits du Très-Haut. Qu'Holopherne, enflé du succès de ses armées, vienne jeter l'épouvante dans les terres d'Israël, une simple veuve, pleine de foi et de courage, forme le dessein de délivrer son peuple par la mort du chef de ses ennemis et l'exé-

expertus! Quanta in Josepho morum integritas! quanta ejus in injusto suorum fratrum odio patientia! Falso crimine Josephus impetitus per duos annos in carcere detinetur. Quanta in summo honoris gradu moderatio! Quanta in venia suis concessa fratribus generositas! Quam singularis in Jacob patrem suum pietas! Quam mira familiæ oblivio per diuturnam istam disjunctionem! Quæ lux intus refulgens Moysen edocet Israelis ignominiam omni Pharaonis aulæ splendori anteponere! Quam mira hujusce præstantis viri devotio in populum ipsi creditum, cujus sæpissime querelas et defectiones est perpessus! Quam sincera in Davide pœnitentia, et quam severum de Saule judicium!

THÈME 160.

Exemplaria e sacris libris excerpta (sequitur).

Egregium in Ninivitis obsequii et pœnitentiæ exemplum video. Heroicam in Job demiror patientiam; in illius et humilitate et exaltatione adumbratam video Salvatoris abjectionem et gloriam. Non possum quin perpetuo Tobiam in captivitate demirer; quippe qui Deo semper fidelis, illi æque et in secundis rebus, et cæcus benedicens, natum a teneris annis ad Dei timorem et ad virtutem informat. In adversis patiens, Providentiam ipse miratur, et illi benedicit quod suo consulat filio. Operti tamdiu oculi aperiuntur, et una Altissimi beneficia voce concelebrant. Victoriis superbiens Holofernes late in israeliticos agros terrorem injiciat; humilis vidua, fide virtuteque plena, suum liberandi populum hostium ducis nece consilium init, idque perficit auxi-

cute, aidée du secours de celui qu'elle a invoqué. Le chef est frappé, l'ennemi épouvanté, Béthulie et Israël délivrés; le nom de Judith est béni de tous.

THÈME 161.

Punition d'Aman, ministre d'Assuérus.

Assuérus, surpris par les conseils insidieux d'un favori indigne de sa confiance, dévoue tout Israël à la mort. A peine ce sanglant édit, dont l'exécution n'est que suspendue, est-il connu, que tout Israël crie au Seigneur. Esther, devenue l'épouse d'Assuérus, ose, par l'ordre exprès de Mardochée son oncle, se présenter devant le roi. Déjà l'œil de ce prince étincelle, son courroux s'enflamme; mais celui qui tient entre ses mains le cœur des rois change celui du prince et l'incline à la douceur. Il ne saura cependant ce que désire une princesse qui lui est chère, que lorsque celui-là même qui a juré la perte de son peuple entendra son accusation de la bouche de celle qui devait être sa victime. Elle parle, Assuérus est convaincu. Confus de sa méprise, il n'est pas maître de lui-même. Il rentre : l'imposteur est confondu ; victime de sa noire perfidie, il l'expie sur un infâme gibet qu'il avait fait dresser pour l'innocent Mardochée, et Israël est sauvé.

THÈME 162.

La goutte guérie.

Un homme caustique et médisant était tourmenté d'une goutte très-violente. Quoiqu'il souffrît beaucoup,

lio illius adjuta, cujus exoravit opem. Dux interfectus est, territus hostis, liberata Bethulia et Israel; Judith nomen ab omnibus celebratur.

THÈME 161.

Sumptum de Amane Assueri præfecto supplicium.

Perfidis aulici, sua prorsus indigni fiducia, consiliis deceptus Assuerus totam israeliticam gentem morti addicit. Vix vulgatum est atrox edictum, cujus prolata tantum executio, quum ad Dominum universus conclamat Israel. Esther, Assuero connubio juncta, ipso jubente avunculo Mardochæo, in regis conspectum venire audet. Ignei jam principis scintillant oculi, ira totus exardescit; at ille, cujus in dextra sunt regum animi, immutatam principis mentem ad mansuetudinem inclinat. Quid tamen exoptet sibi dilecta femina princeps tunc demum audiet, quum ille ipse, qui plebis ejus interitum animo decrevit, suam accusationem ex illius ore audiet, quæ fuerat ab illo mactanda. Verba facit illa, res est Assuero perspicua. Errorem suum detestatus, jam non est sui compos. Ædes iterum ingreditur; deceptor convincitur; teterrimæ perfidiæ pœnas luit, fœdo ipse suspensus patibulo quod innocenti Mardochæo jusserat exstrui, et salvus factus est Israel.

THÈME 162.

Podagra sanata.

Podagra vehementissime laborabat quidam mordaciore lingua maledicus. Multum quamvis excru-

il n'en épargnait pas plus les autres. Un de ses voisins, qu'il n'avait pas ménagé, résolut de s'en venger, et lui joua un tour qu'il ne savait pas devoir lui être si salutaire. Un soir que le malade était seul, il se masque en nègre et va le trouver. Il monte, pousse la porte, entre précipitamment dans la chambre, approche du lit en grimaçant et ne dit mot. Le malade, épouvanté et surpris de cette visite, demande, crie : « Qui est-ce qui est là? » et dans le moment il se sent enlevé par celui qu'il croit un spectre revenu de l'autre monde pour le faire mourir.

THÈME 163.

La goutte guérie (suite).

Ce spectre, il est vrai, ne le ménage guère: il le prend par les bras, par les jambes, et l'emporte tout transi au milieu de la cour. En descendant les degrés, les parties malades donnaient de part et d'autre contre les murs. Quand il l'eut jeté sur le pavé, après l'avoir fait crier, il le regarde fixement et cherche à lui faire peur ; mais il ne l'épouvanta pas longtemps. Car un moment après, comme il s'apprêtait à le recharger sur ses épaules pour recommencer sa promenade, il vit le malade se relever et s'enfuir aussi vite que s'il n'eût jamais eu la goutte. Et en effet il ne l'avait plus dès lors, et ne l'eut jamais depuis.

ciatus, ceteris tamen minime indulgebat. E vicinis quidam, cui certe haud pepercerat, ulciscendum sibi statuit, atque ad artem confugit, quam ægrotanti adeo salubrem fore minime putabat. Quodam vespere, quum solus esset æger, nigritæ persona indutus illum adit. Ascendit, pulsataque janua, præcipitanter cubiculum intrat, ad lectum, distorto ore, nullaque edita voce, accedit. Perturbatus æger, et istam miratus salutationem, clamans quærit : « Quis iste ades? » Atque ipso eodemque tempore sese raptum ab illo sentit, quem spectrum ab inferis reversum arbitratur, qui mortem sibi afferat.

THÈME 163.

Podagra sanata (sequitur).

Ægrotantem quidem haud molliter tractat spectrum istud : brachiis cruribusque arreptum, frigore algentem in mediam defert aream. Dum per scalas descendit, infirmæ corporis partes hinc et inde parietibus impingebantur. Quem ubi multa vociferantem in pavimentum projecit, defixis intuetur oculis, perterrere studet ; quem tamen non diutius terruit. Quippe, haud multo post, dum sese accingeret ut, illo iterum suis humeris imposito, obambulationem repeteret, assurgentem vidit ægrum, atque citato fugientem cursu, ac si podagra nunquam laboravisset. Reipsa illa jam abierat, nec in posterum rediit.

THÈME 164.

La brebis.

La brebis, qui semble avoir reçu la stupidité et la faiblesse en partage, ne peut pas même trouver son salut dans la fuite. Le loup, qui est très-friand de la chair de cet animal, lui fait une guerre continuelle. Les troupeaux sont préservés des attaques du loup par la vigilance des bergers qui les gardent et par celle des chiens qui les défendent. La brebis est l'animal qui procure à l'homme les choses les plus utiles. Elle lui fournit une riche toison qui sert à le vêtir. Le lait de la brebis, la graisse, la peau et les os de cet animal servent tous au profit de l'homme.

THÈME 165.

La brebis (suite).

Le petit de la brebis est l'agneau, qui tette deux mois. La tonte de la laine des brebis et des moutons, qui est la richesse du fermier, se fait au retour du printemps. Le berger a soin de faire parquer les moutons pendant les nuits d'été. Pour cela il fait un clos avec des claies, qui se déplacent à volonté quand la terre est assez fumée. Les cultivateurs peuvent, avec cent moutons qui parquent dans un champ, améliorer pendant l'été huit arpents pour six ans. Quand les terres sont adjacentes à des bois, les troupeaux sont exposés aux insultes des loups, dont ils sont défendus par la surveillance des bergers et des chiens.

THÈME 164.

De ove.

Ovis, quæ stoliditatem et imbecillitatem sortita esse videtur, saluti ne fuga quidem consulere potest. Lupus, hujusce animalis carnis cupidissimus, bellum illi continuum infert. Greges a lupi insidiis defenduntur et pastorum, qui ipsos custodiunt, et canum vigilantia, qui tuentur. Ovis animal est quod maxima homini præbet commoda. Lautissimum illi subministrat vellus, unde vestem ille conficit. Ovis lac, et pinguedo, et pellis, et ossa, cuncta ad hominis utilitatem conferunt.

THÈME 165.

De ove (sequitur).

Ovis fetus est agnus, qui matris ubera duobus mensibus sugit. Ovium et vervecum lana, qua potissimum ditescit villicus, vere redeunte tondetur. Æstivis noctibus pastor verveces claustris coercendos curat. Quod ut assequatur, spatium quoddam cratibus sepit, quæ ad arbitrium moventur, ubi satis stercoratus est ager. Agricolæ, centum vervecibus in agro intra crates pernoctantibus, octo jugera ad sex annos uberiora efficere possunt. Ubi arvis nemora sunt circumjecta, greges incursui luporum sunt obnoxii, quos adversus tuentur vigiles pastores et canes.

THÈME 166.

La brebis (suite).

La brebis qui se trouve dans nos contrées est d'un tempérament très-faible; elle ne peut soutenir une longue marche, qui l'affaiblit et l'exténue. Une trop grande chaleur, l'humidité, le froid, sont pour elle des temps contraires dont il faut la préserver. Elle est sujette à un grand nombre de maladies, dont la plupart sont contagieuses. La surabondance de graisse, que nous croirions peut-être une marque de santé, fait quelquefois périr la brebis et nuit à sa fécondité. C'est de tous les animaux domestiques celui qui a le plus besoin de soin.

———

THÈME 167.

La brebis (suite).

La brebis que nous connaissons en Europe n'existe que dans cette contrée et dans quelques parties de l'Asie. La brebis que les voyageurs ont vue en Afrique n'a pas de laine, mais un poil long et touffu comme la chèvre. La chair est d'un goût tout différent. Les brebis que produisent les pays froids ont plusieurs cornes, une queue courte, une laine dure et épaisse, qui en couvre une autre plus douce et plus fine. Le mouton de Barbarie, dont je n'ai pas encore parlé, ressemble au mouton d'Europe, si nous exceptons la queue, souvent large d'un pied, et qui pèse quelquefois vingt livres.

THÈME 166.

De ove (sequitur).

Ovis quæ nostris in regionibus occurrit debilissimo est corporis habitu; longius hæc non potest iter tolerare, quod debilitat corpus et frangit. Nocent ei tempestates, nimius æstus, et humor, et frigus, a quibus tuenda est. Permultis illa morbis est obnoxia, qui quidem plerumque sunt pestilentes. Nimia pinguedo, quæ nobis forte firmæ valetudinis indicium videretur, nonnunquam illi mortem affert, et ovis fecunditati obstat. Ovis præ ceteris animalibus permulta cura habenda est.

THÈME 167.

De ove (sequitur).

Ovis quæ nobis in Europa est nota, in hac tantum regione, et nonnullis in regionibus Asiæ exsistit. Ovi quam in Africa viatores repererunt non est lana, sed oblongus patulusque, sicut capellæ, villus. Longe dissimilis est carnis sapor. Ovibus quas procreant gelidæ regiones, plura sunt cornua, brevior cauda, dura spissaque lana, quæ alteram et molliorem et tenuiorem tegit. Barbariæ vervex, de quo nondum ego disserui, europæo verveci haud est absimilis, cauda excepta, quæ, sæpius in latitudinem pedalis, nonnunquam viginti libras pendit.

THÈME 168.

La chèvre.

La chèvre, dont vous ne serez pas fâchés d'apprendre quelque chose, est moins stupide que la brebis, et sait mieux fuir le danger. Elle a, comme les autres animaux, des défauts dont elle aurait besoin de se corriger. La vivacité que nous admirons en elle dégénère souvent en caprice. La légèreté, la force, sont des qualités dont nous pouvons la féliciter, mais dont elle abuse quelquefois. Vous imagineriez difficilement l'agilité dont a besoin un homme qui en conduit cinquante. A chaque instant il y en a quelques-unes à qui il plaît de s'échapper et de brouter l'herbe sur des rochers escarpés.

THÈME 169.

La chèvre (suite).

La nature, en donnant à la chèvre ce violent désir de grimper, a eu soin de l'armer contre les dangers auxquels elle s'expose. Les pieds qu'elle lui a donnés sont faits de manière qu'elle peut grimper partout sans danger. Ses jambes de devant sont plus courtes, et par ce moyen elle peut escalader les lieux les plus difficiles. Le lait de chèvre est excellent, et plus sain que le lait de la brebis. La chèvre allaite son chevreau pendant trente jours ; ensuite elle donne volontiers à l'homme un lait dont le petit peut se passer. Quelquefois elle nourrit nos enfants.

THÈME 168.

De capra.

Capra, de qua pauca audire vos forte non pigebit, ove minus stolida, periculum effugiendi callidior est. Illi veluti ceteris animalibus vitia sunt, quæ quidem emendare illi opus esset. Ea quam in illa demiramur alacritas, sæpe in libidinem vertitur. Ei sunt dotes et agilitas et vires, quas illi gratulari possumus, at quibus nonnunquam abutitur. Ægre quidem excogitaveritis qua alacritate opus sit homini qui quinquaginta agit capras. Singulis momentis nonnullas juvat aufugere, atque herbam in præruptissimis rupibus corrodere.

THÈME 169.

De capra (sequitur).

Natura, quæ capræ vehementissimam hanc adrependi cupiditatem injecit, illam instruendam curavit adversus pericula quibus sese objicit. Quos illi dedit pedes, eo sunt confecti modo, ut, quocunque velit, absque periculo adrepere queat. Breviora sunt priora crura, qua de causa difficillima loca ascensu superare potest. Optimum est lac caprinum, atque ovino lacte salubrius. Capra suum hædum per triginta dies lactat; deinde homini ultro lac suum præbet, quo quidem pullus carere potest. Nostros nonnunquam pueros alit.

THÈME 170.

Du thé.

Nous nous servons tous les jours d'une multitude de choses, et nous ignorons par qui elles nous sont apportées ou procurées. Vous ignorez peut-être par qui le thé est cultivé. Les feuilles du thé croissent sur un arbrisseau qui n'est cultivé que dans les empires de la Chine et du Japon, et nous sont envoyées par les négociants de ces pays. Les Anglais et les Allemands font un grand usage du thé. Les Français s'en servent aussi beaucoup plus qu'autrefois. La préparation de ce breuvage n'est pas difficile.

THÈME 171.

Du café.

Quelques Français ont essayé de cultiver le café ; mais ils n'ont pas réussi. Cet arbrisseau, qui croît à la hauteur de douze mètres, a besoin d'un climat plus chaud que le nôtre. Il offre presque continuellement à l'œil des fleurs et des fruits. Le meilleur café est apporté de Moka. Cette graine, d'abord grillée sur le feu, puis réduite en poudre dans un moulin, et jetée ensuite dans l'eau bouillante, nous donne une liqueur aussi agréable que salutaire, quand nous en usons avec modération.

THÈME 170.

De thea.

Permultis quotidie rebus utimur, et a quibus nobis sint allatæ aut ministratæ, nos fugit. Forsan ignoratis a quibus excolatur thea. Theæ folia ex arbuscula crescunt, quæ in sinensi tantum atque japonico imperiis excolitur, atque nobis a negotiatoribus harumce regionum mittuntur. Thea frequentissime utuntur et Angli et Germani. Illam sæpius, quam olim, adhibent Galli. Haud difficile præparatur ista potio.

THÈME 171.

De cafœo.

Nonnulli Franci cafæum excolere tentarunt; at nihil profecerunt. Huic arbusculæ, quæ in altitudinem duodecim metrorum crescit, regione, quæ sit nostra fervidior, opus est. Floribus et fructibus fere perpetuo oculos recreat. E Moka nobis optimum cafæum affertur. Quod quidem granum foco primum tostum, mox in pistrino pulveratum, dein in fervidam infusum aquam, æque jucundum nobis ac salubrem liquorem præbet, illo si moderate utamur.

THÈME 172.

Du ver à soie.

Il ne vous sera peut-être pas désagréable d'apprendre quelque chose sur le ver à soie. De tous les insectes que l'auteur de la nature a créés, celui-ci est un des plus admirables. Le ver à soie sort d'abord d'un petit œuf qui ne m'a pas paru plus gros que la tête d'une épingle. Il devient ensuite un petit ver d'une couleur jaunâtre ; vous avez eu plus d'une fois l'occasion de le remarquer. Celui qui a des vers à soie les nourrit de feuilles de mûrier, jusqu'à ce que le ver s'enveloppe dans une coque de la grosseur d'un œuf de pigeon. Il la construit lui-même ; il y file sa soie et prend la forme d'une fève, appelée communément chrysalide.

THÈME 173.

Du ver à soie (suite).

Dans cet état, il paraît privé de vie et de mouvement ; il en sort pour devenir un papillon et se faire jour à travers le tombeau de soie qu'il s'était construit. Enfin la vie lui est ôtée, après qu'il s'en est préparé une autre par les œufs qu'il pond. Nous devons à ces petits animaux, qui paraissent d'abord si hideux, les brillantes étoffes de soie dont se parent les dames et dont les tapissiers meublent les appartements des grands. Je vous ai donné une description bien succincte du ver à soie ; il vous sera facile de l'examiner vous-mêmes dans ses différentes métamorphoses, si vous prenez soin d'en élever quelques-uns. La vue des choses instruit mieux que le récit le plus exact.

THÈME 172.

De bombyce.

Forte vobis haud erit injucundum pauca de bombyce audire. Ex omnibus quæ auctor naturæ procreavit insectis, illud imprimis admirationem movet. Primum e parvulo bombyx prodit ovo quod mihi spinæ ferreæ capite haud crassius visum est. Mox vermiculus evadit, subflavo colore, quem observandi vobis sæpius occasio occurrit. Cui sunt bombyces, hic mori foliis illos pascitur, donec sese vermis in folliculo involvat ad ovi columbæ amplitudinem. Illum ipse ædificat, sericum filum ibi torquet atque fabæ speciem induit, vulgo chrysalidis dictæ.

THÈME 173.

De bombyce (sequitur).

Quo quidem in statu et vita et motu destitutus videtur; inde prodit, ut, papilio factus, viam sibi per bombyceum quem sibi struxerat tumulum aperiat. Ille tandem mortem obit, alteram ubi vitam ovis quæ peperit, sibi paravit. Ab istis parvis animalibus, quæ primum horridissima videntur, splendidos sericos pannos recipimus, quibus sese matronæ exornant, atque tapetum textores optimatum ædes instruunt. Bombycem vobis quam brevissime descripsi; vobis illum varias induentem formas per vos ipsos attendere erit facile, si nonnullos educandos curaveritis. Ipso rerum aspectu magis edocemur, quam accuratissima narratione.

THÈME 174.

Des glaces.

Avant que vous alliez visiter la manufacture des glaces, examinons quelle est la matière qui nous procure ce beau verre. Le verre se fait avec du sable blanc bien lavé et du sel de cendres de fougère. Ces différentes matières, mises en fusion par l'ardeur du feu, produisent une matière fragile et transparente dont l'ouvrier fait des fioles, des cristaux, des verres à boire et le verre plat. Celui-ci est de deux sortes, le blanc et le commun. Le verre commun est employé pour les bâtiments, le blanc se place sur les dessins et les estampes. Le verre employé pour les glaces est d'une qualité supérieure. Sur une des surfaces de la glace a été répandu un mélange de mercure et d'étain connu sous le nom de tain.

THÈME 175.

Des glaces (suite).

Par ce moyen la glace cesse d'être transparente comme le verre ; elle réfléchit fidèlement les objets qui lui sont présentés. Mais pour avoir une connaissance exacte de ce genre de fabrication, il faut aller visiter quelque manufacture et observer les ouvriers dans les différentes opérations. Prenez pour guide une personne intelligente qui ait déjà vu ce travail, et dont la conversation vous rende cet examen agréable et utile. Quand vous expliquerez les fables de Phèdre, vous verrez l'excellent conseil que donne un père à ses enfants, à l'occasion d'un miroir dont ils s'étaient servis.

THÈME 174.

De speculis.

Priusquam speculorum officinam inspectum eatis, exploremus qua materie nobis illud splendidum vitrum paretur. Ex alba arena accurate lota atque filicis cinerum sale vitrum conflatur. Quæ quidem materiæ fervidissimo igne solutæ, fragilem ac perlucidam materiem fundunt, qua opifex et lagunculas, et crystalla, et pocula, et planum vitrum conficit. Hujus geminum genus, album scilicet, et commune. Quod quidem in ædificiis adhibetur; album contra adumbratis et cælatis imaginibus imponitur. Vitro quo specula conficiuntur potior inest qualitas. In una speculi facie effusa est stanni hydrargyrique mixtura, quam vulgo stanneam laminam vocant.

THÈME 175.

De speculis (sequitur).

Qua arte speculum jam non est ceu vitrum pellucidum ; objecta quæque vere repercutit. Hujusce vero fabricationis ut veram notionem habeatis, aliqua invisenda est officina, atque observandum quidquid perpetrant opifices. Ducem vobis assumite intelligentem virum, qui ipse antea istius operis genus inspexerit, et cujus sermo vobis gratam et perutilem istam investigationem faciat. Vobis Phædri fabulas explicaturis occurret optimum suis liberis datum a patre consilium, de speculo quo usi erant.

10.

THÈME 176.

Lettre à un ami.

Ces enfants auraient été plus heureux s'ils vous eussent obéi. Vous les aviez avertis du danger auquel ils s'exposaient. Vous leur aviez promis une promenade ; vous la leur accorderez, s'ils profitent de l'expérience qu'ils ont faite de leur étourderie. Je l'espérerais moins, si je ne connaissais la bonté du cœur de chacun d'eux. J'ai vu votre parent ; vous lui avez annoncé votre prochain retour, il lui est difficile de l'attendre plus longtemps. Il m'a lu votre lettre, j'ai reconnu aisément votre style. Je venais de visiter la maison de campagne de votre ami ; j'en ai vu avec plaisir la situation, j'en ai parcouru les jardins et le clos. J'y ai rencontré votre jardinier ; je lui ai parlé du jeune aide que vous lui avez donné ; il m'en a paru très-satisfait.

THÈME 177.

Lettre à un ami (suite).

Les gens d'affaires aiment assez le séjour de la campagne ; quelques-uns même ne peuvent pas s'en passer, et abandonnent volontiers le séjour des villes ; pour moi, avant de m'y fixer, j'y réfléchirai longtemps. Le paysan porte quelquefois envie à l'habitant des villes ; il n'en connaît ni les inconvénients ni les dangers. Le travail pénible auquel il est tous les jours assujetti lui inspire ces pensées ; et cependant il est préférable, même pour la santé, au plaisir et à l'oisiveté, vices communs dans les cités. Virgile a chanté le bonheur des habitants de la campagne, à qui la nature prodigue ses dons, et qui vivent libres de l'esclavage auquel les habitants des villes sont assujettis.

THÈME 176.

Epistola ad amicum.

Feliciores illi fuissent pueri, si tibi paruissent. Tu illos periculi, quod adibant, monueras. Obambulationem illis eras pollicitus, hanc illis concedes, si experta inconsiderantia ipsis in bonum vertat. Quod quidem minus ego sperarem, nisi uniuscujusque eorum optimum animum novissem. Tuum ego cognatum vidi, tuum illi proximum reditum nuntiasti, quem diutius exspectare illi difficile est. Tuam ille mihi epistolam perlegit, in qua tuum stylum ego facile agnovi. Ab invisenda tui amici villa ego redibam, cujus ego situm cum delectatione vidi, illius et hortos et septum perlustravi. Tuus ibi mihi occurrit hortulanus; cum illo de juveni quem ei dedisti adjutore sum locutus ; illo plurimum contentus mihi visus est.

THÈME 177.

Epistola ad amicum (sequitur).

Forenses homines sæpius juvat rure versari; quo quidem carere permulti nequeunt, atque urbium sedem ultro deserunt; ego vero sedem priusquam ibi constituam, diu rem perpendam. Oppidano rusticus nonnunquam invidet; urbium et incommoda et pericula ignorat. Improbus, cui quotidie deditus est, labor istas illi cogitationes suggerit, qui tamen, vel ad sanitatem, et voluptate et otio, vitiis quæ in civitatibus frequenter occurrunt, longe potior est. Agricolarum felicitatem Virgilius cecinit, quibus dona sua alma natura effundit, et qui illa servitute cui sunt obnoxii oppidani, vitam immunem degunt.

THÈME 178.

Des fourmis.

Dernièrement, en nous promenant, je vous ai montré une fourmilière. Il nous serait très-utile d'imiter la sage précaution de cet insecte et son assiduité au travail. Il sort d'un petit œuf qu'il perce lui-même, et se présente d'abord sous la forme d'un ver ; et lorsqu'il a pris quelque accroissement, il devient fourmi. Ces insectes, réunis en société, se divisent en trois classes : j'ai distingué les mâles, les femelles et les ouvrières. La première et la seconde espèce se perpétuent par la génération ; celles-ci s'occupent à construire une habitation pour toute la société. Elles choisissent ordinairement pour emplacement le tronc de quelque vieil arbre que la nature a soin de leur fournir.

THÈME 179.

Des fourmis (suite).

Il leur est facile de trouver un tel emplacement ; d'autres le choisissent dans les fentes de quelque mur ou de quelque pierre. Considérez attentivement les fourmis au travail, et vous aurez l'occasion d'admirer leur activité et leur assiduité. Vous verrez celles-ci s'efforcer de traîner un fétu de bois, celles-là enlever un brin d'herbe, d'autres un grain d'orge ou de blé. Un secret pressentiment les avertit de la disette qu'elles éprouveront ; elles se hâtent de la prévenir, se montrant en cela plus sages que ne le sont un grand nombre d'entre nous.

THÈME 178.

De formicis.

Nuper obambulando formicarum cubile vobis ostendi. Hujus insecti sapientem curam atque assiduum laborem imitari nobis perutile foret. Parvulo illud exit ovo, quod ipsum perforat, atque primum sub vermis figura prodit; ubi paululum crevit, in formicam vertitur. Quæ quidem insecta, ubi sese in societatem immisere, in tres ordines dispertiuntur : ego et mares, et feminas, et operarias discrevi. Unum et alterum genus gentem generando procreant; operariæ vero in exstruenda omni societati sede occupantur. Aream plerumque eligunt vetustæ arboris truncum, quem illis natura præbet.

THÈME 179.

De formicis (sequitur).

Illæ facile istius modi sedem reperiunt; quam nonnullæ in cujusdam parietis seu lapidis fissuris eligunt. Formicas labori instantes diligenter attendite, et certe vobis illarum alacritatem et assiduitatem demirandi locus erit. Has cernetis festucam ligni pertrahere certantes, illas herbæ mucronem, alias hordei triticive granum tollentes. Quædam occulta prædivinatio illas futuræ inopiæ submonet, cui occurrere certant, prudentiores in hoc sese exhibentes quam permulti inter nos.

THÈME 180.

Du blé.

Le laboureur prépare la terre en la retournant avec la charrue ; il la fume pour lui communiquer une chaleur nécessaire, la retourne une seconde fois et l'ensemence. Le blé se sème en hiver pendant les pluies : le froid le tient renfermé en terre ; il y prend de la force. Au retour du printemps, l'herbe grandit ; elle s'élève, s'affermit par des nœuds placés de distance en distance, jusqu'à ce qu'il en sorte un épi de la longueur du doigt, le long duquel sont rangés et disposés plusieurs grains de blé. La couleur verte de cette herbe se change par les chaleurs en une couleur jaune, et alors le blé est mûr. Le paysan s'arme d'une faucille et le coupe. Il le ramasse, le lie, le met en gerbes, et le transporte dans la grange ; il le bat avec le fléau, le vanne, et de là l'envoie au meunier, qui le broie entre deux meules et le réduit en poudre : telle est la farine dont se fait le pain.

THÈME 181.

Le moulin à vent.

Les ailes de ce moulin, que le vent met en mouvement, font tourner un arbre en dedans, et cet arbre fait tourner les deux meules qu'il traverse. Le grain, placé dans cette machine qui s'appelle trémie, en tombe et s'insinue vers les deux tiers du rayon des meules, et c'est là qu'il commence à se rompre. Lorsqu'il est réduit en poudre, le tout coule par l'entonnoir de la chausse. La farine passe au travers de ce bluteau, qui ressemble à un tamis. Le son, qui n'y peut passer, est agité dans cette chausse, et sort enfin par une ouverture pour retomber dans un sac destiné à le recevoir.

THÈME 180.

De tritico.

Arator agrum præparat, quem aratro subvertit; illum stercorat, ut calorem necessarium ei impertiatur, denuo subvertit, atque frumento agrum conserit. Triticum hieme pluviali seritur; quod quidem frigus in terræ sinu conditum servat; ibi invalescit. Redeunte vere, crescit herba; assurgit. atque nodis per intervalla dispositis consolidatur. donec erumpat spica digiti longitudinem æquans. in qua plurima tritici grana ordine reconduntur. Viridis hujusce graminis color in flavum colorem æstibus immutatur; tunc matura est seges. Falcula rusticus instructus illam metit. Collectam ligat, atque in manipulos dispositam in horreum devehit; frumentum pertica flagellat, ventilat, et inde ad pistrinarium mittit, qui duas inter molas illud terit, atque in pulverem resolvit: ea est farina unde panis conficitur.

THÈME 181.

De moletrina vento versatili.

Pinnis molendinariis, quas ventus movet, intus arbor vertitur, atque ista arbore transversaria duæ molæ versantur. Granum in istam immittitur machinam, quæ infundibulum nominatur; dilapsum sese prope ad geminatam tertiam partem molarum semidiametri insinuat, et ibi conteri incipit. Ubi in pulverem resolutum est, totum per infundibulum turbinati sacci perfluit. Farina per istum saccum secernitur incerniculo haud absimilem. Furfur, qui illac perfluere non potest, in isto exagitatur sacco, atque quodam tandem hiatu excussus, in saccum dilabitur ad illum excipiendum paratum.

THÈME 182.

Tendresse de la poule pour ses petits.

La petite tache qui tient au blanc de l'œuf s'appelle germe. La poule se tient constamment sur ses œufs pendant environ vingt jours ; et, par la chaleur vivifiante qu'elle leur communique, elle fait sortir le poulet de ce germe. Aussitôt qu'il est sorti, il se nourrit du blanc et du jaune de l'œuf, et lorsqu'il a épuisé cette nourriture, il casse la coquille de l'œuf avec son bec, et déjà il est en état de marcher. La poule quitte quelquefois ses œufs quand elle couve, mais seulement pour quelques minutes ; encore vaudrait-il mieux lui apporter sa nourriture. Rien n'est plus admirable que l'amour de la poule pour ses petits. Avec quel soin elle les appelle, lorsqu'elle a trouvé au milieu du fumier quelque grain qui leur est propre !

THÈME 183.

Tendresse de la poule pour ses petits (suite),

Avec quel courage elle cherche à les défendre contre celui qui ose les attaquer ! Le titre de mère lui a donné une hardiesse et un courage qui ne lui sont pas naturels. Auparavant timide, elle n'osait s'exposer ; le moindre bruit l'effrayait : aujourd'hui elle semble défier son ennemi ; elle ne craint rien pour elle, elle craint tout pour ses petits. Si j'osais comparer un être raisonnable avec celui qui est dépourvu de raison, je verrais dans cette poule une image véritable de la tendresse et du courage d'une mère. La pudeur et la modestie qui lui sont naturelles se changent en intrépidité. Nouvel Argus, elle a toujours les yeux ouverts sur ces innocentes créatures ; elle ne vit et ne respire que pour elles.

THÈME 182.

Gallinæ in pullos caritas.

Macula alba, quæ ovi albumini inhæret, umbilicus dicitur. Ovis gallina circiter per dies viginti incubat sedula, atque vivificum illis calorem impertiens, pullum ex umbilico educit. Statim ut eductus est, albumine atque vitello ovi pascitur; qua quidem esca omnino pastus, rostro suo putamen ovi frangit, atque jam is est qui incedat. Ova, quibus incubat, gallina nonnunquam deserit, sed in paululum temporis punctum : illi quidem satius foret escam afferre. Nihil admirabilius quam erga pullos suos gallinæ caritas. Quam sollicite eos illa vocat, ubi grani nonnihil, quod illis esca sit, in medio stercore detexit!

THÈME 183.

Gallinæ in pullos caritas (sequitur).

Quo illos animo tuetur adversus quemque eos lacessere ausum! Huic matris titulus et audaciam et virtutem haud illi a natura insitas afflavit. Quæ quidem paulo ante pavida nulli sese periculo offerre audebat; illam vel minimus terrebat strepitus : nunc hostem ipsa provocat; nihil ipsa sibi, omnia suis pullis pertimescit. Ego si ratione præditum cum stolido animali conferre ausim, recte adumbratas in ista gallina viderem matris et caritatem et virtutem. Insita illi et modestia et pudor in impavidum mutantur animum. Argi instar, in pullos innocuos defixi hærent ejus oculi; illorum ergo tantummodo et vivit et spiritum agit.

THÈME 184.

Des abeilles.

Les abeilles qui sont élevées par les hommes font leur cire et leur miel dans des paniers qui s'appellent ruches. Celles qui sont sauvages et errantes dans des forêts se logent ordinairement dans des troncs d'arbre. Rien n'est plus admirable que ces mouches que nous nommons abeilles. Elles vivent ensemble dans leur ruche sous le gouvernement d'une reine, qui seule est exempte de travailler. Les unes s'occupent à nettoyer la ruche, les autres veillent sur les ouvrières; plusieurs se répandent dans la campagne, dès le point du jour, et vont butiner le suc des fleurs pour en composer le miel. Celles qui se montrent paresseuses sont impitoyablement mises à mort. C'est ce qu'a remarqué, en les examinant, un judicieux observateur. Si les bêtes elles-mêmes punissent aussi sévèrement ce vice, il faut donc le regarder comme très-odieux.

THÈME 185.

La Jeunesse et la Vieillesse.

« Je plains bien votre sort; il me paraît bien malheureux, disait à la Vieillesse la Jeunesse vive et légère. Sevrée de tous les plaisirs qui peuvent satisfaire les yeux et le cœur, vous ne pouvez jouir d'aucun bonheur. Reléguée dans votre gîte solitaire, vous n'avez pour partage que les ennuis et les langueurs. Vive, vive le bel âge! il peut à son gré contenter ses désirs et couler ses jours au sein des plaisirs. — Mon enfant, tu crois donc mon sort bien à plaindre? répond la Vieillesse: rassure-toi, je n'ai point à craindre les maux que tu

THÈME 184.

De apibus.

Apes quæ ab hominibus educantur, ceram et mel in calathis conficiunt, qui alvei dicuntur. Quæ agrestes et in silvis sunt errabundæ, vulgo in arborum caudicibus sedem collocant. Nihil est admirabilius quam istæ muscæ quas apes vocitamus. Communem vitam in suo alveo degunt, regina imperante, quæ sola labore est immunis. Aliæ expurgando alveo sunt intentæ, operariis aliæ invigilant; permultæ prima luce per arva dilapsæ, florum succum eunt prædatum, unde mel suum conficiant. Si quæ sese pigras præbeant, eæ immisericorditer trucidantur. Quod quidem animadvertit illas diligenter observando peritus quidam explorator. Si in istud vitium ipsæ bestiæ ita severe animadvertunt, certe odiosissimum est habendum.

THÈME 185.

Juventus et Senectus.

« Tuam ego valde sortem doleo; ea mihi miserrima videtur, Senectutem alloquens aiebat fervida levisque Juventus. Omnibus orbata voluptatibus quæ et oculis et animo satisfacere possunt, nulla tu potes felicitate frui. Tu in solitario recessu relegata, tædia tantum et languores sortita es. Vivat io! vivat festiva ætas, cui suas pro arbitrio licet explere cupiditates, atque vitam medias inter voluptates degere. » Cui Senectus : « O bona, mea tibi sors plurimum dolenda videtur; animum tamen confirma; mihi haud sunt metuenda quæ tu mei

redoutes pour moi. Si je ne puis goûter les plaisirs, je suis exempte du repentir qui toujours les accompagne. Les Ris, les Jeux, fuient loin de moi; mais j'ai pour compagne la Sagesse : elle rend mon cœur plus heureux. A ton âge, crois-moi, tu as l'apparence de la félicité; mais au mien je jouis de la réalité. Tes plaisirs sont les fleurs du printemps; mes jours ressemblent aux doux fruits de l'automne. »

THÈME 186.

Le père, l'enfant et les deux champs.

« Papa, disait un enfant en se promenant, vois, regarde ce beau blé; vois ces épis dorés, comme ils sont garnis et serrés! J'éprouve en les regardant un plaisir toujours nouveau. Mais, dis-moi, pourquoi cette terre qui les touche ne présente-t-elle que chardons et qu'épines ?— Pourquoi? répond le père. C'est que le maître, trop paresseux et négligent, ne lui donne aucune culture. Il faut, pour profiter des dons de la nature, y joindre une culture et un travail assidus. Retiens, mon fils, cette maxime; grave-la dans ton cœur et prends-la pour ta règle. Il en est de l'esprit comme de la terre la plus fertile; il faut le cultiver, si l'on veut en retirer les avantages que d'heureuses dispositions semblent promettre. »

causa reformidas mala. Mihi voluptates prælibare non licet, at ego sum extra pœnitentiam illas semper subsequentem. Procul a me quidem et risus et joci fugiunt; at mihi comes adstat Sapientia; meam illa mentem longe beatiorem efficit. Ætate tua, mihi crede, felicitatis vana species occurrit; contra, felicitate vera mea ætas fruitur. Veris floribus tuas voluptates, dulcibus autumni fructibus seniles annos similes esse dixerim. »

THÈME 186.

Pater, puer et duo agri.

« Pater, obambulans aiebat puer, lætam istam segetem aspice; auratas istas intuere spicas; quantopere refertæ sunt et densæ! Ego vero illas contemplando nova semper voluptate perfruor. Tu, quæso, dic mihi unde iste conterminus ager carduos tantum et spinas effundat? » Cui pater : « Unde? ait: quia scilicet agricola segnior et inertior nulla illum cultura exercet. Si quis e naturæ donis nonnihil utilitatis percipere velit, illi labor et assidua cultura adhibenda sunt. Hanc tu, fili mi, sententiam mente reconde, defixa in pectore hæreat; atque ad hanc normam instituas vitam. Eadem est ratio ingenii et uberrimi soli. Excolendum est ingenium, si quis velit ex illo commoda percipere, quæ videntur eximiis naturæ dotibus oriunda. »

THÈME 187.

L'enfant et la girouette.

Un enfant des plus vifs se promenait avec son maître. Il aperçoit au haut d'une tour certain morceau de fer qu'il ne connaissait pas, mais qui, docile au gré des vents, tournait, changeait à chaque instant. « Qu'est-ce que ce fer, dit l'enfant à son maître, qui tourne ainsi à tout vent? — Ce fer, lui dit le maître, est votre parfaite image. Rien ne peut vous fixer, même une heure; vous n'êtes constant que dans votre inconstance. Si l'âge et la raison n'amènent chez vous la réflexion, on dira de vous un jour, comme de ce morceau de fer : C'est une girouette. » Notre étourdi, craignant ce surnom, se corrigea, et devint, s'il en faut croire l'histoire, un petit Caton. Belle leçon pour les enfants à cervelle légère.

THÈME 188.

Le jardinier et le jeune poirier.

Un jardinier prudent et sage avait un jeune poirier que le moindre vent faisait plier. Il voulait l'appuyer contre un pieu, et, pour le préserver de tout dommage, il voulut entourer la tige d'épines. Aussitôt il se met à l'ouvrage. « Que faites-vous? dit le poirier. Quoi! vous me mettez en esclavage! — Il est vrai, dit le jardinier; mais c'est pour ton bien que je te lie de la sorte. — Fasse le vent ce qu'il voudra, répond fièrement le poirier, je ne prétends pas être ainsi à la chaine.—Ah! ah! reprit le jardinier indigné, c'est ainsi que tu ac-

THÈME 187.

Puer et bractea versatilis.

Puer quidam ex acerrimis una cum suo præceptore ambulabat. Quoddam in summa turri ferri fragmentum conspexit sibi prorsus ignotum, sed quod ventorum arbitrio quassatum versatumque singulis momentis movebatur. « Quid istud, dixit præceptori suo puer, ferrum quovis impellente vento versatile? » At ille : « Veram perfectamque tui imaginem ferrum istud refert. Te nihil, ne una quidem hora, cohibere valet; tu es in sola inconstantia constans. Nisi te attentum præstiterint et ætas et ratio, de te forsan aliquando, veluti de ferro isto, dicetur : Bractea versatilis ille est. » Quod iste nebulo cognomen reformidans, meliorem ad frugem se recepit, atque, si fides historiæ habeatur, alter evasit Cato. Egregium profecto exemplum puerulis quibus est mobile cerebrum!

THÈME 188.

Hortulanus et tenella pirus.

Hortulano cuidam prudenti sapientique tenella erat pirus, quam aura vel levissima incurvabat. Illi furcæ adminiculum præbere volebat, et, quo magis ab omni incommodo tuta foret, spinas illius stirpi circumdare voluit. Extemplo sese ad opus accingit. Cui pirus : « Quid tu agis? Ecquid? me in servitutem redigis? — Vere quidem, ait hortulanus; tuæ vero utilitati inservio, isto te alligans modo. » Cui superbe et arroganter pirus : « Quantum libuerit sæviat ventus; ista vero me constringi catena minime patiar. » At indignans hortulanus :

cueilles les soins d'un ami ! Eh bien ! vis à ta fantaisie ;
mais ton refus te coûtera la vie. » Notre homme avait
raison. Un jour le vent se déchaîna, l'arbre en fut à
l'instant fracassé. La jeunesse souffre avec peine ce qui
gêne sa liberté : cet heureux frein cependant fait sa
sûreté.

THÈME 189.

Les deux jeunes coqs.

Deux jeunes coqs se battaient, se déchiraient à coups
de bec et paraissaient vouloir s'ôter la vie. Un jeune
enfant témoin du combat s'écrie : « On a bon droit de
dire que la raison et le bon sens n'ont sur les bêtes aucun empire. Ces deux coqs s'aimaient tendrement, et
pour un misérable grain ils se déchirent maintenant.
—Il est vrai, répond un autre enfant ; le combat de ces
coqs paraît surprenant : font-ils plus cependant que ce
qu'on nous voit faire? Quoique amis, pour la cause
la plus légère nous nous battons, nous nous faisons
la guerre. Ne les blâmons donc pas ; mais réprimons
la fougue de notre colère, et sachons nous mieux
aimer. »

THÈME 190.

Le serin apprivoisé.

Un enfant revêche et mutin négligeait les leçons d'un
maître habile et sage ; il employait son temps à apprivoiser en secret un serin d'une humeur farouche et volage. L'oiseau répondit parfaitement aux soins de son
maître. En trois mois il changea d'humeur et de caractère, et s'empressait de faire au moindre signe tout ce

« Isto tu modo amicam excipis diligentiam! Esto, tu ad arbitrium vivas ; tibi vero exitio erit ista repulsa. » Et bene quidem ille dixerat. Die quadam debacchantur venti : extemplo fracta est pirus. Quidquid suæ obstat libertati fert ægre juventus, quæ tamen per istud salubre frenum stat secura.

THÈME 189.

Duo pulli gallinacei.

Duo inter se decertabant pulli gallinacei, infensoque sese dilaniantes rostro, vitam sibi videbantur erepturi. Certamini puerulus quidam quum adesset : « Eheu ! exclamat, jure ac merito quidem dictum est apud bestias rationem et sanam mentem nihil valere. Duo isti galli mutua devincti caritate nunc sese pro vilissimo grano dilacerant. » Cui alter subjicit puer : « Mirum quidem videtur istorum gallorum certamen : num illi pejora agunt quam et nos facientes videre est ? Etsi mutua devincti amicitia, inter nos, levissima de causa, contendimus, bellisque mutuis nos lacessimus. Ne illos igitur vituperemus ; irarum autem æstus coerceamus, tandemque nos verius amare ediscamus. »

THÈME 190.

Acanthis mansuefacta.

Procax quidam et pervicax puer periti sapientisque magistri præcepta respuebat, totumque tempus occulto consumebat in mansuefacienda acanthide naturæ agrestis et levis. Optime quidem heri curis ac diligentiæ respondit avis. Tribus vix elapsis mensibus et ingenium et mores deposuit,

que voulait l'écolier. Notre lutin, tout fier de la docilité
de son élève, le présente un jour devant ses parents et
son maître, lui tend le doigt, lui crie : « Petit, petit,
viens ici ! » A l'instant le serin vole et se perche sur le
doigt de l'élève, le becquète, et exécute un air. Transporté de joie, l'écolier s'écrie : « Voyez, qu'il est exact
à m'obéir ! — Oui, dit le mentor ; à votre voix il est
docile, je le vois avec plaisir. Mais tout ce que je fais
pour vous est inutile, et, je ne puis le dire sans douleur, il est plus facile d'apprivoiser un serin que d'é-
lever un enfant indocile. Qu'au moins votre serin vous
serve de modèle ; faites pour moi ce qu'il a fait pour
vous. »

THÈME 191.

Le lézard et la tortue.

« Tu me fais pitié, disait un jour un lézard à la tortue sa voisine. Tu ne peux aller nulle part que chargée
d'un fardeau qui t'écrase. Pour moi, je vais lestement
partout où je veux. — Il est vrai, répond l'autre ; partout avec moi je porte ma maison : mais aussi cette
pesante masse me sert de cuirasse et met tout mon
corps en sûreté : ta légèreté ne saurait te sauver du
coup qui te menace. » Dame tortue avait raison : le fait
le prouva mieux que ce qu'elle avait dit. Une pierre se
détache d'un toit, et met en pièces le lézard ; la tortue
seule reste entière. Joignons l'utile à l'agréable : ceci
s'applique aussi bien à l'esprit qu'au corps. Préférons le
bon sens, trop souvent méprisé, aux talents de l'esprit
que partout on admire. On se sauve toujours avec

11.

et quidquid discipulo libuisset, vel minimo nutu
studiose exsequebatur. Sui nebulo alumni docilitate
superbiens, die quadam præsentibus et parentibus
et magistro illum producit, ac digitum illi proten-
dens, inclamat : « Huc adesto, amicule. » Extemplo acanthis advolare et discipuli digito insidere ;
illum rostro pungit, et musice modulatur. Gaudio
discipulus elatus : « Cernite, ait, quanta illius
in exsequendis jussis diligentia ! — Ita sane, inquit
mentor ; tuo dicto docilem se præbet, lætus et ego
video. Quidquid autem ego tibi fecerim, incassum
perit ; neque nisi multo oppressus dolore dicam :
acanthidem multo facilius mansuefeceris quam in-
docilem puerum institueris. Tibi saltem exemplo
sit tua acanthis ; quod illa tui ergo, tu pariter mei
causa facere velis. »

THÈME 191.

Stellio et testudo.

« Me tui miseret, dixit olim vicinæ testudini
stellio quidam. Tibi nusquam, nisi gravissimo op-
pressæ pondere, procedere licet. Ego vero quocunque libuerit expedite progredi possum. — Equidem, retulit illa, meam quacunque iverim domum
deveho : quæ quidem gravissima moles, loricæ
instar, totum ab injuria corpus meum præstat ; te
vero levitas ista ab imminente casu salvum præ-
stare nequit. » Recte quidem a testudine dictum
facto potius quam sermone fuit probatum. Delapsus
e tecto lapis stellionis corpus comminuit ; testudo
sola stat integra. Utile dulci accedat : quod quidem
et de ingenio et de corpore merito dicitur. De-
spectam sæpius sanam mentem dotibus ingenii po-
tiorem habeamus, quæ admirationem ubique mo-

le bon sens ; trop souvent on se perd en abusant de ses talents.

THÈME 192.

De l'éclipse.

Les anciens peuples ignoraient ce qui cause quelquefois une nuit profonde au milieu du jour. Cette nuit, occasionnée par l'interposition de la lune entre le soleil et la terre, s'appelle éclipse. L'ignorance dans laquelle étaient ces peuples de la cause de cette obscurité les portait à la regarder comme le présage des plus grands malheurs. J'ai lu à ce sujet un fait qu'il n'est pas hors de propos de rapporter, et qui vous donnera de l'éclipse une connaissance plus exacte qu'une dissertation qui surpasserait votre intelligence. Un illustre général athénien, nommé Périclès, montait dans un vaisseau pour aller à la guerre, lorsque tout à coup survint une éclipse de soleil. Le pilote qui devait conduire le vaisseau refusa de lever l'ancre, craignant le naufrage, tant il était effrayé de cet événement, qui était pour lui un prodige. Je vous indiquerai dans le devoir prochain quel fut le moyen dont usa le général athénien pour guérir la peur et relever le courage abattu de cet homme.

THÈME 193.

De l'éclipse (suite).

Périclès était astronome : nous appelons ainsi ceux qui observent le cours des astres et les changements qui se font annuellement dans le ciel. Pour guérir l'erreur du pilote, il lui jette un manteau sur la tête :

vent. Cui mens sana, ille semper in tuto est ; sæpius
exitio fuere dotes male collocatæ.

THÈME 192.

De eclipsi.

Veteres populos fugiebat quod obscuram noctem
media luce nonnunquam efficit. Nox ista lunæ
solem inter et terram interpositione obducta eclipsis dicitur. Inscitia, qua laborabant isti populi,
inusitatæ hujusce caliginis causæ, impellebantur
ad illam habendam sicut fœdissimarum calamitatum
omen. Qua de re factum ego legi, quod enarrare operæ pretium erit, quodque vobis lucidiorem
de eclipsi notitiam præbebit quam dissertatio, quæ
vestrum superaret intellectum. Nobilis quidam
atheniensis imperator, Pericles nomine, navem
conscendebat ad bellum profecturus, quum subito
sol defecit. Nauta navem gubernaturus portu solvere noluit, naufragium veritus, adeo mentem
perterrebat iste eventus qui illi portentum erat.
Vobis in sequenti themate indicabo qua sit usus
arte dux atheniensis, ut metum solveret, et fractum
animum ejus hominis erigeret.

THÈME 193.

De eclipsi (sequitur).

Astronomus erat Pericles : sic illos dicimus qui
siderum cursus observant et annuas cœli vicissitudines. Is autem, ut nautæ solveret errorem, pallium ejus capiti injicit : « Nunc, quæso, inquit, dic

« Dis-moi présentement, je te prie, que vois-tu ? — Eh! dit le pilote, je ne vois rien ; je vous entends et ne puis vous voir, puisque ce manteau me couvre les yeux. — Eh bien ! dit le général athénien, telle est la raison pour laquelle tu ne peux voir le soleil : la lune est entre le soleil et tes yeux, comme ce manteau est entre tes yeux et moi. » Vous comprenez maintenant, je crois, ce que c'est qu'une éclipse. Ainsi le soleil s'éclipse lorsque la lune le cache ; et de même la lune, qui ne tire sa clarté que de la réverbération du soleil, s'éclipse lorsque la terre se trouve interposée entre elle et le soleil. La distance de cet astre à la terre est prodigieuse. Il est assez éloigné pour ne pas la consumer ; il est assez proche pour lui procurer une chaleur nécessaire et bienfaisante.

THÈME 194.

Utilité des troupeaux.

L'homme trouve dans le cheval une voiture commode, dans le chien un garde fidèle ; mais il trouve dans les troupeaux des choses plus nécessaires encore, je veux dire la nourriture et le vêtement. La chair de ces animaux est si succulente et si parfaite, que nous laissons les nourritures les plus exquises pour revenir à celles-là, et que nous ne les quittons jamais. La vache, la chèvre, la brebis, n'ont été mises auprès de nous que pour nous enrichir. Nous leur donnons un peu d'herbe, et elles reviennent le soir payer ce service par des ruisseaux de lait. Avant que la nuit soit passée, elles gagnent par un second payement la nourriture du jour suivant. La vache seule fournit ce qui suffit aux pauvres après le pain, et elle met sur la table des riches la diversité la plus délicieuse. La brebis, contente d'être vêtue pendant l'hiver, nous aban-

mihi, quid vides? » Cui nauta : « Eheu ! inquit,
nihil ego video; te tantum audio, nec videre possum, quum istud pallium meos tegat oculos. » Cui
dux atheniensis: « Agedum ! inquit, ea est ratio cur
tu solem videre non possis : luna solem inter et
tuos oculos est, quemadmodum pallium istud tuos
inter oculos et me. » Nunc et vos, arbitror, in-
telligitis quid sit eclipsis. Ita sol deficit, ubi illum
luna velat; haud aliter et luna, quæ tantum a solis
repercussu splendorem mutuatur et ipsa deficit,
ubi illam inter et solem terra est interposita.
Cujus sideris a terra incredibile intervallum est.
Adeo longe distat, ut illam non incendat; sed ita
proximum, ut illi necessarium beneficumque calorem præbeat.

THÈME 194.

Pecorum commoda.

Homini quidem commodum in equo vehiculum,
fidelis in cane custos, occurrit; at illi multo magis
necessaria, cibum scilicet et vestimenta, greges
præbent. Adeo succulenta et eximia est horum
animalium caro, ut, exquisitissimis neglectis cibis,
hac iterum vescamur, nec eam unquam fastidia-
mus. Ad id unum prope nos vacca, et capra, et
ovis sunt collocatæ, ut nos ditescerent. Quibus
paululum herbæ tradimus, atque vespere redeunt
istam nobis operam lactis rivulis persolutum.
Nox nondum recessit, et altera pensione poste-
rioris diei cibum lucrantur. Pauperibus quidquid,
excepto pane, sufficit, vacca sola ministrat,
atque divitum mensam exquisitissima ciborum varietate onerat. Ovis, cui satis est hiemis tempore
vestis, velleris sui nobis usum æstivo tempore

donne l'usage de sa toison pendant l'été. Ces animaux, et d'autres qui nous paraissent encore plus méprisables, nous procurent une multitude de commodités que nous ne pourrions tirer de ceux qui évitent l'homme.

THÈME 195.

De l'âne.

Un animal que je ne nommerai pas, et qui nous rend de grands services, n'a pas des qualités brillantes, mais il les a bonnes. Si nous tirons des autres des services distingués, celui-ci fournit les plus nécessaires. Sa voix n'est pas belle, ses mouvements sont peu vifs; il n'a pas l'air très-noble. Mais une belle voix est un faible mérite parmi les gens solides. Une douce et modeste contenance remplace chez lui l'air noble; une manière d'agir toute naïve et toute simple supplée en lui aux manières turbulentes et irrégulières du cheval. Il ne va pas vite; mais il va de suite et longtemps. Il achève sa besogne sans bruit; il rend ses services avec persévérance; et, ce qui est beaucoup dans un domestique, il ne les fait pas valoir.

THÈME 196.

De l'âne (suite).

Il n'est pas besoin d'apprêt pour son repas; le premier chardon lui suffit, il ne se croit rien dû. Vous ne le voyez jamais ni dégoûté ni mécontent; il reçoit bien tout ce que vous lui donnez; il goûte très-bien les meilleures choses, il ne se dégoûte pas des plus mauvaises.

permittit. Hæc aliaque permulta animalia, quæ nobis adeo contemnenda videntur, innumera nobis commoda præbent, et illa ex iis percipere non possemus, quæ hominem vitant.

THÈME 195.

De asino.

Cuidam animali, cujus nomen ego prætermittam, quodque nobis egregiam præstat operam, non splendidæ quidem, at optimæ sunt dotes. Cetera nobis eximiam, hoc necessariam nobis operam præbet. Cui vox quidem haud grata, motus minus præcipites, parum nobilis inest habitus. At splendida vox inter viros quibus mens est sana, debilis exiguaque est virtus. Nobilis loco faciei, blandus ei ac modestus est habitus : pro turbulento et incondito equi impetu, candidum in eo simplicemque agendi modum videre est. Ille non citato cursu, sed continuo diuturnoque gressu incedit. Pensum tacite peragit; perseveranter operam impendit; et quod in famulo plurimi æstimandum, merita non jactitat.

THÈME 196.

De asino (sequitur).

Nullo ad cœnam apparatu illi opus est; quippe cui carduus satis est; sibi nihil debitum putat. Illum nunquam aut fastidiosum aut offensum deprehendes; quidquid obtuleris, lætus excipit; suavissima quæque optime prælibat; vilissima non fastidit.

Si vous l'oubliez, et que vous l'attachiez un peu loin de l'herbe, il vous priera le plus pathétiquement possible de pourvoir à ses besoins. Les occupations de cet animal se ressentent de la bassesse des gens qui le mettent en œuvre; mais les jugements qu'on porte de lui et du maître sont également injustes. Le travail du juge, de l'homme d'affaires et du financier a un air plus important; leur habit en impose. Le travail du paysan paraît bas et méprisable, parce que son habit est pauvre et son état méprisé; mais réellement nous prenons le change. Le travail du paysan est le plus nécessaire.

THÈME 197.

De l'âne (suite).

Si nous ne pouvons guère nous passer de juges ni d'avocats, ce sont nos sottises qui les rendent nécessaires. Nous n'en aurons plus besoin quand nous serons raisonnables; au lieu que nous ne pouvons, en aucune sorte ni dans aucune condition, nous passer du paysan et de l'artisan. Ces gens sont comme le nerf de l'État et le soutien de la vie. C'est d'eux que nous tirons de quoi remplir à chaque instant quelqu'un de nos besoins. Nos habits, nos maisons, nos meubles, notre nourriture, tout vient d'eux. Où en seraient réduits les vignerons, les jardiniers, les maçons et la plupart des gens de la campagne, c'est-à-dire les deux tiers des hommes, s'il leur fallait d'autres hommes ou des chevaux pour le transport de leurs marchandises et des matières qu'ils emploient? L'âne vient sans cesse à leur secours.

Si illius oblitus paulo longius a gramine alliga-
veris, te quam disertissime orabit, ut sibimet ipsi
egenti consulas. In his agendis versatur hujus animalis opera, quæ humilitatem eorum indicant qui
illo utuntur; at inique de illo et de illius hero ju-
dicatur. Judicis, forensis hominis, pecuniæ admi-
nistratoris operæ nonnihil quidem gravius inesse
videtur; et nos habitu fallimur. Contra vilis et
despiciendus prima fronte videtur rustici labor,
quoniam hujus et vilis vestis, et despecta conditio;
at reipsa longe erramus. Rustici labor est maxime
necessarius.

THÈME 197.

De asino (sequitur).

Judicibus et patronis si prorsus carere nobis non
licet, nostra facti sunt dementia necessarii. Quibus
nullo modo nobis opus erit, ubi rationem ducem
sequemur; quum et rustico et opifice nullo pacto,
nullo in statu, carere liceat. Qui veluti civitatis
nervi sunt et vitæ fulcimentum. Ex illis quæ nobis
opus sunt, singulis vitæ momentis accipimus. Et
vestes, et domus, et supellectilem, et cibum,
cuncta illi subministrant. Quid de vinitoribus, et
hortulanis, et structoribus, et plerisque ruricolis,
nimirum de bis tertia hominum parte fieret, illis
si ad devehendas merces, aut quibus utuntur ma-
terias, aliis hominibus, sive equis opus esset? Illis
perpetuo adjutor adest asinus.

THÈME 198.

De l'âne (suite).

Vous comprendrez mieux par une courte comparaison l'utilité des services de l'âne, et elle les fera sortir en quelque sorte de leur obscurité. Le cheval ressemble assez à ces nations qui aiment le brillant et le fracas, qui sautent et dansent toujours, qui s'occupent beaucoup des dehors et qui mettent de l'enjouement partout. Elles sont admirables dans les occasions distinguées et décisives ; mais souvent ce feu dégénère en fougue. Elles s'emportent, elles s'épuisent, et perdent leurs plus beaux avantages, faute de ménagement et de modération. L'âne, au contraire, ressemble à ces peuples naturellement épais et pacifiques, qui connaissent leur labeur ou leur commerce, et rien de plus ; qui vont leur train sans distraction, et achèvent d'un air sérieux et opiniâtre tout ce qu'ils ont une fois entrepris.

THÈME 199.

Tendresse des animaux pour leurs petits.

Si je considère une mère, je lui trouve pour son petit une tendresse qui va jusqu'à l'excès. Le petit ne connaît rien, il ne peut rien ; la tendresse de la mère supplée à tout, et le petit se trouve pourvu de tout. Il ne voit pas encore, et ne laisse pas de traire la mamelle. Si le petit et la mère sont séparés pour quelque temps, ils se cherchent l'un et l'autre avec une ardeur égale ; et lorsqu'ils peuvent s'entendre, ils s'entr'avertissent par des cris qu'ils savent démêler. La mère distingue entre mille agneaux le cri de son petit, et celui-ci distingue entre mille mères celui de sa mère qui lui

THÈME 198.

De asino (sequitur).

Brevi collatione rectius intelligetis quæ sit asini operæ utilitas, quæ per se obscura, ut ita dicam, prodibit. Harum gentium equum similem esse dixerim, quas fulgor et fragor juvat, quæ perpetuo saltitant, tripudiant, permultum extrinsecus occupatæ, ubique festivæ et hilares. Quæ quidem in splendidis decretoriisque occasionibus admirationem movent; sæpius autem nobilis ille ardor in petulantiam recidit. Nimio abreptæ fervore deficiunt, et optimum quodque commodum amittunt, nulla moderatione, nullo adhibito modo. Contra asinum hisce populis natura crassiore mente ac pacificis haud absimilem dixerim, qui agriculturam commerciumve, nec quidquam amplius, norunt, attente incepta pergunt, serio pertinacique vultu quidquid semel inceptum perficiunt.

THÈME 199.

Animalium in catulos caritas.

Matrem ego si attendero, catulum illam immodica amplecti caritate animadverto. Catulus nil sentit, nil valet; cunctis egenti succurrit matris caritas; pullus omnibus est instructus. Nil prorsus videt, et ubera tamen sugit. Si paucis fuerint diebus disjuncti et mater et catulus, sese invicem pari studio inquirunt; et, si forte mutua vox exaudiatur, sese invicem, sublato quem intelligunt clamore, submonent. Mille inter agnos sui fœtus ovis balatum discernit; hic respondentis matris mille

répond. Le berger s'y méprend, mais la mère et le petit ne s'y méprennent pas, et les avis mutuels qu'ils se donnent de leur arrivée sont enfin suivis d'une agréable réunion. Quand le petit est devenu fort et capable de se nourrir lui-même, il est juste que la mère en soit déchargée. Aussi le chasse-t-elle jusqu'à le maltraiter, s'il s'obstine à la suivre, et la tendresse de l'une ne dure qu'autant que le besoin de l'autre. Alors le petit apprend à brouter l'herbe et à ruminer la nuit ce qu'il a brouté pendant le jour.

THÈME 200.

His oire d'Alibée.

Un roi de Perse, se défiant de ses flatteurs, s'éloigna de sa cour et voulut parcourir les campagnes et les provinces sans être connu, curieux d'observer son peuple et de le voir agir dans sa simplicité naturelle. Plein de cette pensée, il prend avec lui le courtisan qu'il connaissait pour le plus sincère ; ils parcourent ensemble plusieurs villages. Le prince voit ces heureux habitants se livrer avec une joie naïve à mille amusements innocents, et trouve chez eux des plaisirs purs et inconnus à sa cour. Un jour ayant gagné un grand appétit à une longue promenade, il entre pour dîner dans une humble chaumière, et trouve la nourriture qui lui est offerte plus agréable que tous les mets dont sa table était couverte.

inter oves vocem intelligit. Pastor nonnunquam decipitur; nunquam vero nec ovis nec agnus errore ducuntur, mutuumque de proximo adventu nuntium subsequitur læta jucundaque congressio. Ubi agnus adultus pabulo ipse vesci potest, illius cura matrem decet exonerari. Unde illum ipsa expellit, adeo ut et male mulctet, si pervicaciter ipsam subsequatur; tamdiu diligit mater, quamdiu inops ille est. Tunc et gramen tondere, et noctu edocetur remandere quod interdiu totondit.

THÈME 200.

Alibœi historia.

Adulatoribus diffidens quidam rex Persarum ab aula discessit, et rura et provincias ignoratus perlustrare voluit, cupidus populum diligenter observandi, et ista innata simplicitate illum agentem cernendi. Dum ista mente revolvit, quemdam spectatissimæ fidei aulicum sibi comitem adjungit; una permultos perlustrant vicos. Felices istos vir princeps videt incolas sexcentis vero gaudii sensu innocuis oblectamentis sese permittentes, et sinceras apud illos, quas nescit aula, voluptates invenit. Die quadam largam longius obambulando famem obsonatus, humilem cœnandi causa casam subit, illique vilis apposita esca multo suavior videtur quam cibi omnigeni quibus instructa erat mensa.

THÈME 201.

Histoire d'Alibée (suite).

Il traversait une prairie émaillée de fleurs, qu'arrosait un petit ruisseau, lorsqu'il aperçut à l'ombre d'un buisson un jeune berger jouant de la flûte près de son troupeau. Il s'approche : « Jeune homme, lui dit-il, quel est ton nom ? — Je me nomme Alibée, répondit-il; mes parents habitent le hameau voisin. » Cependant la conversation se prolonge ; le roi est charmé de son entretien ; il apprend de lui une multitude de choses qui intéressent son peuple, et que jamais les courtisans ne lui avaient dites. Il se tourne vers son confident, lui marque son étonnement, et emmène avec lui le jeune berger pour le faire instruire dans toutes les sciences et dans les arts capables de former l'esprit.

THÈME 202.

Histoire d'Alibée (suite).

Le jeune berger, arrivé à la cour, fut d'abord ébloui d'un éclat qui lui avait été jusqu'alors inconnu. Échanger sa flûte, sa houlette et ses habits de berger contre une robe de pourpre brodée en or, est une métamorphose assez frappante pour renverser plus d'un cerveau. Mais, après ce premier éblouissement, il se livra sérieusement à l'étude et orna son esprit de connaissances très-brillantes. Il obtint la faveur de son maître et fut élevé à une place importante. Tant que le prince vécut, le crédit d'Alibée augmentait de jour en jour. Cependant la pensée de sa retraite, la tranquillité de son premier état, lui causaient de temps en temps de vifs regrets : « Jours heureux, s'écriait-il, où je goûtais une joie pure, sans mélange de peines et d'alarmes! »

THÈME 201.

Alibæi historia (sequitur).

Quum forte distinctum floribus pratum, rivulo irrigatum, perambularet, juniorem sub umbra rubi pastorem conspexit tibia haud procul a grege canentem. Propius accedit : « Juvenis, inquit, quod tibi nomen ? » At ille : « Alibæus ego nominor ; parentes in proximo inhabitant pago. » Tumque sermo producitur ; quo quidem colloquio rex summopere lætus, permulta ab illo audit quæ ad suum spectabant populum, de quibus altum ab aulicis servatum erat silentium. Ad familiarem conversus sese mirari indicat, junioremque secum abducit pastorem, ea mente ut illum in omnibus et disciplinis et artibus, quæ valent ingenium informare, educandum curet.

THÈME 202.

Alibæi historia (sequitur).

Junior upilio, simul atque in aulam pervenit, splendore sibi hactenus ignoto primum obstupuit. Tibiam, et pedum, et pastoralem vestem cum purpurea toga auro distincta permutare, ita mirabilem esse immutationem dixerim, quæ multorum subvertat cerebrum. Qua vero caligine depulsa, serio totus studio incubuit, atque ingenium splendidissimis exornavit doctrinis. Sui domini gratiam consecutus, ad amplissimum munus fuit evectus. Quamdiu vixit vir princeps, gratia in dies auctus est Alibæus. Attamen solitudinem recogitans atque pristini status tranquillitatem, identidem vehementi pungebatur dolore : « O fortunatos, exclamabat, dies quibus ego sincera, nullis fœdata curis et terroribus, lætitia perfruebar ! »

THÈME 203.

Histoire d'Alibée (suite).

Peu sensible aux plaisirs de la cour, Alibée éprouva bientôt des disgrâces. Le vieux monarque mourut; il eut son fils pour successeur. Aussitôt l'envie se déchaîne contre le ministre; il est accusé d'avoir abusé de la confiance de son maître et acquis des richesses immenses. Le roi trop crédule conçoit des soupçons contre lui. Une fausse accusation n'ayant eu aucun succès, le roi lui ordonne de rendre un compte exact des objets qui lui ont été confiés. Le ministre demande un peu de temps pour mettre tout en ordre. Le délai expiré, il représente fidèlement tout ce qui lui avait été confié. Déjà le prince lançait des regards d'indignation contre les courtisans, lorsqu'il survint un incident que je vous raconterai dans le devoir suivant.

THÈME 204.

Histoire d'Alibée (suite).

Au bout d'une galerie ils aperçoivent une porte de fer fermée de trois grosses serrures. Nouvelle accusation intentée par les ennemis d'Alibée; ils demandent l'ouverture de cette porte. « O roi! s'écrie le ministre, en se jetant à ses genoux, ne me dépouillez pas dans un moment de tout ce que je possède après avoir servi fidèlement votre père! Prenez tout ce qu'il m'a donné, mais laissez-moi le seul bien qui m'appartienne. » Déjà les courtisans triomphaient, les soupçons du monarque augmentaient; la résistance du ministre enflamme sa colère; il prend le ton de maître, il veut être obéi, saisit les clefs et fait lui-même l'ouverture de cette porte.

THÈME 203.

Alibæi historia (sequitur).

Aulæ voluptatibus minime motus Alibæus infortunia brevi est expertus. Defuncto seniori principi filius successit. Extemplo in ministrum invehitur invidia; illum criminantur quod domini sui fiducia sit abusus, quod immensas comparaverit opes. Rex nimium credulus suspicionem de illo traxit. Quum irrita cessisset falsa criminatio, rex illum jubet diligenter rationem exponere rerum quæ sibi fuerint traditæ. Minister paululum sibi temporis concedi rogat, ut cuncta ex ordine disponat. Paucis interjectis diebus, fideliter admodum exponit quidquid sibi fuerat creditum. Jam rex indignans torvis aulicos inspiciebat oculis; at aliquid novi evenit, quod ego in subsequenti penso evolvam.

THÈME 204.

Alibæi historia (sequitur).

Forte in extrema porticu ferream conspiciunt valvam, tribus validis obscratam seris. Novum ab Alibæo infensis crimen instruitur; istam expostulant valvam aperiri. At ille regis ad genua provolutus : « O rex, ait, ne me uno eodemque momento cunctis quæ possideo spoliare velis, tuo postquam parenti fideliter inservii! Quidquid mihi ab illo concessum aufer; at unum quod meum est, prædiolum mihi permitte. » Jam gaudio exsultabant aulici; magis ac magis crescebat regis suspicio; obluctante ministro, ira percitus imperatoriam vocem usurpat, jussa perfici stat voluntas, arreptisque clavibus ipse valvam aperit.

THÈME 205.

Histoire d'Alibée (suite).

Mais quelle fut la surprise du prince et la honte des courtisans lorsque, la porte étant ouverte, ils n'aperçurent qu'une houlette, une flûte et des habits de berger que le ministre avait conservés, et qu'il visitait quelquefois! « Grand roi ! s'écrie-t-il, vous voyez les restes de mon premier bonheur. Ce trésor va m'enrichir quand vous m'aurez dépouillé. O instruments simples et chéris d'une vie heureuse! Grand roi, je vous remets sans peine ce que m'a donné votre père ; je ne garde que ce qui m'appartenait lorsqu'il me fit venir ici. » Le roi fut pleinement convaincu de l'innocence du ministre et fit retomber son indignation sur les courtisans. Alibée devint son premier ministre, et il le chargea des affaires les plus importantes et les plus secrètes. Le ministre vécut et mourut pauvre, et ne laissa à ses parents que de quoi les entretenir dans la condition de berger, la plus heureuse selon lui.

THÈME 206.

Lutte entre un maître et son élève.

Un maître s'était chargé d'un élève accoutumé à faire uniquement ce qui lui plaisait, et plein de fantaisies. Dès le premier jour l'enfant se lève à minuit, saute à bas de son lit, appelle son maître. Celui-ci se lève et allume la chandelle ; c'était tout ce que demandait l'enfant. Deux jours après, il réitère le même tour, et avec le même succès ; le maître ne donne aucun signe d'impatience. L'enfant se recouche, vient embrasser son

THÈME 205.

Alibæi historia (sequitur).

Quantus vero fuit principis stupor, quanto pudore suffusi aulici, ubi, aperta valva, pedum tantummodo, et fistulam, et pastoralem conspexerunt vestem, quæ ibi servata nonnunquam minister invisebat! « Rex optime, exclamat, pristinæ tu vides felicitatis reliquias. Hoc ego ditescam thesauro, quum a te spoliatus fuero. O simplicia dilectaque fortunatæ vitæ instrumenta! Libenter ego tibi, rex optime, quidquid mihi a tuo patre concessum trado; quod meum erat ubi me huc arcessivit, hoc unum servare liceat. » Integritate ministri plane comperta, rex omnem in aulicos suam convertit indignationem. Alibæo, ad primi ministri gradum evecto, et gravissima et occultissima quæque perficienda commisit. Pauper vixit et mortuus est minister, atque suis id unum parentibus reliquit, unde pastoralem, felicissimam, se judice, sortem foverent.

THÈME 206.

Præceptoris et discipuli certamen.

Præceptor quidam alumnum educandum susceperat, quidquid libuisset agere solitum, atque morosissimum. Prima dies vix effluxit, media nocte surgit puer, e lectulo prosilit, præceptorem inclamans. Surgit ille, facem accendit, quod unum exoptabat puer. Post biduum ad eamdem confugit artem; res prospere cedit; nullum iracundiæ signum ore præceptoris excidit. Lectum puer ante-

maître, qui lui dit : « Mon ami, cela est fort bien ; mais ne recommencez pas. » Ce mot pique sa curiosité. Le lendemain, il se relève à la même heure et appelle son maître. « Que demandez-vous ? lui dit celui-ci. — Je ne puis dormir, répondit l'enfant. — J'en suis fâché, » répondit le maître ; et il ne bouge pas.

THÈME 207.

Lutte entre un maître et son élève (suite).

L'enfant insiste : « Monsieur, de grâce, allumez-moi la chandelle. — Pourquoi faire ? » répond le maître ; et il ne bouge pas. L'enfant, à tâtons, se met en devoir de battre le briquet ; mais il se meurtrit les doigts ; le maître cependant riait de bon cœur. Enfin il lui apporte le briquet. « Je n'en ai pas besoin, » dit le maître en retournant la tête d'un autre côté. L'enfant alors se met à courir dans la chambre, criant, chantant, se donnant modérément de grands coups, afin d'inspirer de l'inquiétude. Le bruit augmente ; le maître était près de perdre patience. Il se lève, bat le briquet, allume la chandelle sans mot dire, prend l'enfant par la main, le mène dans le cabinet voisin, l'y laisse sans lumière, ferme la porte à clef et regagne son lit sans mot dire. Après avoir redoublé son tapage, l'enfant prend le parti de se coucher par terre et de dormir.

THÈME 208.

Lutte entre un maître et son élève (suite).

L'affaire n'était pas finie : l'enfant avait passé la moitié de la nuit hors de son lit. La maman l'apprit ; c'était

quam repetit, accedit præceptorem deosculaturus :
at ille : « Optime quidem est, amicule ; tu vero iterum
ne sic agas. » Quæ quidem vox cupiditatem ejus excitat. Postera die eadem ille assurgit hora, præceptorem vocitans. At ille : « Quid postulas ? » inquit.
Cui puer : « At ego nullo modo dormire possum.
— Me summopere dolet, » ait præceptor ; nec se
quidquam movet.

THÈME 207.

Præceptoris et discipuli certamen (sequitur).

Puer instare : « Domine, quæso, facem accende. »
Cui præceptor : « Quam ob rem agendam ? » inquit ;
nec se quidquam movet. Puer per caliginem sese
accingit ad ignem e silice eliciendum ; at digitos
contundit ; præceptor interea ex animo subridebat.
Tandem igniarium illi affert discipulus. « Hoc mihi
nil opus est, » inquit præceptor, converso in alteram
aurem capite. Tunc per cubiculum cursitare puer,
clamare, cantitare, validas sibi moderate tamen
plagas impingere, ut anxietatem injiceret. Crescit
magis ac magis tumultus ; præceptor fere patientia
excidebat. Surgit, ignem e silice elicit, facem accendit, tacitus arreptum manu puerum in proximum
perducit conclave ; ibi eum nulla face lucente relinquit, januam obserat, et tacitus lectum petit.
Magis ac magis tumultuatus puer tandem ad dor-
miendum humi sese accingit.

THÈME 208.

Præceptoris et discipuli certamen (sequitur).

Res haud erat confecta : puer dimidiam noctem
extra lectum traduxerat. Quod audivit mater ; ipsi

un enfant mort. Belle occasion pour celui-ci de se venger : il fait le malade ; le médecin est mandé. Celui-ci ne calme pas les frayeurs de la maman, il les augmente, et dit tout bas à l'oreille du mentor : « Laissez-moi faire; de longtemps ce petit monsieur n'aura envie d'être malade. » La diète est prescrite, ordre formel donné de garder la chambre. Le maître plaignait de bon cœur la mère, qu'il voyait dupe de ceux qui l'environnaient. Pour lui, qui ne la trompait pas, il devint l'objet de son ressentiment; elle lui adresse des reproches assez durs, lui fait valoir la délicatesse de son fils, la nécessité de conserver une santé aussi chère, à quelque prix que ce soit. « Madame, répondit le maître assez froidement, ma présence est nécessaire ailleurs pour quelque temps. » Le père apaisa tout; la mère écrivit au précepteur de hâter son retour; l'enfant prit le parti de dormir et de se bien porter.

———

THÈME 209.

Lutte entre un maître et son élève (suite).

Cependant notre drôle avait résolu de se venger. Le maître redouble de complaisance, lui prouve le plaisir qu'il a d'être avec lui, lui procure tout ce qui lui est nécessaire au logis pour l'amuser, entre autres un jeu qu'il savait être extrêmement de son goût. Un jour qu'il le vit enjoué et fort occupé de son jeu, il lui propose une partie de promenade. L'enfant refuse net ; le maître insiste, l'élève n'écoute pas. Pour le coup, voilà une victoire complète : l'enfant s'applaudit. Mais le lendemain l'élève s'ennuie. Le maître, qui a pris ses mesures, paraît profondément occupé : nouveau motif pour l'enfant de venir le déranger et demander une promenade. Le maître refuse, l'élève s'obstine. « Non,

jam mortuus visus est puer. Huic opportuna nempe ulciscendi occurrit occasio; morbum simulat; arcessitur medicus. Trepidantem minime confirmat parentem, imo terrorem injicit; interea in aurem præceptoris hæc insusurrat : « Sine me agere; haud cito isti pumilioni ægrotare libebit. » Æger abstinere cibo, atque in cubiculo se continere jubetur. Præceptor ex animo parentis sortem dolebat, quam a circumstantibus delusam probe intelligebat. Ea vero illi minime decipienti valde fuit infensa; duris illum increpat verbis, infirmam nati valetudinem jactitat; submonet quam sit necesse vitæ adeo dilectæ quovis pretio consulere. Cui præceptor placide : « Matrona, inquit, et me alibi adesse aliquantisper opus est. » Cuncta placavit pater; ad præceptorem scripsit mater ut reditum properaret; et dormire et valere puero tandem libuit.

THÈME 209.

Præceptoris et discipuli certamen (sequitur).

Ultionem tamen improbulus meditabatur. Crescit præceptoris obsequium; testatur quam libenter ipsi assideat; illi quidquid necessarium quo domi sese recreet, ludum imprimis præbet cujus studiosissimum esse alumnum sciebat. Die quadam, quum illum et hilarem et ludo perintentum videret, obambulationem illi proponit. Aperte puer abnuit; præceptor instare, puer ne audire quidem. Nunc certe vicit puer, sibi plaudit. Die vero postera discipulum pertædet. Præceptor, qui cuncta prævidit, in opere perquam intentus videtur : hinc nova oritur causa cur illum avertat, et deambulationem ab illo expostulet. Negat præceptor, contra puer obstinat animo. Cui præceptor : « Nequaquam,

monsieur, répond le maître ; en faisant votre volonté, vous m'avez appris à faire la mienne. Je ne veux pas sortir. — Eh bien ! répondit-il, je sortirai seul. — Comme il vous plaira, » lui dit le maître en reprenant son travail.

THÈME 210.

Lutte entre un maître et son élève (suite).

L'enfant s'habille, un peu inquiet ; il vient saluer son maître, qui le salue et lui souhaite un bon voyage. L'embarras redouble ; il dit à un laquais : « Suivez-moi. » Mais le laquais répond : « Monsieur, votre maître m'a donné des ordres que je dois exécuter de préférence aux vôtres. » A ces mots, l'enfant n'est plus maître de lui. Comment ! laisser sortir seul, se dit-il à lui-même, un personnage de mon importance ! » Cependant il sent sa faiblesse : « Je vais être seul au milieu de gens qui ne me connaissent pas. » L'obstination le soutient ; il descend lentement l'escalier, enfin il est dans la rue. Le maître, qui avait le consentement du père, l'attendait là. A peine paraît-il seul, que l'un dit : « Où va ainsi ce monsieur tout seul ? je vais le prier d'entrer ici. — Gardez-vous-en bien, répond l'autre, c'est un libertin chassé de la maison et qui ne veut rien apprendre. »

THÈME 211.

Lutte entre un maître et son élève (suite).

Cependant un des amis du maître, que l'élève ne connaissait pas, mais qui s'était chargé de veiller sur lui, le ramène souple, confus et n'osant lever les yeux. Pour

12.

o bone, tu quum ad arbitrium egeris, me ita agere docuisti. Mihi non libet exire. — Eheus! inquit, et ego solus exibo. » Cui præceptor, ad opus se revocans : « Prout tibi libebit. »

THÈME 210.

Præceptoris et discipuli certamen (sequitur).

Parumper sollicitus vestem juvenis induit; præceptorem salutaturus accedit, qui resalutato ei prosperum iter precatur. Crescit anxietas; servum allocutus : « Tu me sequere, » inquit. At ille : « Mihi perficienda sunt tui præceptoris mandata, potius quam tua. » Quibus auditis, jam non sui compos est puer. « Quomodo! tacitus apud se reputans, tanti momenti nobilem puerum me exire sinit ille! » Suæ tamen sibi conscius imbecillitatis : « Solus ego inter homines quibus ego sum ignotus, ambulabo! » Vires addit pervicacitas; lento pede per gradus descendit, viam apertam tandem ingreditur. Ibi quid futurum exspectabat præceptor, cui pater annuerat. Vix solus prodit, alter sic eum compellat : « Quo solus pergit iste dominus? illum ego rogabo ut velit huc introire. » Cui alter : « Ne committas, inquit; dissolutus est iste, domo paterna expulsus, qui nihil prorsus vult ediscere. »

THEME 211.

Præceptoris et discipuli certamen (sequitur).

Attamen e præceptoris amicis quidam, discipulo quidem ignotus, qui curam illi invigilandi susceperat, domum illum perducit docilem, pudore suffusum, nec oculos attollere ausum. Illud

comble de désastre, au moment où il rentrait, le père descendait et le rencontre. Il fallut dire d'où il venait, et pourquoi le maître n'était pas avec lui. L'enfant eût voulu être à cents pieds sous terre. Le père ne lui fait pas une longue réprimande, mais lui dit fort sèchement : « Quand vous voudrez sortir seul, vous en êtes le maître; mais, comme je ne veux point de bandits dans ma maison, quand cela vous arrivera, ayez soin de n'y plus remettre le pied. » Le maître le reçut sans reproche, sans raillerie, mais avec beaucoup de gravité. Par ces ruses et autres semblables, il parvint à lui faire faire tout ce qu'il voulait, n'employant ni exhortations, ni défenses, ni leçons inutiles. Tant que le maître parlait, l'élève était content; mais se taisait-il, il craignait, réfléchissait s'il n'avait pas fait quelque faute.

THÈME 212.

La fête de la rosière.

L'institution de cette fête est très-ancienne : elle est attribuée à saint Médard, évêque de Noyon, qui vivait vers le cinquième siècle. Ce saint évêque était seigneur d'un village situé à une demi-lieue de Noyon. Il avait imaginé de donner tous les ans à celle des jeunes filles de sa terre qui jouirait de la plus haute réputation de vertu, une somme de vingt-cinq francs et une couronne de roses. Il donna lui-même ce glorieux prix à une de ses sœurs, que la voix publique avait nommée rosière. Cette récompense devint pour les jeunes villageoises un puissant motif de sagesse. Outre l'honneur qu'en retirait celle qui avait été ainsi couronnée, elle trouvait

miseriæ accessit ut, quo momento ingrederetur, descenderet et illi obvius esset pater. Dicendum fuit unde veniret, quorsum ipsi non adesset præceptor. Ad centum sub terra pedes obrui puer exoptasset. Nec illum prolixius pater increpat, hæc tantum dura voce fatus : « Tibi quum libuerit exire, per te licet; quum vero grassatores apud me esse nequaquam mens est mihi, cura, ubi id acciderit, ne huc pedem referas. » Illum præceptor nulla objurgatione, dicterio nullo, fronte vero severa excepit. Hisce artibus et similibus, eo processit, ut ille quidquid ei libuisset, exsequeretur, nil frustra adhortatus, aut vetans, aut præcipiens. Quandiu loquebatur præceptor, lætus erat juvenis; si vero sileret, pertimescebat, secum recogitans num quidquam ipse peccasset.

THÈME 212.

De festo virginis rosea corona donandæ.

Perantiqua est hujusce festi institutio, quæ divo Medardo, noviodunensi episcopo tribuitur; vitam ille circa quintum sæculum agebat. Divus hic episcopus pagi cujusdam erat dominus semileuca Novioduno distantis. Mentem illius subierat quotannis virgini inter rusticanas sui prædii, virtutis fama spectatissimæ, quinque et viginti francos argenteos dono dare, simul et roseam coronam. Ipse nobili præmio donavit e suis sororibus unam, quæ unanimi voce coronanda rosis fuerat designata. Quod quidem præmium rusticis virginibus præpotens factum est sapientiæ incitamentum. Ad laudem quam isto coronata modo percipiebat, id accedebat quod

infailliblement un époux dans l'année. Saint Médard, frappé de ces avantages, perpétua cet établissement. Il détacha douze arpents de son bien, et en affecta le revenu au payement des vingt-cinq francs et des frais de la cérémonie.

THÈME 213.

La fête de la rosière (suite).

Suivant cette institution, non-seulement la rosière devait être irréprehensible, mais la même pureté de mœurs devait être dans les pères, mères, frères et sœurs depuis la quatrième génération. Le seigneur du village de Salency a toujours été en possession et jouit seul du droit de choisir la rosière entre trois jeunes filles du village, qui lui sont présentées un mois d'avance. Lorsqu'il l'a choisie, il est obligé de le faire annoncer publiquement à l'église, afin que les autres jeunes filles puissent examiner ce choix, et s'y opposer, s'il n'est pas conforme à la justice la plus rigoureuse. Le choix du seigneur n'est confirmé qu'après cet examen, qui se fait avec la plus sévère exactitude.

THÈME 214.

La fête de la rosière (suite).

Le huit juin, vers les deux heures après midi, la rosière, vêtue de blanc, modestement parée, les cheveux flottants sur les épaules, accompagnée de sa mère et de douze jeunes filles vêtues de blanc avec un large ruban bleu, auxquelles douze garçons du village donnent la main, se rend au château au son des tambours

eo ipso anno profecto vir occurreret, cui nuberet.
Qua utilitate permotus Medardus, istud propagavit
institutum. Duodecim e prædio jugera distraxit,
quorum reditum in exsolvendum et viginti quinque
francos argenteos, et quidquid impensæ cærimo-
niæ necessarium, attribuit.

THÈME 213.

De festo virginis rosea corona donandæ (sequitur).

Ex isto instituto, non modo rosis coronanda
virgo sit inculpanda, imo et morum integritas, et
in patribus matribusque, et in fratribus sororibus-
que a quarta progenie vigeat necesse est. Penes
Salenciæ pagi dominum semper fuit, et illi uni jus
concessum rosis coronandam eligendi tres inter
pagi virgines, quæ illi uno in antecessum mense
adducuntur. Quam ubi ille elegit, palam in ecclesia
declarandum illi est, ut delectum istum ceteræ
virgines explorare possint, et vetare, nisi fuerit
æquitati summæ consentaneus. Nec, nisi peracta et
severissima et diligentissima inquisitione, domini
comprobatur delectus.

THÈME 214.

De festo virginis rosea corona donandæ (sequitur).

Octava mensis junii die, ad secundam post me-
ridiem horam rosis coronanda virgo, alba induta
veste, cultu corporis modesto, crinibus per humeros
sparsis, stipantibus et matre et duodecim alba
veste indutis virginibus lata cinctis cærulea
vitta, quas dextris junctis perducunt duodecim
rustici juvenes, castellum petit, tympanis fidibus·

et des violons. Le seigneur ou son épouse va la recevoir lui-même ; elle lui fait un petit compliment dans lequel elle le remercie de l'honneur qu'il lui a fait. Ensuite le seigneur et le bailli lui donnent la main, et, précédés de la musique, suivis d'un nombreux cortége, ils la conduisent à l'église. Après les vêpres, le cortége se rend processionnellement à la chapelle de saint Médard. Là, le célébrant, après avoir béni le chapeau de roses et prononcé un discours, pose la couronne sur la tête de la rosière, qui est à genoux, et lui remet les vingt-cinq francs en présence du seigneur et des assistants.

THÈME 215.

La fête de la rosière (suite).

Ainsi couronnée et toujours conduite par le seigneur, la rosière est reconduite à la paroisse, où l'on chante le *Te Deum*, au bruit de la mousqueterie des jeunes villageois. De l'église, le seigneur mène la rosière jusqu'au milieu de la grande rue du village, où, par son ordre, a été dressée une table garnie d'une nappe, de six serviettes, six assiettes, deux couteaux, une salière pleine de sel, deux pots de vin clairet, deux verres, un pot d'eau fraîche, deux pains blancs, un demi-cent de noix et un fromage de trois sous. On donne à la rosière, comme un hommage, une flèche, deux balles de paume et un sifflet de corne. De là l'assemblée se rend dans la cour du château, sous un gros arbre, où le seigneur danse le premier avec la rosière. Tout le monde se retire au coucher du soleil.

que perstrepentibus. Illam dominus ipse aut uxor excipit : cui illa paucis gratulata verbis gratias agit, quod se ipsam tali dignatus sit honore. Inde dextram illi dominus et præses porrigunt, atque eam, præeuntibus musicis, multoque stipante comitatu, in ecclesiam perducunt. Peractis vesperis, turba rite et ex ordine composita ad sacellum divi Medardi procedit. Ibi præsul, habita oratione, capiti virginis genibus subnixæ, benedictam roseam coronam imponit, et illi, domino ceterisque adstantibus, viginti quinque francos argenteos donat.

THÈME 215.

De festo virginis rosea corona donandæ (sequitur).

Isto coronata modo, atque a domino ipsam comitante perducta, virgo in parochiam deducitur, ubi decantatur *Te Deum*, permultos sclopetos explodentibus junioribus rusticis. E templo virginem dominus in medium latissimæ pagi viæ perducit, ubi, ipso jubente, mensa fuit exstructa, mantili, sex mappis adornata, sex orbibus cibariis, duobus cultellis, salino sale referto, duobus rubillo vino repletis vasibus, duobus poculis, uno frigidæ aquæ pleno vasi, duobus panibus candidis. quinquaginta nucibus, et caseo tribus assibus empto. Virgini, pro clientelari obsequio, traduntur una sagitta, duæ pilæ lusoriæ, cornea fistula. Inde turba castelli arcam petit, sub patula considet arbore ; ibi primus ante omnes dominus una cum virgine choros agit. Occidente sole, discedunt omnes.

THÈME 216.

Chosroès et le précepteur de son fils.

Chosroès, roi de Perse, avait un ministre dont il se croyait aimé. Ce ministre vint lui demander sa retraite. « Pourquoi, dit le monarque, veux-tu me quitter? J'ai versé sur toi la rosée de mes bienfaits; mes esclaves exécutent tes ordres comme les miens. Je t'ai approché de mon cœur, ne t'en éloigne jamais. — O roi! répond le ministre, je t'ai servi avec zèle, et tu m'as généreusement récompensé; mais aujourd'hui la nature m'impose un devoir sacré. J'ai un fils; il n'a que moi pour lui apprendre à te servir comme je t'ai servi. — Je te le permets, dit le monarque; mais, comme je ne connais personne plus digne que toi d'élever l'âme de mon fils, finis ta carrière en rendant aux hommes le plus grand service qu'ils puissent attendre de toi. Qu'ils te doivent un bon maître; prends mon fils et instruis-le avec le tien dans la retraite, au sein de l'innocence. »

THÈME 217.

Chosroès et le précepteur de son fils (suite).

Le ministre partit avec les deux enfants. Après cinq ou six ans, il revint avec eux auprès du monarque, qui fut charmé de revoir son fils, mais ne le trouva pas égal en mérite au fils de son ancien ministre. Il sentit cette différence, en fut profondément affligé, et s'en plaignit à son ministre. « O roi, lui répondit celui-ci,

THÈME 216.

Chosroes et ipsius nati praeceptor.

Chosroi, Persarum regi, minister erat, a quo se dilectum credebat. Regem adiit minister ille recessum ab aula petiturus. Cui rex : « Unde tu, inquit, me vis deserere ? Largo te beneficiorum meorum rore conspersi, et mea et tua jussa pariter mei exsequuntur servi. Te prope meum pectus admovi, tu nunquam ab illo discedas. » At minister : « O rex, ait, tibi summo studio inservii, tu me magnifice remuneratus es ; sanctissimum hodie mihi natura officium imponit. Mihi filius est, qui a me uno edoceri potest quo modo tibi haud secus ac ego inserviat. — Annuo, rex inquit ; quum vero neminem te digniorem noverim, qui mei filii animum erigat, hujusce vitæ curriculum absolve, et maximum quod a te possit exspectari officium hominibus præsta. Quibus per te sit optimus dominus, natum meum accipe, et illum tuumque natum procul ab societate communi, miraque morum integritate velis instituere. »

THÈME 217.

Chosroes et ipsius nati praeceptor (sequitur).

Una cum duobus pueris profectus est minister. Post quinque sexve annos, ipse cum illis ad regem se contulit, qui suo reduce filio summopere lætatus, illum tamen virtute imparem ministri filio intellexit. Quid esset discriminis optime sensit ; quo vehementer permotus, apud ministrum est conquestus. « O rex, ait ille, longe majorem ex præ-

mon fils a fait un meilleur usage que le tien des leçons
que j'ai données à l'un et à l'autre : mes soins ont été
également partagés entre eux, mais mon fils a senti
le besoin qu'il aurait un jour des hommes ; je n'ai pu
cacher au tien le besoin que les hommes auraient de
lui. »

THÈME 218.

Les crimes punis l'un par l'autre.

Trois hommes voyageaient ensemble : ils trouvèrent
un trésor et se le partagèrent, puis continuèrent leur
route en s'entretenant de l'usage qu'ils feraient de leurs
richesses. Les vivres qu'ils avaient emportés étaient
consommés. L'un d'eux devait aller à la ville en acheter. Le plus jeune se charge de la commission ; il part.
Chemin faisant il se dit : « Me voilà riche, mais je le
serais bien plus encore si j'eusse été seul quand le trésor a été trouvé. Ces deux hommes m'ont enlevé mes
richesses : ne pourrais-je pas les reprendre? Cela me
serait facile : je n'aurais qu'à empoisonner les vivres
que je vais acheter, le trésor sera à moi seul. »

THÈME 219.

Les crimes punis l'un par l'autre (suite).

Il se proposait de leur déclarer qu'il avait dîné à la
ville. Cependant les deux autres voyageurs s'étaient
dit : « Il était bien nécessaire que ce jeune homme
vînt s'associer avec nous! Nous avons été obligés de
partager le trésor avec lui, tandis que la part qu'il a
obtenue eût augmenté la nôtre. Il va revenir ; nous
avons de bons poignards ; rien de plus facile que de le

ceptis utrique datis utilitatem meus filius percepit :
parem in utrumque operam ac diligentiam contuli :
at meus filius sibi aliquando hominibus opus futurum intellexit; tuum contra ego celare non valui
ipso hominibus opus fore. »

THÈME 218.

Scelera unum altero punita.

Tres una viam habentes homines, in thesaurum
quemdam inciderunt; quem quum inter se disper-
tiissent, mox itineri instant, inter se confabulantes
quis futurus sit suarum opum usus. Consumptis.
quos attulerant, cibis, ex illis unus urbem erat petiturus, ubi obsonia emeret. Munus suscipit natu
minimus; discedit. Dum pergit, hæc secum tacite
reputat : « Jam ego dives; longe vero ditior evade-
rem, si solus invento thesauro adstitissem. Meas
duo isti divitias abstulere; nonne illas recipere
possim? Quod quidem mihi facile cederet; mihi
sat esset cibos quos modo sum empturus, veneno
inficere, et mei unius erit thesaurus. »

THÈME 219.

Scelera unum altero punita (sequitur).

Mente statuerat illis indicare se in civitate pran-
disse. Interim duo inter se viatores sic collocuti
erant : « Itane istum juvenem comitem sese nobis
adjunxisse! Et nos una cum illo thesaurum divi-
dere fuimus coacti, quum ex illa quam accepit
parte nostra crevisset. Est modo rediturus; nobis
sunt peracuti pugiones; facillime conficiendus spo-

frapper et de le dépouiller. » Le jeune homme revient avec des vivres empoisonnés. Ses compagnons l'assassinent, ils mangent, meurent sur-le-champ, et le trésor n'appartint à personne.

THÈME 220.

De l'autruche.

L'autruche est un des plus gros oiseaux qui existent. Elle se trouve en Afrique plus que partout ailleurs. Sa tête est plus élevée que le front d'un homme à cheval. La tête et le bec ont quelque chose de semblable à ces différentes parties du canard. Son cou est beaucoup plus long que le cou du cygne. Comme le chameau, elle a le dos élevé. Les deux ailes de cet oiseau sont fortes, mais trop courtes pour l'élever de terre. Elles lui servent de rames pour fendre l'air, ce qui donne beaucoup de vitesse à sa course. Elle ressemble au héron par ses jambes et ses cuisses.

THÈME 221.

De l'autruche (suite).

Le pied de l'autruche est appuyé sur trois doigts armés d'une corne aiguë, pour mieux marcher. Ses œufs sont gros comme la tête d'un enfant. L'autruche cache faiblement ses œufs dans le sable et laisse, dit-on, au soleil le soin de les faire éclore. Cette négligence pour ses petits ne lui a pas fait une bonne réputation : aussi, quand une mère n'aime pas ses enfants, on la compare à l'autruche. Si cet oiseau se voit poursuivi par les chasseurs, il se cache derrière un arbre, et, quoique

liandusque ille est. » Redit juvenis, venenatos secum asportans cibos. Quem comites interficiunt,
comedunt cibos, extemplo mortem oppetunt, nul-
liusque fuit thesaurus.

THÈME 220.

De struthiocamelo.

Struthiocamelus una est ex avibus quæ exsistunt
crassissima. Ille in Africa potius quam quovis in
alio loco invenitur. Cervix ejus celsior est quam
frons hominis equo insidentis. Capiti et ori nonnihil est simile cum iisdem anatis partibus. Collum
ejus cycni collo multo longius est. Cameli instar
dorso supereminet. Duæ hujusce avis alæ sunt
validæ, breviores tamen, quam ut illam a terra ele-
vent. Illis remorum instar utitur, ad æthera se-
candum, unde summa pernicitas ad cursum illi
accedit. Ardeæ et cruribus et femoribus est similis.

THÈME 221.

De struthiocamelo (sequitur).

Tribus digitis acuto cornu instructis pes ejus est
innixus, quo facilius incedat. Illius ova pueri caput
amplitudine adæquant. Ova sua paululum in arena
condit struthiocamelus, atque soli, ut aiunt, exclu-
denda permittit. Quæ quidem erga suos pullos in-
curia illi non probam famam peperit : unde, si
quæ mater suos liberos non amet, struthiocamelo
comparatur. Hæc avis, si venatores ipsam inse-
quantur, post arborem delitescit; quam etsi cras-

son corps l'excède de beaucoup, pourvu que ses yeux soient cachés, il se croit en sûreté.

THÈME 222.

Différentes espèces de chiens.

Le mâtin et le dogue gardent nos maisons pendant la nuit; ils réservent toute leur méchanceté pour le temps où ils soupçonnent quelques mauvais desseins contre leur maître. Les chiens de berger savent également faire la guerre aux loups et discipliner le troupeau. Parmi les chiens de chasse, le basset a les jambes extrêmement courtes, pour se glisser sous l'herbe et sous les broussailles. Le lévrier a une tête aiguë et une oreille fine, pour fendre l'air avec facilité. Ses jambes si hautes et si menues embrassent beaucoup de terrain. Il surpasse en légèreté le lièvre, qui n'a pour sa défense que la promptitude et les ruses de la fuite. Le basset a la vue faible et le nez fin, parce qu'il a besoin d'un odorat sûr, et non d'une vue perçante, lorsqu'il s'enfonce sous les broussailles. Le lévrier, au contraire, qui n'est bon qu'en plaine, a peu de nez; mais il voit de loin et démêle sa proie. Le chasseur, rarement content des amis qui l'accompagnent, et qui chassent avec peu d'ordre, est charmé de la sagacité et de l'intelligence de ses chiens.

THÈME 223.

Description de la Bétique.

Ce pays a pris son nom du fleuve Bétis, qui se jette dans le grand Océan assez près des colonnes d'Hercule. Le terroir est fertile et sous un ciel doux et serein.

sum ejus corpus plurimum excedat, dummodo
lateant oculi, sese tutam arbitratur.

THÈME 222.

Variæ canum species.

Nostras ædes noctu custodiunt et villaticus canis
et molossus; suam omnem iram in tempus ser-
vant, ubi prava in suum herum consilia suspi-
cantur. Pastorii canes æque bello lupos lacessere
noverunt, et gregem instituere. Canes inter vena-
ticos, vestigatori cani breviora admodum sunt
crura, ut subter herbam et frutices adrepat. Vertago est acuta cervix gracilisque statura, qua facile
aera perrumpat. Crura ejus peralta atque minuta
plurimum ementiuntur agri. Leporem agilitate superat, cui unum propugnaculum velocitas et fugæ
artes. Vestigatori cani hebes oculorum est acies,
narium autem sagacitas, quia illi certo odoratu, non
acutis oculis opus est, quum sese sub frutices immittit. Vertago contra, qui in campo tantum valet,
paululum est naris; at e longinquo prospicit, suamque prædam discernit. Venator, raro comitantibus
amicis contentus, quippe qui minus rite venantur,
canum suorum et sagacitate et intelligentia plurimum delectatur.

THÈME 223.

Descriptio Bæticæ.

Huic regioni nomen indidit amnis Bætis, qui in
magnum Oceanum haud procul a columnis Her-
culis devehit undas. Ager ibi fertilis, placidum se-
renumque cœlum. In ista regione quodammodo

Cette contrée semble avoir conservé les délices de l'âge d'or. Les hivers sont tièdes ; le triste et glacial aquilon n'y souffle jamais. L'ardeur de l'été y est tempérée par les zéphyrs qui rafraîchissent l'air vers le milieu du jour. Ainsi toute l'année n'est qu'un printemps et un automne qui se succèdent sans interruption. La terre, dans les vallons et les campagnes unies, porte chaque année une double moisson. Les chemins y sont bordés de lauriers, de grenadiers et d'arbres toujours verts ou fleuris. Les montagnes sont couvertes de troupeaux qui fournissent une laine très-recherchée par les autres peuples. Heureux dans leur simplicité, les habitants ne comptent pas l'or au nombre de leurs richesses, quoiqu'il y en ait plusieurs mines dans le pays.

THÈME 224.

Description de la Bétique (suite).

Les femmes de la Bétique filent la laine, et en font des étoffes fines et d'une merveilleuse blancheur. Elles font le pain, apprêtent à manger ; et ce travail leur est facile, car on ne vit dans ce pays que de fruits ou de lait, rarement de viande. Elles emploient le cuir de leurs moutons à faire une légère chaussure pour elles, leurs maris et leurs enfants. Elles font des tentes, les unes de peaux cirées, les autres d'écorces d'arbres. Elles font et lavent tous les effets de la famille, et tiennent leurs maisons dans une propreté admirable. Les habits sont aisés à faire ; car dans ce climat les habitants ne portent qu'une pièce d'étoffe fine et légère, qui n'est point taillée, et que chacun met à longs plis autour de son corps pour la modestie, lui donnant la forme qu'il veut.

vigent ætatis aureæ deliciæ. Ibi tepidæ hiemes: nunquam tristis glacialisve sævit boreas. Ibi fervidos æstus compescunt zephyri, qui fere media luce frigidiorem efficiunt aera. Inde totus annus in ver et autumnum divisus, quæ vicibus alternis indesinenter decurrunt. Tellus in vallibus apertisque campis duplici quotannis segete vestitur. Lauris, malis granatis, et arboribus aut virentibus, aut florentibus, semper itinera cinguntur. Pendent e montibus innumeri greges, qui lanam præbent a ceteris gentibus curiosius exquisitam. Qui populus in sua simplicitate felix, aurum non pro divitiis habet, etsi plures auri in sua regione occurrant fodinæ.

THÈME 224.

Descriptio Bæticæ (sequitur).

Bæticæ mulieres lanam fuso torquent, unde tenues et niveo candore pannos texunt. Panem conficiunt, cibosque condiunt; in quo quidem haud multum laborant; quippe hac in regione, fructibus tantum aut lacte, raro admodum carne vescuntur. In levibus sibi, viris liberisque, conficiendis calceamentis vervecum corium impendunt. Tentoria conficiunt tum e pellibus cera illitis, tum ex arboreis corticibus. Ipsæ familiæ vestes et conficiunt et lavant, miraque domus munditie ornandas curant. Facile vestes conficiuntur; in ista enim regione incolæ tenui levique tantum sunt induti panno, nequaquam inciso, quem quisque modestiæ causa longis sinuosisque flexibus corpori circumdat, eo quo libuerit modo compositum.

THÈME 225.

Description de la Bétique (suite).

Les hommes n'ont d'autres arts à exercer, outre la culture des terres et la conduite des troupeaux, que l'art de mettre le bois et le fer en œuvre; encore ne se servent-ils guère du fer que pour les instruments nécessaires au labour. Tous les arts qui regardent l'architecture leur sont inutiles; car ils ne bâtissent jamais de maisons. « Celui, disent-ils, qui se fait sur la terre une demeure qui dure beaucoup plus que lui, s'attache trop à la terre : il suffit de se défendre des injures de l'air. » Ils détestent tous les arts estimés par les Grecs, les Égyptiens et les autres peuples bien policés, comme étant des inventions de la vanité et de la mollesse.

THÈME 226.

Description de la Bétique (suite).

Quand on parle à ces heureux habitants des peuples qui ont l'art de faire des bâtiments superbes, des meubles d'or et d'argent, des étoffes ornées de broderies et de pierres précieuses, ils répondent : « Ces peuples sont bien malheureux d'avoir employé tant de travail et d'industrie à se corrompre eux-mêmes. Ce superflu amollit, enivre, tourmente ceux qui le possèdent; il tente ceux qui en sont privés de vouloir l'acquérir par l'injustice et la violence. Peut-on nommer bien ce qui ne sert qu'à rendre les hommes plus mauvais? Les hommes de ces pays sont-ils plus sains, plus robustes que nous? vivent-ils plus longtemps? sont-ils plus unis entre eux?

THÈME 225.

Descriptio Bœticæ (sequitur).

Hominibus, post terrarum culturam pecorumque pastum, nullæ aliæ exercendæ sunt artes, quam lignum ferrumque tractandi ; et quidem raro admodum ferro utuntur, nisi ut inde aratoria instrumenta conficiant. Quæ artes ad architecturam spectant, singulæ apud illos prorsus inutiles, qui nullam unquam ædificant domum. « Qui sibi his in terris, inquiunt, sedem constituit, quæ stet longe diutius quam ipse, ille arctius terræ adhæret : satis est sese a cœli injuriis tueri. » Hi omnes detestantur artes quas Græci, Ægyptii ceterique bene instituti populi plurimi faciunt, veluti a superbia mollitieque inventas.

THÈME 226.

Descriptio Bœticæ (sequitur).

Si quis apud hos felices cives dixerit de populis et splendidas ædes ædificandi, et auream et argenteam supellectilem, et picta gemmisque distincta velamina conficiendi peritis, hæcce respondent: « Infelices prorsus gentes istas quæ tantum operæ et artis in seipsis corrumpendis consumpserunt! Quod quidem supervacuum possidentem enervat, inebriat, exagitat; contra supervacaneis rebus istis orbatum impellit, ut illas injustitia et vi consectari velit. Num bonum dici potest quod ad id unum valet, ut homines pejores efficiat? Num istarum regionum homines sunt nobis aut saniores aut robustiores? num diutius vivunt? num inter se conjunctiores vivunt? num liberius, tranquil-

mènent-ils une vie plus libre, plus gaie? Au contraire, ils doivent être jaloux, rongés par une noire envie, agités par l'ambition, la crainte, l'avarice, et ignorer les plaisirs purs et simples, puisqu'ils sont les esclaves de fausses nécessités dont leur bonheur dépend. »

THÈME 227.

Description de la Bétique (suite).

Ce même peuple ne partage point de terres, il vit en commun. Chaque famille est gouvernée par son chef, qui en est le véritable roi. Le père de famille a le droit de punir chacun de ses enfants qui fait une mauvaise action ; mais avant de le punir, il prend l'avis de la famille. Ces punitions n'arrivent presque jamais. L'innocence des mœurs, la bonne foi, l'obéissance, l'horreur du vice, habitent dans cette heureuse contrée. Ils n'ont point de juges parmi eux ; leur propre conscience les juge. Tous les biens sont communs ; les fruits des arbres, les légumes de la terre, le lait des troupeaux, sont des richesses si abondantes, que ces peuples si sobres n'ont pas besoin de les partager. Chaque famille errante dans ce beau pays transporte ses tentes dans un autre endroit, quand elle a consommé les fruits et les pâturages de l'endroit où elle était.

THÈME 228.

Description de la Bétique (suite).

On ne voit chez ce peuple aucune distinction que celle qui vient de l'expérience des sages vieillards ou de la sagesse extraordinaire de quelques jeunes hommes qui

lius, aut lætius quam nos vitam degunt? Contra illi certe et invidi; tetra conficiantur invidia et ambitione, metuque et avaritia vexentur, illos fugiant voluptates sinceræ et simplices necesse admodum, quum falso necessariis inserviant, in quibus eorum sita est felicitas. »

THÈME 227.

Descriptio Bæticæ (sequitur).

Hic idem populus agros inter se non dividit; vitam communem agit. Quæque familia a suo regitur duce, qui vere illi rex præest. Patrifamilias quemque liberorum, si quid forte peccaverit, plectere fas est; priusquam autem in illum animadvertat, familiæ sententiam rogat. Raro admodum istæ repetuntur pœnæ. Mores innocui, et fides, et obedientia, et vitii odium in hisce fortunatis sedibus vigent. Nullus apud eos judex; sua cuique conscientia judex est. Bona omnia communia sunt; arborum fruges, olera terræ et pecorum lac, adeo copiosæ sunt opes, ut illa partiri minime sit opus hisce populis quibus sat est moderatissimus victus. Quæque in hac fortunata regione errabunda familia alio tentoria defert, absumptis illius quam occuparat sedis et frugibus et pascuis.

THÈME 228.

Descriptio Bæticæ (sequitur).

Nullus apud istum populum præcipuus honos, nisi quem parit sapientium experientia senum, aut singularis quorumdam adolescentum prudentia,

égalent les vieillards consommés en vertu. La fraude, la violence, le parjure, les procès, les guerres, ne font jamais entendre leur voix cruelle et empestée dans un pays chéri des dieux. Jamais le sang humain n'a rougi cette terre ; à peine y voit-on couler le sang des agneaux. Si vous parlez à ces peuples de batailles sanglantes, de conquêtes, de ces révolutions si funestes aux autres nations, ils ne peuvent assez s'étonner. « Quoi ! disent-ils, les hommes ne sont-ils pas assez mortels ? Faut-il qu'ils se donnent les uns aux autres une mort précipitée ? Quoi ! la vie est si courte, et elle leur paraît encore trop longue ! Ne sont-ils sur la terre que pour s'entre-déchirer et se rendre malheureux ! »

THÈME 229.

Portrait d'un conquérant.

Un conquérant est un homme que les dieux, irrités contre le genre humain, ont donné, dans leur colère, à la terre, pour répandre partout l'effroi, la misère, le désespoir, et faire esclaves des hommes libres. Un homme qui cherche la gloire n'en a-t-il pas une assez grande en conduisant avec sagesse ce que les dieux lui ont confié ? Croit-il ne pouvoir mériter les louanges qu'en devenant violent, injuste, hautain, et le tyran de ses voisins ? Il ne faut songer à la guerre que pour défendre sa liberté. Heureux celui qui, n'étant point esclave d'autrui, ne veut faire personne esclave ! Ces grands conquérants qu'on nous a dépeints avec tant de gloire ressemblent à ces fleuves débordés dont le cours paraît majestueux, tandis qu'ils ravagent toutes les fertiles campagnes qu'ils devraient arroser.

qui senibus cumulatæ virtutis haud impares sunt.
Nunquam in illa diis dilecta regione, feram pesti-
lentemque vocem emisere fraus, vis, perjurium,
lites et bella. Humano cruore nunquam fuit im-
buta illa fortunata tellus; vix agnorum sanguine
madet. Si huic genti narras de cruentis prœliis,
de victoriis, de istis rerum mutationibus aliis
populis adeo exitiosis, sat mirari non possunt.
« Ecquid! inquiunt, non satis mortalis homo est?
Itane sibi invicem homines præmature mortem
consciscere! Quid! adeo brevis, longior tamen ipsis
vita videtur! Numquid in orbe versantur, ut sese
invicem dilacerantes mutuam sibi calamitatem in-
ferant? »

THÈME 229.

Bellatoris effigies.

Domitor gentium ille est, quem hominum ge-
neri dii infensi terris irato animo dedere, qui
terrorem ubique, miseriam et desolationem in-
ferat, atque e liberis servos efficiat. Nonne laudem
satis magnam comparat gloriæ cupidus, si quidquid sibi commissum a diis sapienter rexerit?
Num dignum sese laudibus tantum existimat, si
ferox, injustus, superbus, proximas sibi gentes
tyrannide presserit? Bellum tantum cogitandum
est, si fuerit tuenda libertas. Felix ille est qui nulli
inserviens, neminem sibi subjectum esse vult. Cele-
berrimi isti gentium domitores, quos tanta exor-
natos laude historici prædicant, exundantibus
similes sunt fluminibus, quorum magnificus quidem videtur cursus, quum uberrima, quæ fecun-
dare deberent, arva fœde devastant.

THÈME 230.

Beau trait de piété filiale.

Un officier allait rejoindre son régiment. Pendant la route, il fit plusieurs recrues nécessaires pour compléter sa compagnie. Il trouva plusieurs hommes dans une petite ville où il séjourna une semaine. La veille du départ de cet officier, se présenta un jeune homme d'une figure intéressante; il avait un air de candeur qui inspira à l'officier le désir de l'avoir dans sa compagnie. Il lui en fait la proposition; mais il le voit trembler. Il regarde ce mouvement comme produit par une timidité naturelle, ou par la crainte de perdre une liberté toujours chère à l'homme. Il lui montre ses soupçons et tâche de le rassurer. « Ah! monsieur, répond le jeune homme, la crainte seule d'un refus m'inspire cette timidité; si vous me refusez, mon malheur est affreux. » En disant ces mots, il laisse échapper quelques larmes.

THÈME 231.

Beau trait de piété filiale (suite).

« Je serai charmé de vous satisfaire, répond l'officier : quelles sont vos conditions ? — Je ne les propose qu'en tremblant, dit le jeune homme; peut-être vous paraîtront-elles exorbitantes : je suis jeune, d'une taille avantageuse, bien disposé à servir ; mais une circonstance malheureuse me force à demander un prix excessif. Je n'en puis rien diminuer. Sans cela je ne vendrais pas mes services; je ne puis vous suivre, si vous ne me comptez cinq cents francs. — La somme

13.

THÈME 230.

Pietatis in patrem præclare factum.

Dux quidam militum ad suam redibat legionem. Nonnullos in itinere scripsit milites, quibus suam compleret cohortem. Plures ille viros in oppidulo invenit, ubi una commoratus est hebdomade. Pridie quam dux proficisceretur, quidam prodiit juvenis egregia quidem facie; illi nescio quid inerat ingenuitatis, quæ duci cupiditatem injecit illius inter suos adscribendi. Id illi proponit; at totum videt contremiscentem. Quæ primum perturbatio illi e quadam innata verecundia, aut metu libertatis homini imprimis caræ amittendæ orta videtur. Suspicionem ei indicat, ejusque animum confirmare tentat. Cui juvenis : « Proh! domine, istam mihi verecundiam solus repulsæ metus injicit; quam si tulerim, horrenda mihi imminet calamitas. » Dum loqueretur, nonnullæ oculis effluxere lacrimæ.

THÈME 231.

Pietatis in patrem præclare factum (sequitur).

« Mihi, dux ait, pergratum erit tibi satisfacere : tu autem quas conditiones statuis? — Illas ego, juvenis ait, contremiscens profero; forte nimiæ tibi videbuntur : juvenis ego sum, eximia statura, forti ad bellandum animo; me vero cogit miserrimus casus grande expostulare pretium. Nil ex eo deducere queo. Ni res ita cessisset, et ego operam certe meam non venderem; nec ego te sequi possum, nisi quingentis numeratis argenteis francis. — Grandis quidem est pecunia, dux

est considérable, répond l'officier, mais je ne marchan-
derai pas avec vous ; je vais vous payer votre engagement ; signez, et tenez-vous prêt à partir demain avec
moi. »

THÈME 232.

Beau trait de piété filiale (suite).

Le jeune homme, pénétré de reconnaissance, reçoit
les cinq cents francs comme s'il les eût eus en pur don ;
il signe son engagement, et prie le capitaine de lui permettre de remplir un devoir sacré. Le capitaine, surpris
de cet empressement, soupçonne quelque chose ; il suit
le jeune homme, le voit voler à la prison, frapper à la
porte avec précipitation. A peine est-elle ouverte,
qu'il dit au geôlier : « Voilà la somme pour laquelle
mon père est arrêté ; conduisez-moi à lui, que j'aie le
plaisir de briser ses fers. » L'officier s'arrête un instant ;
il voit le jeune homme voler dans les bras de son père,
qu'il baigne de ses larmes, et auquel il apprend qu'il a
vendu sa liberté pour lui procurer la sienne. Le prisonnier à son tour embrasse ce cher fils.

THÈME 233.

Beau trait de piété filiale (suite).

L'officier, attendri, s'avance : « Consolez-vous, dit-il
au vieillard, je ne vous enlèverai point votre fils ; je
veux partager le mérite d'une si belle action : il est
libre aussi bien que vous : je ne regrette pas une somme
dont il fait un si bel usage. » Le père et le fils tombent
aux genoux de l'officier ; le fils refuse la liberté qui

subjicit; at ego tecum non contendam; tuæ conscriptionis pretium sum persoluturus; huic nomen subscribe, et te accinge ad mecum cras proficiscendum. »

———

THÈME 232.

Pietatis in patrem præclare factum (sequitur).

Grato perfusus animo juvenis quingentos veluti dono datos francos argenteos accipit; conscriptioni nomen subscribit; ducem rogat ut sibi liceat sanctum munus perficere. Dux illam miratus festinationem, nonnihil suspicatur; juvenem subsecutus ad carcerem videt properantem, atque præcipitanter fores pulsantem. Quibus vix apertis, carceris præpositum allocutus : « Pecuniam, inquit, accipe, propter quam detentus est pater; me ad illum perducas; mihi contingat ejus vincula rumpere. » Dux stat paulisper; juvenem videt ruentem in amplexum patris, quem lacrimis irrorat, edocetque sese suam vendidisse libertatem ut suam ei restitueret. Natum carissimum captivus sua vice deosculatur.

———

THÈME 233.

Pietatis in patrem præclare factum (sequitur).

Dux permotus accedit : « O senex, inquit, te ipsum consolare : tuum ego tibi filium haud eripiam; adeo præclari facti laudis particeps esse volo : ut tu est ille liber; haud ego pecuniam desidero, qua tam præclare usus est. » Ducis ad genua devolvuntur pater et filius; oblatam hic abnuit accipere libertatem, ducemque enixe rogat

lui est offerte, et conjure le capitaine de lui permettre de le suivre. « Mon père, dit-il, n'a pas besoin de moi; je ne puis que lui être à charge. « L'officier ne put refuser. Le jeune homme a servi le temps ordinaire, envoyant à son père quelque argent; et lorsqu'il put se retirer, il alla servir le vieillard, qu'il soutint du prix de son travail.

THÈME 234.

Lé frère généreux.

Un marchand de Londres avait deux fils : l'aîné était d'un mauvais cœur; il baïssait son jeune frère, qui était plus aimable que lui, et d'un naturel doux et paisible. Dès que l'occasion s'en présentait, il lui faisait subir toutes sortes de mauvais traitements. Les réprimandes du père étaient inutiles. Le père, qui avait une fortune considérable, étant déjà vieux, par un partage des plus étonnants, laissa à l'aîné sa fortune et ses vaisseaux, lui recommandant seulement de continuer son négoce et d'aider son jeune frère. Dès que l'aîné se vit maître du bien, il chasse son frère, l'exposant à la merci du sort, et ne lui donne aucun secours. Une telle inhumanité remplit le jeune homme d'indignation : « Si mon frère me traite ainsi, se dit-il, que dois-je attendre des étrangers! »

THÈME 235.

Le frère généreux (suite).

Cependant il fallait vivre; la nécessité lui rend le courage. Il quitte Londres, s'adresse à un négociant d'une ville voisine et lui offre ses services. Celui-ci les

ut ipsi eum sequendi det veniam : « Patri, inquit, nil me opus est; illi tantum oneri esse possum. » Nec dux recusare potuit. Tempore solito juvenis militiam exercuit, nonnihil pecuniæ ad patrem mittens; quum autem discedendi copia facta est, abiit seni famulatum præstiturus, quem laboris pretio sustentavit.

THÈME 234.

Frater generosus.

Cuidam londinensi negotiatori duo filii erant : prava indole major natu minorem oderat fratrem, qui, miti et pacifico ingenio, natu majore longe amabilior erat. Quamprimum data occasione, illum omni modo male tractabat. Incassum cedebant patris objurgationes. Pater, cui jam seni ingentes erant opes, singulari admodum partitione, majori natu opes et naves tradidit, id unum illi præcipiens, ut commercio vacaret, juniorique fratri subveniret. Ubi primum opibus potitus est major, expulsum fratrem sortis arbitrio permittit, nil illi auxilii largitur. Ea inhumanitas juniori stomachum movet : « Isto si frater meus me habuerit modo, secum reputans ait, quid mihi ab alienis est exspectandum! »

THÈME 235.

Frater generosus (sequitur).

Vivendum erat tamen; animum egestas erigit. Londino discedit, quemdam proximi oppidi negotiatorem convenit, suamque illi operam profitetur.

accepte et le reçoit dans sa maison. Après un séjour de quelques années, il lui reconnut tant de prudence et de vertu qu'il lui donna sa fille en mariage, et en mourant il lui laissa tous ses biens. Après la mort du beau-père, le gendre, qui avait une fortune honnête et peu d'ambition, acheta, dans une province éloignée de la capitale, une belle terre et un château où il se retira avec son épouse.

THÈME 236.

Le frère généreux (suite).

La Providence punit toujours les cœurs barbares. L'aîné, depuis la mort du père, avait longtemps réussi ; mais il survint une année fatale ; ses vaisseaux furent engloutis par la tempête. Les marchands qui négociaient avec lui firent banqueroute ; pour comble de désastre, le feu prit à la maison, consuma ses effets et le réduisit à la mendicité. Dans cet état horrible, pour ne pas périr de faim, sa seule ressource était d'errer dans le pays, d'implorer l'assistance de ceux que le récit de ses malheurs pouvait toucher. « Où en serais-je, se disait-il souvent à lui-même, si tous les cœurs étaient aussi barbares que le mien ! Ah ! s'ils savaient comment j'ai traité mon frère, ils me repousseraient avec indignation. »

THÈME 237.

Le frère généreux (suite).

Un jour que, livré à ces tristes réflexions, il avait fait plusieurs lieues, et avait à peine trouvé ce qui lui

Ad conditiones accedit ille, ac juvenem inter suos excipit. Paucis ubi commoratus est annis, tantum illi et prudentiæ et virtutis sensit inesse, ut unicam filiam in matrimonium suaque omnia bona moriens illi tradiderit. Defuncto socero, gener, cui sat magnæ erant opes, parva vero ambitio, in quadam ab urbe primaria distante regione locuples emit prædium et castellum in quod ipse cum uxore se recepit.

———

THÈME 236.

Frater generosus (sequitur).

Providentiæ semper dant pœnas ferrea pectora. Natu majori quum diu, post defunctum patrem, omnia prospere cessissent, exitiosus evenit annus; tempestate fuerunt demersæ illius naves. Mercatores qui cum eo negotiabantur, argentariam dissolverunt; id accessit miseriæ, ut flammis conciperetur ejus domus; res ejus incendit flamma, atque ad summam fuit ille redactus inopiam. Quo in horrendo statu, ne fame interiret, id unum supererat præsidii, ut regionem pererraret, illorum opem exoraturus, quos moveret sua enarrata calamitas. « Quid, intra se inquiebat, de me ageretur, si eadem omnium pectoribus, quæ nostro, inesset feritas! Proh! si compertum haberent quo fratrem ego habuerim modo, memet ipsum indignabundi repellerent. »

———

THÈME 237.

Frater generosus (sequitur).

Die quadam quum totus in istis cogitationibus intentus plures fuisset emensus leucas, et vix

était nécessaire pour se soutenir, il aperçut de loin
un homme bien vêtu, se promenant dans une prairie
voisine d'un joli château, dont il lui parut être le seigneur. Il s'avance, l'aborde, lui expose ses malheurs,
le conjure de lui accorder quelque secours. « D'où êtes-
vous? lui dit l'étranger, et comment cette longue suite
de malheurs vous a-t-elle accablé? » L'autre lui raconte son histoire en détail, supprimant seulement la
manière dont il avait traité son frère; il était près d'en
faire l'aveu, mais il craignit d'éteindre la pitié qu'il
avait tâché d'inspirer.

THÈME 238.

Le frère généreux (suite).

L'étranger ne se fait point connaître; il l'emmène
dans son château, ordonne à ses gens de le bien traiter et de lui préparer un logement pour la nuit. Le
soir, il raconte à son épouse cette aventure et lui fait
part de son dessein. Le pauvre dormit d'un profond
sommeil. A son réveil, sa première pensée fut : « Que
cet homme est bienfaisant! s'il n'est pas né riche, il
méritait de le devenir. » Quelque temps après, le
maître l'envoie chercher. Quand il fut venu, il le con-
sidéra quelque temps avec attendrissement, et lui demanda s'il ne le connaissait pas. « Non, répondit le
pauvre. — Eh quoi! s'écrie-t-il, je suis ton frère! » En
même temps il s'élance dans ses bras et l'embrasse
étroitement. « Tu es riche, lui dit-il, car je le suis.
Vivons ensemble et aimons-nous. — Oui, répondit-il,
je t'aimerai; mais je n'oublierai jamais la manière dont
je t'ai traité et celle dont tu te venges. »

unde sustentaretur aliquid cibi invenisset, quemdam optime vestitum procul conspexit per pratum amœno adjunctum castello obambulantem, cujus illum dominum esse intellexit. Progressus ad illum propius accedit, suas enarrat calamitates, orans ut sibi nonnihil subsidii eroget. « Unde tu, advena inquit, et qui ista calamitatum serie fuisti pressus? » At ille quæque sibi acciderant singillatim enarrat, quomodo suum tractavisset fratrem solummodo prætermittens : in eo erat ut confiteretur ; veritus tamen est ne, quam movere fuerat conatus misericordiam, ipse exstingueret.

THÈME 238.

Frater generosus (sequitur).

Advena quis sit ipse non aperit ; pauperem in suum perducit castellum, suos jubet illum optime excipere, atque hospitium in noctem illi parare. Vespere uxori casum enarrat, suumque illi consilium aperit. Altiore pauper obdormivit somno. Vix experrectus hoc primo cogitavit : « Quam munificus est ille vir ! qui nisi dives natus est, certe qui dives evaderet dignus erat. » Haud multo post, illum dominus arcessit. Ubi prodiit, commotus oculos in illum aliquantisper defigit, atque eum interrogat num ipsum agnosceret. Cui pauper : « Minime, » inquit. At ille : « Eheus ! exclamat, tuus ego sum frater. » Quibus dictis, ejus in ulnas ruit, et arcte complexum tenet. « Et tu, inquit, dives es, quippe dives ego. Una vivamus, nosque diligamus. — Ita quidem, subjecit alter, ego te diligam ; nunquam vero quomodo et ego te habuerim, et tu ulciscaris, obliviscar. »

THÈME 239.

Trait d'un bon religieux.

Un religieux avait été mandé pour disposer à la mort un fameux voleur. Il est enfermé avec le patient dans une petite chapelle ; et, pendant qu'il fait ses efforts pour l'exciter au repentir de ses crimes, il s'aperçoit que cet homme est distrait et l'écoute à peine. « Mon cher ami, lui dit-il, pensez-vous que dans quelques heures vous rendrez compte à Dieu de vos actions ? Qui peut donc vous distraire d'une affaire si importante ? — Vous avez raison, mon père ; mais vous pouvez me sauver la vie, et cette pensée m'occupe tout entier. — Quel moyen prendriez-vous ? dit le religieux ; et quand la chose serait possible, dois-je hasarder de le faire pour vous donner le moyen d'accumuler vos crimes ? — Si ce motif vous arrête, répondit le patient, je vous donne ma parole ; j'ai vu le supplice de trop près, pour m'y exposer davantage. » Le religieux attendri se prête à l'évasion.

THÈME 240.

Trait d'un bon religieux (suite).

La chapelle où ils étaient avait une fenêtre à la hauteur de quinze pieds. Ils déplacent l'autel, qui était portatif, mettent dessus la chaise où était assis le prêtre ; celui-ci monte dessus. Le patient monte sur les épaules du religieux, gagne la fenêtre et s'enfuit. Au bout de trois heures, le bourreau, impatient, frappe à la porte, demande au religieux qu'est devenu le criminel. Ce bon religieux, assis sur sa chaise, répond tranquille-

THÈME 239.

Optimi cujusdam sacerdotis factum.

Quidam sacerdos fuerat arcessitus, qui famosum latronem ad mortem præpararet. Una cum damnato in sacello est inclusus; dumque nihil non tentat, ut illum ad suorum scelerum pœnitentiam excitet, hominem sentit mente evagantem, atque ægre audientem. « Amice, inquit, tune reputas tibi post aliquot horas apud Omnipotentem facinorum tuorum reddendam esse rationem? Quid ergo te ab ista re tam gravi potest avocare? » Cui ille : « Vera dicis, pater; tu vero meæ potes saluti consulere; in hac cogitatione totus hæreo. » At sacerdos : « Et tu quanam ratione utereris? et, si fieri posset, mihine periclitandum viam tibi subministrare scelera sceleribus cumulandi? » Cui damnatus : « Ista, inquit, si causa detinearis, meam ego tibi fidem do; propius ante oculos habui supplicium, quam ut denuo huic me objiciam. » Permotus sacerdos fugienti præsto est.

THÈME 240.

Optimi cujusdam sacerdotis factum (sequitur).

Sacello, in quo erant inclusi, fenestra erat quindecim ad altitudinem pedum. Gestatu facilem suo loco movent aram; sellam, cui sacerdos insidebat, superimponunt; in illam hic ascendit. Damnatus sacerdotis in humeros scandit, fenestram petit, et fugit. Tribus elapsis horis, moræ carnifex impatiens januam pulsat, a sacerdote quærit quid de sonte actum sit. Cui placide sacerdos, sellæ insidens :

ment : « Assurément c'était un ange, et non un homme, car il est sorti par cette fenêtre. » Le bourreau demande au religieux s'il se moque de lui, et court avertir les juges. Ceux-ci se transportent à la chapelle. Le religieux, après avoir fait à peu près la même réponse, leur déclare qu'il n'est point le gardien des prisonniers.

THÈME 241.

Trait d'un bon religieux (suite).

Vingt ans après, le même religieux, voyageant par les Ardennes, s'égara comme le jour finissait. Un paysan qui le rencontre lui demande où il va, et lui dit que, s'il veut le suivre, il le mènera dans une ferme où il passera la nuit. Le religieux, fort embarrassé, le suit en tremblant ; mais sa peur ne fut pas de longue durée. Bientôt il aperçoit la ferme dont le paysan lui avait parlé ; et cet homme, qui en était le maître, dit à sa femme, en entrant, de tuer un chapon et les meilleurs poulets et de bien régaler son hôte. Pendant qu'on prépare le souper, le paysan rentre suivi de huit enfants à qui il dit : « Mes enfants, remerciez ce bon religieux ; sans lui vous ne seriez pas au monde, ni moi votre père : il m'a sauvé la vie. » Le religieux se rappelle alors les traits de cet homme, et reconnaît le voleur à qui il a sauvé la vie.

« At ille profecto, inquit, angelus, non homo erat, qui per istam abiit fenestram. » Quærit a sacerdote carnifex num ille sibi irrideat, et ad judices qui de hac re certiores fiant, provolat. Hi sese in sacellum conferunt. Quum fere eadem respondisset sacerdos, se captivorum non esse custodem aperte declarat.

––––––

THÈME 241.

Optimi cujusdam sacerdotis factum (sequitur).

Post viginti annos, per Arduennam silvam iter faciens idem sacerdos, inclinante sole aberravit. Obvius rusticus quidam ab illo quærit quo pergat, et dicit, si velit ipsum subsequi, inde illum in villam sese perducturum, ubi pernoctabit. Dubius trepidusque illum subsequitur sacerdos : diuturnus vero non fuit illius metus. Mox villam de qua mentionem fecerat rusticus, prospexit ; quam ingressus homo cujus erat, uxorem jubet caponem et pinguissimos enecare pullos, atque hospitem lautissime excipere. Dum cœna instruitur, iterum ingreditur rusticus octo subsequentibus liberis ; quos allocutus : « O nati, inquit, huic optimo sacerdoti gratias agite ; qui nisi exstitisset, nec vos essetis in lucem editi, nec ego vobis genitor ; salvum ille me præstitit. » Tum hujusce vultus lineamenta sacerdos animo revocat, atque latronem a se quondam servatum agnoscit.

THÈME 242.

Trait d'un bon religieux (suite).

Il fut accablé des caresses et des actions de grâces de la famille, et lorsqu'il fut seul avec cet homme, il lui demanda par quel hasard il se trouvait si bien établi. « Je vous ai tenu parole, répond le voleur; déterminé à vivre en honnête homme, je vins, en demandant l'aumône, jusqu'à ce lieu qui est celui de ma naissance. J'entrai au service du maître de cette ferme; je gagnai les bonnes grâces de mon maître par ma fidélité et mon attachement; il me donna sa fille en mariage. Dieu a béni les efforts que j'ai faits pour être homme de bien; j'ai amassé quelque chose. Vous pouvez disposer de moi et de tout ce qui m'appartient. Je mourrai content présentement que je vous ai vu, et que je puis vous témoigner ma reconnaissance. »

THÈME 243.

Trait d'un bon religieux (suite).

Le religieux lui répond : « Mon ami, je suis trop bien payé du service que je vous ai rendu, puisque vous faites un si bon usage de la vie que je vous ai conservée. Je ne saurais rien accepter de tout ce que vous m'offrez. » Cependant il ne put refuser au paysan de rester quelques jours chez lui. Il y fut traité magnifiquement et comme un prince. Ensuite ce brave homme le força de se servir d'un de ses chevaux pour achever sa route, et ne voulut point le quitter avant qu'il ne fût sorti des chemins dangereux qui sont en grand nombre dans ce pays-là.

THÈME 242.

Optimi cujusdam sacerdotis factum (sequitur).

Blanditiis et gratiarum actionibus hujusce familiæ cumulatus, solus ubi cum rustico sedit, hunc interrogat quo fortuito casu tam bene esset collocatus. Cui latro : « Promissis ego steti ; quumque mihi destinatum esset probos induere mores, stipem colligens, in hunc locum, natale solum, perveni. Hujusce villæ domino famulatum præstiti ; heri gratiam mihi conciliavi, fidus illi totusque deditus ; suam ille mihi filiam uxorem dedit. Mihi ut probus essem conanti Deus favit ; nonnihil ego pecuniæ cumulavi. Tibi et me, et omnibus quæ mea sunt, uti licet. Mihi quum te videre gratumque testari animum contigerit, lætus ego moriar. »

THÈME 243.

Optimi cujusdam sacerdotis factum (sequitur).

Cui sacerdos : « Amice, inquit, fructum ego satis magnum e collato officio percepi, quum tu data a me salute tam præclare utaris. Nihil ego ex istis a te oblatis accipere queo. » Attamen non potuit rustico denegare, quin nonnullis apud illum diebus commoraretur. Ibi splendide et magnifice est exceptus. Inde coegit illum probus rusticus ut uno e suis equis uteretur ad conficiendam viam, nec ab illo discessit priusquam periculosas evasisset vias, in ista regione frequentiores.

THÈME 244.

Trait de générosité.

Un jeune homme attendait à Marseille que quelqu'un entrât dans son canot. Un inconnu s'y place; mais quelque temps après il s'apprête à en sortir. « Monsieur, dit le jeune matelot, cette barque est la mienne; voulez-vous sortir du port?—Non, répondit-il, je voulais faire une promenade dans le bassin et profiter de la fraîcheur de cette soirée. Mais, jeune homme, vous n'avez ni l'air ni le ton d'un marinier. — Je ne le suis pas, en effet, répond le jeune homme; je fais cet état les fêtes et dimanches pour gagner quelque argent. — Quoi! à votre âge, vous êtes déjà avare? cela ne sied pas à votre jeunesse et diminue l'estime que vous m'inspiriez. — Oh! monsieur, n'attribuez pas ma conduite à des motifs aussi bas! — Peut-être ai-je mal jugé; mais vous ne vous êtes pas expliqué. Faisons une promenade, et racontez-moi votre histoire. »

THÈME 245.

Trait de générosité (suite).

Alors le jeune homme commence ainsi : « Je n'ai qu'un seul chagrin : mon père est dans les fers, et je ne puis l'en tirer. Il mit ce qu'il avait de fortune sur un vaisseau et voulut veiller lui-même à l'échange de sa pacotille. Le vaisseau fut pris par un corsaire; mon père fut fait prisonnier avec le reste de l'équipage. Il faut deux mille écus pour le racheter; mais comme mon père voulut dans le temps rendre son entreprise la plus importante possible, il s'en faut que nous ayons cette

THÈME 244.

Generosum factum.

Juvenis quidam Massiliæ exspectabat donec aliquis suam ascenderet cymbulam. Ignotus quidam illam conscendit; sed haud multo post in eo erat ut exiret. « Domine, inquit junior nauta, hæc cymbula mea est; visne tu e portu discedere? » Cui ille : « Nequaquam; mihi mens erat in alveo paululum obambulare, atque frigore hujusce vespertini temporis corpus recreare. Tu vero, juvenis, nec habitu nec sermone nautam refers. » Cui ille : « Nec ego quidem sum nauta. Istam festis dominicisque diebus artem exerceo, ut nonnihil lucri faciam. — Ecquid! te ea ætate jam esse avarum! tuam juventutem id minime decet; decrescit quam injeceras mihi existimatio. — Proh! domine, ne tu istam agendi rationem vilissimæ causæ tribuere velis. — Forsan et ego prave dijudicavi; tu vero non sensum aperuisti; age, una obambulemus, et mihi tuam historiam enarrare velis. »

THÈME 245.

Generosum factum (sequitur).

Tunc sic orsus juvenis : « Unus me dolor angit; pater in vinculis detinetur, unde illum extrahere mihi non licet. Quidquid sibi opum erat, ille navi imposuit, et ipse permutandæ mercium sarcinæ voluit invigilare. Capta fuit a pirata navis; pater et reliqui classiarii capti sunt. Duobus millibus ad illum redimendum nummis opus est; quum vero tunc temporis quam maxima molitus esset pater, multum abest ut ista penes nos sit pe-

somme. Ma mère et mes sœurs travaillent jour et nuit ;
je fais de même dans l'état de joaillier que j'exerce, et,
les jours de fête, je conduis cette barque. Je m'étais
proposé de prendre la place de mon père : ma mère a
trouvé le projet chimérique et impraticable. Aucun des
capitaines du Levant, par ordre de ma mère, ne veut
me recevoir à bord.

THÈME 246.

Trait de générosité (suite).

— Recevez-vous quelquefois des nouvelles de votre
père ? Quel traitement éprouve-t-il ? — Le patron de
mon père est intendant des jardins du roi. Il est traité
avec humanité, le travail exigé n'excède pas ses forces ;
mais il est séparé d'une épouse chérie et de trois enfants
qu'il aime tendrement ; personne ne le soulage et ne le
console. — Votre sort me touche, répond l'étranger ;
j'ose, d'après vos sentiments, vous présager un meilleur sort, et je vous le souhaite sincèrement. » Lorsqu'il
fut nuit, le jeune matelot eut ordre d'aborder. L'inconnu,
en sortant du bateau, lui remet une bourse entre les
mains, ne lui donne pas le temps de le reconnaître et
se retire avec précipitation. Cette bourse renfermait
seize louis et dix écus en argent. Une telle générosité
pénètre le jeune homme de reconnaissance ; mais en
vain il fait des vœux pour rejoindre son bienfaiteur.

cunia. Noctu diuque mater et sorores labori incumbunt; et ego similiter gemmariam artem exerceo; hanc ego cymbam diebus festis guberno. Primo statueram patris in locum me constituere : imaginarium, nec ullo modo perficiendum, matri visum est istud consilium. Nullus ex Orientis navarchis, matre vetante, suam vult navem memet conscendere.

THÈME 246.

Generosum factum (sequitur).

— Tune aliquid nuntii nonnunquam a patre accipis? Quomodo habetur? — Patris patronus regiis hortis est præpositus. Humane quidem habetur; haud vires ejus superat exactus labor; ille vero a dilecta conjuge et a tribus filiis quos summo prosequitur amore, procul vivit; nemo illum sublevat, solatur nemo. — Tuæ me sortis miseret, subjicit advena; tibi, explorato animi sensu, meliorem sortem prædicere ausim, tibique ex animo peropto. » Ubi nox incubuit, appellere jussus est junior nauta. Cymbula dum ignotus vir exsilit, crumenam illi tradit in manus, nec dato ipsum agnoscendi tempore, præcipitanter discedit. Sexdecim in illa erant aurei et decem argentei nummi. Qua quidem liberalitate valde permotus est juvenis; frustra vero cœlum votis flagitat ut de se tam bene meritum assequi sibi concedatur.

THÈME 247.

Trait de générosité (suite).

Six semaines après, pendant que cette famille, toujours livrée à un travail assidu, prenait un modeste repas composé de pain et d'amandes sèches, arrive le père de famille très-proprement vêtu, qui la surprend dans la douleur et la misère. Quel étonnement, quelle joie pour la mère et ses enfants ! Le mari se jette dans leurs bras, leur raconte différentes circonstances de son voyage. En s'embarquant dans le vaisseau, cinquante louis lui avaient été comptés, le passage et la nourriture avaient été payés d'avance. Étonnée et stupéfaite, toute la famille gardait un morne silence. Tout à coup la mère l'interrompt. Elle s'imagine qu'elle est redevable à son fils du retour du père, lui rapporte le projet qu'il avait de prendre sa place, et le travail assidu auquel il s'était constamment livré.

THÈME 248.

Trait de générosité (suite).

Le père, rêveur et pensif, s'adresse à son fils : « Malheureux ! s'écria-t-il, comment puis-je te devoir ma délivrance et ne pas la regretter ? Pouvait-elle être un secret pour ta mère ? Un jeune homme à ton âge ne saurait se procurer de telles ressources. Quoi ! l'amour filial a pu rendre mon fils coupable ! Rassure-moi, ou mourons tous, si tu as pu cesser d'être honnête. — Rassurez-vous, mon père, dit le jeune homme ; votre fils n'est pas indigne de ce nom ; il n'a pas été assez heureux pour vous prouver combien il lui est cher. Ce n'est pas à moi que vous devez votre liberté ; mais je

THÈME 247.

Generosum factum (sequitur).

Post sex hebdomades, quum assiduo continuoque labori intenta hæc familia modicam cœnam, panem scilicet et exsiccata amygdala, faceret, paterfamilias advenit splendide vestitus, qui eam luctu miseriaque confectam nec opinantem occupat. Quis fuit parentis et filiorum stupor! quæ lætitia! Quorum inter amplexus conjux varios enarrat sui itineris casus. Navem illi ascendenti quinquaginta fuerant numerati aurei nummi, et naulum et cibus in antecessum fuerant persoluta. Mirabunda et obstupescens familia silentium tenebat, quod extemplo rupit mater. Reducem patrem sese debere filio cogitat, initum ab illo consilium vices ejus subeundi enarrat, et qua constantia sese labori assiduo tradiderit.

THÈME 248.

Generosum factum (sequitur).

Cogitabundus et multa secum revolvens natum pater sic alloquitur : « Miser ! dic quomodo meam per te redemptionem obtinuisse sine dolore possim ! Num hanc tuam celare matrem potuisti ? Tua ætate juvenis istas sibi congerere facultates minime valet. Quid ! paterna pietate nocens meus factus est natus ! Tu meum animum confirma, aut omnes una moriamur, si tu probus esse desieris. — Pater, solve metum, inquit juvenis ; haud illo tuus filius indignus est nomine ; non usque eo felix, ut quam sibi carum sit tibi testaretur. Tu non per me in libertatem vindicatus ; at ego eum novi qui

connais votre bienfaiteur. Rappelez-vous, ma mère, cet inconnu qui me donna sa bourse et me fit tant de questions. » En même temps il raconte à son père cette aventure.

THÈME 249.

Trait de générosité (suite).

Rendu à sa famille, ce père vertueux trouva des amis et des secours. Les succès surpassèrent ses espérances. Au bout de deux ans, il acquit de l'aisance. Ses enfants, bien établis, partagèrent le bonheur du père. Il eût été sans mélange, si les recherches continuelles du fils pour découvrir le bienfaiteur n'eussent été longtemps inutiles. Enfin il le rencontre un matin se promenant seul sur le port. « Ah! mon dieu tutélaire! » s'écrie-t-il. En même temps il tombe à ses pieds. L'inconnu s'empresse de le secourir et lui demande la cause de cet évanouissement. « Eh quoi! répond le jeune homme, pouvez-vous l'ignorer? Avez-vous oublié ce jeune matelot et cette famille infortunée que vous rendîtes à la vie en lui rendant son père? — Vous vous trompez, jeune homme; vous ne sauriez me connaître; je suis étranger et à Marseille depuis quelques jours seulement. — Cela peut être; mais rappelez-vous cette promenade que vous fîtes dans ce port, et le récit que je vous fis de mes malheurs. Libérateur de mon père, pouvez-vous vous refuser à mes vœux, et ne pas venir voir les heureux que vous avez faits? »

tam bene de te meritus est. Tu, mater, ignotum istum tibi in memoriam fac ut revoces, qui suam mihi, permulta sciscitatus, crumenam tradidit. » Tunc patri rem omnem enarrat.

THÈME 249.

Generosum factum (sequitur).

Suæ vix familiæ restituto optimo parenti adfuerunt amici et opes. Spes omnes eventus vicit. Post biennium suas mire copias auxit. Bene collocati filii patris felicitatis fuere participes. Pura sinceraque fuisset, nisi diu in vanum cessisset assidua filii diligentia, ut virum tam præclare meritum detegeret. Tandem solum in portu obambulantem mane offendit. « Proh dii! præsens numen! » exclamat. Quibus dictis, ante pedes ejus provolvitur. Cui ferre opem properat ignotus vir atque ab illo causam deliquii quærit. « Eheus ! subjicit adolescens, num illud te fugere potest? Tune juniorem oblitus nautam et istam infelicem familiam quos, reddito patre, ad vitam revocasti ? — Erras certe, juvenis, nequaquam fieri potest ut tibi sim notus; advena ego, Massiliam paucissimis abhinc diebus advectus. — Ita est fortasse ; tu vero te in hoc obambulasse portu, meque tibi meas enarravisse calamitates, in memoriam revocare velis. Tu, mei salvator parentis, numquid votis non annues? et quos effecisti beatos invisere negabis ? »

THÈME 250.

Trait de générosité (suite).

« Mon ami, répond l'étranger, vous vous méprenez, je vous l'ai déjà dit. — Non, monsieur, je ne me trompe pas, vos traits sont profondément gravés dans mon cœur. Venez, de grâce! » En même temps il le prend par le bras et veut l'entraîner. Une multitude s'assemble autour d'eux. Alors l'inconnu, d'un ton plus grave et plus ferme : « Monsieur, dit-il, cette scène commence à me fatiguer; rappelez votre raison, et allez profiter dans votre famille d'une tranquillité dont vous avez besoin. — Quelle cruauté! s'écrie le jeune homme; pourquoi altérer un bonheur que notre famille ne doit qu'à vous? Et vous qui êtes ici présents, aidez-moi, afin que l'auteur de notre salut vienne contempler son ouvrage. » Pendant ces débats, l'étranger s'échappe et disparaît en un instant. Il serait demeuré inconnu, si l'on n'eût trouvé dans ses papiers une note de cinq mille cinq cents livres, dont on connut l'emploi par celui à qui elle avait été adressée.

THÈME 251.

Le lion et l'épagneul.

Quelqu'un, allant voir un lion renfermé dans la tour de Londres, prit dans la rue un épagneul noir très-joli, et jeta le petit chien dans la cage du roi des animaux. Aussitôt la frayeur s'empare du petit animal; il tremble de tous ses membres, il se couche humblement, tâche de fléchir le courroux naturel du lion et d'émou-

14.

THÈME 250.

Generosum factum (sequitur).

Cui advena : « Amice, inquit; tu certe erras,
jam fuit a me dictum. » At ille : « Minime erro ,
inquit; altius in pectore meo defixa hærent oris
tui lineamenta. Tu, obsecro, venias ! » Simulque
eum arreptum brachio abducere conatur. Frequens
illos circumvenit turba. Tunc advena, elatiore
gravioreque voce : « Domine, inquit, ista jam mihi
molesta est fabula; ad sanam redeas mentem,
atque inter tuos ea fruere tranquillitate animi, qua
tibi opus est. — O ferum et immitem ! exclamat
juvenis; unde, quæso, tibi soli debitam familiæ
nostræ felicitatem vis imminuere? Et vos, quotquot adestis, mihi subvenite, ut suum ipse con-
templetur opus nostræ salutis auctor. » Dum de
his rixantur, aufugit advena et e conspectu statim avolat. Ignotus nunc usque stetisset, nisi in
tabulis ejus inventa esset quinque millium et quin-
gentarum librarum syngrapha , quarum innotuit
usus per illum ad quem missa fuerat.

THÈME 251.

Leo et catulus hispanicus.

In londinensi turri inclusum quidam leonem
invisurus canem hispanicum nigro colore, et for-
mosissimum, in via manu sumpsit, quem ablatum
in caveam regis animantium projecit. Extemplo
catulum terror occupat; totus contremiscit, sub-
misse provolutus insitam leoni feritatem mulcere,
et ferreum pectus movere tentat. Hunc fera vertit,

voir ses entrailles. La bête féroce le tourne, le retourne, le flaire et ne lui fait aucun mal. Le maître jette au lion un morceau de viande ; celui-ci refuse de manger : il regarde fixement le chien et semble l'inviter à le partager avec lui. Alors on voit naître entre eux la plus étroite amitié. Transformé en un animal doux et caressant, le lion donnait à l'épagneul des marques de la plus vive affection ; celui-ci témoignait au lion toute sa reconnaissance. La personne qui avait perdu le petit chien vint quelques jours après le réclamer.

THÈME 252.

Le lion et l'épagneul (suite).

Le maître du lion la presse de ne pas rompre une amitié qui unit si étroitement ces deux animaux ; elle insiste. « Puisque cela est ainsi, réplique le maître du lion, prenez vous-même votre chien ; car si je m'en chargeais, cette commission serait pour moi dangereuse. » Le maître de l'épagneul comprit bien qu'il fallait le laisser. Une année après, le chien tomba malade et mourut. Le lion pendant quelque temps le croit endormi ; il veut l'éveiller, il le remue inutilement avec ses pattes, mais il s'aperçoit qu'il est mort. Sa crinière se hérisse, ses yeux étincellent, sa douleur éclate avec fureur : transporté de rage, tantôt il s'élance d'un bout de sa cage à l'autre, tantôt il en mord les barreaux. Quelquefois il considère d'un œil consterné le corps de ce tendre ami, et pousse des rugissements affreux. Enfin il se coucha et mit sur son sein le corps de son ami mort, sa seule et unique compagnie ; il resta dans cette situation pendant cinq jours, et tomba dans une si grande faiblesse, qu'il en mourut, la tête penchée sur le corps de l'épagneul.

invertit, odoratur, nec quidquam illi nocet. Leoni frustum carnis herus immittit; cibo abstinet ille, canem defixis intuitus oculis videtur invitare, ut illud escæ secum partiri velit. Tunc inter illos arctissima oriri amicitia. Repente in mite blandumque immutatus animal, leo cani mille modis firmissimam profitebatur fidem; ille contra erga leonem sese gratissimum præbebat. Paucis diebus interjectis, advenit qui catulum amiserat, illum repetiturus.

THÈME 252.

Leo et catulus hispanicus (sequitur).

Leonis custos exorat ne amicitiam, qua conjunctissima sunt duo animalia, dissolvere velit; at ille validius instat. Cui leonis custos:« Quum res ista sit, tu ipse tuum canem prehende; quippe, id ego si munus obiero, periculosum mihi certe erit. » Catuli herus probe intellexit illum sibi relinquendum esse. Uno elapso anno, canis in morbum incidit, mortuusque jacuit. Hunc leo aliquandiu somno sepultum est ratus; illum vult suscitare, unguibus frustra exagitat; tandem mortuum esse intelligit. Erigitur juba, scintillant oculi, in furores dolor erumpit : rabie amens modo ex summa ad imam caveam subsilit, modo clathros aspero dente corripit. Nonnunquam, ore dejecto, dilectissimi amiculi corpus intuitus, horrendos edit rugitus. Tandem resupinus, pectori imposito defuncti amici sibique unice sodalis corpore, integros per quinque dies in hoc statu permansit; usque eo debilitatus et exhaustus viribus, ut mortuus sit inclinato in catuli corpus capite.

THÈME 253.

Beau trait de piété filiale.

Un enfant placé à l'école militaire se contentait depuis plusieurs jours de soupe et de pain sec avec de l'eau. Le gouverneur, l'ayant appris, lui fit une réprimande, attribuant cela à quelque dévotion bizarre. Le jeune homme continuait toujours, mais il ne découvrait pas son secret. Le gouverneur, instruit de cette persévérance, le prend en particulier et lui représente le danger de cette singularité. Le jeune homme cependant ne s'expliquait pas. « Je serai contraint, lui dit le gouverneur, de vous rendre à vos parents, si vous n'observez les règlements. — Hélas ! dit l'enfant en soupirant, dans la maison de mon père je mangeais du pain noir et en petite quantité, souvent nous ne buvions que de l'eau. Ici le pain est bon, blanc ; il me semble que je fais grand'chère ; je ne puis manger davantage, me ressouvenant de la position de mon père et de ma mère. »

THÈME 254.

Beau trait de piété filiale (suite).

A ces mots le gouverneur est profondément ému : « Mon ami, dit-il à l'enfant, si votre père a servi, n'a-t-il pas une pension ? — Non, répond l'enfant : il l'a sollicitée pendant un an ; mais, comme il n'avait pas d'argent, il a été contraint d'y renoncer. Il a mieux aimé languir que de contracter des dettes. — Eh bien ! répond le gouverneur, si le fait, qui me paraît vrai, est prouvé, je lui ferai obtenir une pension de cinq cents francs. Recevez ces trois louis que je vous offre de la

THÈME 253.

Præclarum pietatis in parentes factum.

Puer quidam, in militari schola educatus, pulmento a pluribus diebus, siccoque pane et aqua tantum vitam sustentabat. Quo audito, præfectus illum objurgavit, aliquid vanæ falsæque superstitionis subesse autumans. Puer ab instituto non deflexit, nulli suum detegens consilium. Cujus constantiæ certior factus gymnasii præfectus illi paululum seducto quam periculosa sit ista singularitas objicit. Interea nec mentem puer aperit. « Et ego, præfectus ait, te tuis parentibus invitus tradam, nisi fueris institutorum observans. — Eheus! alte suspirans ait puer, in paterna domo, nigro nec certe copioso pane vescebar; sæpius aqua sitis explebatur. Hic mihi et optimus et candidus est panis; opipare vesci mihi videor; haud plura edere queo, memor quæ sit meorum parentum inopia. »

THÈME 254.

Præclarum pietatis in parentes factum (sequitur).

Quibus dictis vehementer permotus est gymnasii præfectus : « O bone, puerum allocutus, militiam si tuus pater exercuit, nonne illi reditus annuus obtigit? — Nequaquam, subjicit puer : illam uno efflagitavit anno; quum vero nulla esset instructus pecunia, inde desistere fuit coactus. Ægram animam trahere maluit, quam ære alieno se obstringere. » Cui præfectus : « Si confirmatum fuerit, quod mihi verum videtur, efficiam ut quingentorum francorum annuum reditum assequatur. Quos ego

part du roi. J'enverrai à monsieur votre père la moitié de la pension d'avance. — Ah ! répond l'enfant, puisque vous avez la facilité de lui envoyer de l'argent, joignez-y ces trois louis : ici je ne manque de rien ; ils seront bien utiles à mon père pour entretenir ses autres enfants. »

THÈME 255.

Le médecin de soi-même.

Un paysan bien malade d'une fièvre continue fut porté à un hôpital ; il fut mis dans un bon lit, eut de bons remèdes et de bons bouillons. Cependant le mal augmentait, et la tristesse avec le mal. Il était étrangement abattu, et se plaignait sans cesse. Un jour, le médecin l'aborde et lui demande pourquoi il se plaint ; s'il n'est pas content de ce qui lui est servi. « Eh! monsieur, répondit-il, je suis trop bien ici, voilà la cause de mon mal. — Que veux-tu donc dire? — Si vous continuez à me traiter de la sorte, je ne vivrai pas vingt-quatre heures. Je n'ai pas besoin d'un lit si mou : depuis dix-neuf ans je n'en ai pas même vu. »

THÈME 256.

Le médecin de soi-même (suite).

« Que te faut-il donc? reprend le médecin. —Un peu de paille ; je ne dors bien que par terre. Au lieu de vos bouillons, donnez-moi de l'eau, des oignons et du fromage, si vous voulez que je guérisse. » Le médecin

tibi regis nomine trado, hosce tres nummos aureos accipe. Dimidiam ego reditus partem in antecessum patri tuo mittam. —Eheus! puer inquit, quum tibi ad illum pecuniam mittere sit in promptu, et hosce tres nummos, quæso, mittere velis : hic ego nulla re careo ; ista perutilis erit patri pecunia, qua ceteros filios alat et foveat. »

THÈME 255.

Medicus sibimet ipsi.

Rusticus quidam continua vehementique febre laborans fuit in hospitium delatus ; molli impositus est lecto ; adsunt et optima remedia, et jus succulentum. Morbo tamen ingravescente, ingravescebat et tristitia. Dejecto admodum vultu in querelas continuo abibat. Die quadam illum medicus adit, interrogat unde queratur ; num quod appositum illi sit ingratum ? At ille : « Eheus! inquit, domine, hic mecum nimio plus bene agitur : inde causa mali. — Quid tu narras ? — Isto si tu me tractare modo perrexeris, ante quatuor et viginti horas vixero. Tam molli lectulo haud mihi opus est : nullum equidem a decem et novem annis vidi. »

THÈME 256.

Medicus sibimet ipsi (sequitur).

« Quid ergo tibi opus est ? » ait medicus. At ille : « Paululum paleæ ; ego non commode , nisi humi recubans, dormio. Si me volueris sanitati restitutum, pro juribus istis aquam, et cæpas et caseum apponi jube. » Nulla medico de ægrotante spes erat ;

14.

n'espérait plus rien du malade ; il ne s'oppose pas à cette demande. Il était moribond. Les domestiques le prennent, l'étendent sur la paille ; ils lui donnent des oignons, du sel, du pain, de l'eau, et le laissent là, persuadés de sa mort prochaine. Mais il trompa bien des gens ; le lendemain il se leva bien portant et s'assit avec les convalescents auprès du feu.

THÈME 257.

L'esclave maître.

Diogène fut pris par des pirates, mené en Crète, et exposé pour être vendu. Il n'en fut pas chagrin, ne parut pas se mettre en peine de son malheur. Voyant un certain Téniade bien gras et bien habillé : « Vendez-moi à cet homme, dit-il, car il a besoin d'un maître. » Téniade s'avance et le marchande. « Viens, enfant, dit-il, viens acheter un homme. » Quelqu'un lui demanda ce qu'il savait faire. « Je sais, répondit-il, commander aux hommes. » Quand il eut été vendu à Téniade : « Je suis ton esclave, lui dit-il, mais dispose-toi à faire ce que je voudrai. » Quelques-uns de ses amis voulaient le racheter : « Vous êtes fous, leur dit-il ; le lion n'est jamais esclave de ceux qui le nourrissent. »

THÈME 258.

La piété filiale.

Un général, nommé Métellus, qui avait suivi le parti de Marc-Antoine contre Auguste, fut présenté à ce dernier dans le moment où il instruisait les causes des prisonniers d'Antoine. Ce Métellus était un vieillard acca-

ergo postulatis annuit. Vir moribundus erat. Hunc comprehensum famuli in palea sternunt ; appositis et cæpis, et sale, et pane, et aqua, discedunt. mortem illi instantem rati. At permulti decepti fuerunt : quippe postero die surrexit plane valens. et una cum convalescentibus foco assedit.

THÈME 257.

Servus herus.

Captus a piratis Diogenes fuit in Cretam perductus, et ibi ut venderetur expositus. Quod non ægre tulit, nec suam visus est calamitatem deflere. Quemdam quum vidisset Teniadem perpastum et optime vestitum : « Isti, inquit, memet ipsum vendite, quippe cui domino opus sit. » Accedit Teniades, et quanti vendatur quærit. At ille : « Veni, puer, inquit, veni virum empturus. » Hunc interrogavit quidam quid agere calleret. Ille vero : « Hominibus, inquit, scio imperare. » Ubi Teniadi fuit venditus : « Equidem, inquit, tuus ego servus, tu contra ad id quod mihi libuerit agendum esto paratus. » Quum vellent illum redimere nonnulli amici : « Et vos, inquit, insanitis; leo nunquam nutrientibus inservit. »

THÈME 258.

Pietas in patrem.

Dux quidam militum, Metellus nomine, partes Antonii adversus Augustum secutus, coram Cæsare stetit eo ipso tempore quo Antonii fautorum causas examinaret. Metellus ille grandævus erat senex, et

blé d'années et de misère, et défiguré par une longue barbe, par une chevelure négligée et par tout l'appareil de la détresse. Le fils de cet homme était l'un des juges : il reconnut avec peine son père dans l'état déplorable où il le voyait. A peine a-t-il démêlé les traits de ce père infortuné, qu'il s'élance de dessus son siége, court à lui, et l'embrasse en jetant de grands cris.

THÈME 259.

La piété filiale (suite).

Tous les assistants sont dans le plus grand étonnement, et ne peuvent cependant expliquer la cause d'un tel événement. Alors le jeune officier se retourne vers le tribunal où était Auguste : « César, lui dit-il, mon père a été votre ennemi, et moi votre officier. Il mérite d'être puni, et moi d'être récompensé par vous. Je vous demande une grâce : ou sauvez-le à cause de moi, ou faites-moi périr avec lui. » Tous les assistants furent touchés de compassion ; Auguste lui-même attendri accorda la grâce de Métellus, quoiqu'il le regardât comme un ennemi implacable et plein d'animosité.

THÈME 260.

L'héroïsme héréditaire.

Dans les troubles de la Ligue, le gouverneur de Leucate en Languedoc, nommé Bari, fut fait prisonnier, et conduit à Narbonne, dont les ligueurs étaient maîtres. Ils le pressèrent vivement, mais inutilement, de leur rendre la place. Ils le menacèrent de la mort, s'il n'obligeait son épouse, qui était restée à Leucate, d'ouvrir les portes. Il fut inébranlable. La femme, avertie du

annis et miseria confectus, prolixiore barba et incompta coma, et omni infortunii habitu deformis. Sedebat inter judices hujusce filius; patrem vix in isto flebili habitu agnoscit. Ubi primum hujus miseri parentis oris lineamenta agnovit, præceps e sella prosilit, ad illum currit, sublatoque magno clamore amplectitur.

THÈME 259.

Pietas in patrem (sequitur).

Quotquot adsunt, valde obstupescunt, nec tamen quæ sit hujusce eventus causa, valent intelligere. Tum ad tribunal, cui Augustus insidebat, conversus junior præfectus : « Cæsar, inquit, tibi meus pater exstitit hostis, tuorum dux ego militum. Ille qui a te plectatur, ego quem remunereris dignus. Id unum a te postulo : aut illum mei ergo salvum mittas, aut me una cum illo morte plecti jube. » Circumstantes miseratio movit : permotus ipse Augustus Metello pepercit, etsi illum haberet et inexorabilem et infensissimum inimicum.

THÈME 260.

Virtus hereditaria.

Dum regnum factiosi perturbarent, Leocatæ in Occitania præfectus quidam, Bari nomine, captus, Narbonem, qua potiti erant factiosi, fuit perductus. Illum instantius, sed frustra, incitarunt ut oppidum sibimet ipsis traderet; mortem ipsam minati, nisi suam, quæ Leocatæ remanserat, conjugem juberet portas urbis aperire. Immotus in

danger de son époux, répond : « Si les ligueurs veulent commettre une injustice et une cruauté, je ne les arrêterai pas par une lâcheté, et je ne rachèterai pas la vie de mon époux en livrant la citadelle. » Irrités d'une telle contenance, les ligueurs exécutèrent leur cruelle menace.

THÈME 261.

L'héroïsme héréditaire (suite).

Henri IV, qui savait apprécier les belles actions, donna le gouvernement de cette ville au fils de ces deux personnes comparables aux plus grands héros de l'antiquité. Sous le règne suivant, la place fut assiégée par l'armée espagnole. Le commandant envoya un député pour tenter le gouverneur par les promesses les plus magnifiques. « Votre maître me connaît bien peu, répondit-il : l'honneur m'est plus cher que toutes les richesses, que la vie même. A Dieu ne plaise que je n'imite pas le rare exemple de fidélité et de courage que mon père et ma mère ont laissé dans ma famille ! L'un aima mieux mourir que de livrer la place aux ennemis de son roi ; l'autre refusa de racheter par une trahison la vie d'un époux tendrement aimé. Si je ne puis conserver la place, du moins conserverai-je mon honneur et ma réputation. J'aime mieux être pauvre dans ma patrie que riche chez mes ennemis. »

THÈME 262.

L'héroïsme héréditaire (suite).

Le député, voyant sa négociation infructueuse, annonce à Bari une vigoureuse attaque pour le lende-

proposito stetit. Uxor, audito conjugis periculo,
respondet :« Si quid factiosi aut injuste aut inhuma-
niter agere velint, haud ego per flagitium obstabo ;
nec saluti conjugis consulam arcis proditione. »
Qua constantia irati factiosi, quod fœde erant minati, perfecerunt.

THÈME 261.

Virtus hereditaria (sequitur).

Henricus quartus, qui præclare facta sane æsti-
mabat, huic urbi filium præfecit ex iis ortum parentibus, quos præstantissimis antiquitatis heroibus merito comparaveris. Sub sequente regno,
oppidum ab hispano exercitu fuit obsessum. Dux
hostium legatum misit, qui præfectum splendidissimis attentaret promissis. At ille : « Minime
profecto me novit tuus dominus; divitiis et ipsa
vita multo mihi potior est honos. Absit ut fidei
virtutisque eximium exemplum a parentibus meæ
traditum familiæ haud ego imiter! Alteri satius
fuit emori quam sui regis hostibus urbem tradere;
altera conjugis dilectissimi saluti proditione consulere negavit. Sin minus urbem, at certe et hono-
rem et famam tuebor. Pauper in patria, quam dives
apud hostes, vivere malo. »

THÈME 262.

Virtus hereditaria (sequitur).

Legatus, ubi irritam legationem sentit, acer-
rime postero die oppugnandum oppidum Bari de-

main. « J'aime à vous entendre parler ainsi, répond le gouverneur ; si les Espagnols m'attaquent fortement, j'acquerrai une double gloire. J'aurai résisté à des promesses trompeuses, et à de vains efforts contre une place mieux défendue qu'attaquée. » Il tint parole et fit une vigoureuse résistance. Le duc d'Halluin vint au secours du brave gouverneur, et battit l'armée espagnole. Parmi les morts furent trouvées des femmes déguisées en hommes. Un prisonnier espagnol répondit spirituellement : « Ce ne sont point des femmes ; s'il y en avait dans l'armée, ce sont les lâches qui ont pris la fuite. »

THÈME 263.

Vicissitudes de la fortune.

Barbula, ami d'Antoine, et qui avait servi dans son parti à la bataille de Philippes, acheta un esclave proscrit, qui s'était ainsi déguisé pour sauver sa vie. Cet esclave prétendu, connu dans l'histoire sous le nom de Marcus, s'acquitta de différents ministères avec une intelligence et une probité qui décelèrent son secret. Barbula voulait le lui arracher en lui promettant, s'il était proscrit, de le faire effacer de la liste. L'esclave tint ferme, et suivit son maître à Rome. Là il est reconnu par un des amis de Barbula. Fidèle à sa promesse, celui-ci obtint par le crédit d'Agrippa la grâce de Marcus, qui embrassa le parti d'Auguste.

nuntiat. « Et ego, ait præfectus, te ista loquentem lætus audio; si me fortiter oppugnent Hispani, geminam ego fuero laudem adeptus. Fallacibus obstitero promissis, et irritæ urbis oppugnationi fortius propugnatæ quam oppugnatæ. » Promissis stetit, et quam fortissime repugnavit. Præfecto dux Halluinus opportune adfuit, et Hispanorum copias fudit. Inter cadavera permultæ inventæ sunt mulieres veste virili indutæ. Salse quidam Hispanus captus respondit : « Istæ non sunt mulieres; si quæ in exercitu fuerint, ignavos puto qui terga verterunt. »

THÈME 263.

Fortunæ vicissitudines.

Barbula, Antonio gratiosus, qui cum illo in philippensi pugna militaverat, proscriptum quemdam emit, qui servilem induerat cultum, ut suæ vitæ consuleret. Falso habitus servus, Marcus apud scriptores nomine dictus, permulta obiit munera, ea integritate atque perspicacitate, quæ arcanum ejus prodidere. Arcanum elicere tentavit Barbula, pollicitus, si proscriptus foret, per se nomen ex tabulis tollendum. Servus firmo stetit animo, suumque Romam est subsecutus dominum. Ibi a quodam e Barbulæ amicis fuit agnitus. Ille, fide servata, gratia Agrippæ usus Marci veniam impetravit, qui Augusti partes est secutus.

THÈME 264.

Vicissitudes de la fortune (suite).

Plusieurs années après, survint le combat d'Actium. Barbula et Marcus se trouvèrent divisés : celui-ci combattait pour Auguste, celui-là pour Antoine. Après la bataille, Barbula n'imagina pas de meilleur moyen pour éviter la mort que de se travestir en esclave. Marcus feint de ne pas le reconnaître et l'achète. Il se sert de la faveur dont il jouissait auprès d'Auguste, pour sauver à son tour celui qui avait été son libérateur. Quelque temps après, ils furent tous deux consuls, et achevèrent par là cette singulière ressemblance que la fortune avait mise dans les événements de leur vie.

THÈME 265.

Trait de dévouement conjugal.

Le duc de Bavière faisait la guerre à l'empereur. Ce prince l'assiégea dans son château, où il se défendit jusqu'à la dernière extrémité. Enfin il fut obligé de se rendre à discrétion. L'empereur traita avec beaucoup de civilité l'exprès que le duc lui envoya, et donna sa parole que le duc avec ses troupes pouvait passer au travers de l'armée impériale. Mais la femme du duc conçut des soupçons : elle craignait quelque ressentiment de la part de l'empereur contre son mari, à cause de quelques discours outrageux tenus contre lui. Elle fit demander un sauf-conduit à l'empereur, afin qu'elle et les dames du château pussent sortir et passer sans danger avec ce que chacune d'elles pourrait emporter : ce que l'empereur accorda.

THÈME 264.

Fortunæ vicissitudines (sequitur).

Pluribus exactis annis, actiacum secutum est prœlium. Disjuncti et Barbula et Marcus ; hic pro Augusto, ille pro Antonio depugnabat. Confecto prœlio, nulla vitandæ mortis potior Barbulæ visa est ratio, quam si servilem habitum indueret. Illum a se minime agnosci simulat Marcus, et emit. Qua apud Augustum valebat, ea utitur gratia, ut sui quondam salvatorem ipse salvum faciat. Haud multo post uterque consul creatus est, singularemque isto modo similitudinem absolverunt quam in variis vitæ casibus fortuna constituerat.

THÈME 265.

Conjugalis fidei facinus.

Adversus imperatorem belligerabat dux Bavariæ, quem vir princeps in suo obsedit castello, ubi ad extremas angustias sese defendit. Tandem in deditionem venire fuit coactus. Missum a duce legatum perurbane excepit imperator, data fide et duci et ejus copiis per exercitum imperatoris liberum patere transitum. Ducis vero uxor suspiciones concepit, verita nonnihil imperatoris adversus maritum irarum, propter nonnulla in illum edita contumeliosa verba. Fidem publicam ab imperatore jussit erogari, ut ipsa castellique matronæ et exirent et transirent securæ, singulæ quæ possent secum asportantes ; quod fuit ab imperatore concessum.

THÈME 266.

Trait de dévouement conjugal (suite).

Cette sortie s'exécuta en présence de l'empereur et de toute l'armée. On ne put voir sans le plus grand étonnement la duchesse et toutes les autres dames de qualité, dont les maris avaient offensé l'empereur, sortir portant chacune leur mari sur les épaules. L'empereur, surpris de ce spectacle, et réfléchissant sur la tendresse et le courage de ces dames, fut tellement touché de les voir en cet état, qu'il versa des larmes. Il les loua, les traita magnifiquement, fit avec le duc un accommodement sincère, malgré les généraux qui s'y opposaient, et se contenta de répondre : « Il est indigne d'un roi de manquer à sa parole. »

THÈME 267.

Les dignes rivaux.

Eschine, jaloux de la gloire de Démosthène, son rival, entreprit d'attaquer le décret qui lui avait accordé une couronne d'or. Jamais cause n'avait excité tant de curiosité. Eschine succomba, et paya de la juste peine de l'exil une accusation témérairement intentée. Au moment où il sortait d'Athènes, son vainqueur, la bourse à la main, court après lui et l'oblige d'accepter une offre qui dut lui faire d'autant plus de plaisir qu'il devait moins s'y attendre. Alors Eschine s'écria : « Comment ne regretterais-je pas une patrie où je laisse un ennemi si généreux, que je désespère de rencontrer ailleurs des amis qui lui ressemblent ! »

THÈME 266.

Conjugalis fidei facinus (sequitur).

Quæ quidem matronæ præsentibus et imperatore et universo exercitu e castello exierunt. Summopere obstupuere omnes, ubi ducissam ceterasque matronas videre, quarum viri imperatorem contumeliis vexaverant, secum quamque maritum humeris asportantes. Quod quidem imperator spectaculum miratus, harumque matronarum et pietatem et virtutem recogitans, quod tam miserabilem referrent speciem, adeo permotus fuit, ut lacrimas fuderit. Laudibus exornatas splendidis excepit epulis; sinceram cum duce in gratiam rediit, invitis militum ducibus, qui obstabant; atque hæc tantum subjecit : « Fidem fallere rege prorsus est indignum. »

THÈME 267.

Laudandi æmuli.

Æschines, Demosthenis æmuli sui laudi invidens, decretum abolere statuit, a quo fuerat ille aurea corona donatus. Nulla unquam causa tantam audientium turbam concitarat. Victus Æschines jure exsilio mulctatus est ob inconsulte illatam accusationem. Eo ipso momento, quo Athenis discederet, victor crumenam dextra tenens illum insequitur, munusque accipere cogit, ipsi eo jucundius, quo minus fuerat exspectatum. Tum Æschines exclamare : « Qui patriam ego non desiderem, ubi tam munificum hostem relinquo, ut illi similes amicos me alibi offensurum desperem ! »

THÈME 268.

Les dignes rivaux (suite).

Eschine alla s'établir à Rhodes, et ouvrit là une école d'éloquence dont la gloire se soutint pendant plusieurs siècles. Il commença par lire à ses auditeurs les deux harangues qui avaient causé son bannissement. De grands éloges furent donnés à celle qu'il avait composée; mais, quand il eut déclamé celle de Démosthène, les battements de mains et les applaudissements redoublèrent. Alors il dit ce beau mot, si louable dans la bouche d'un ennemi: « Eh! que serait-ce donc, si vous l'eussiez entendu lui-même? »

THÈME 269.

Le monarque chinois.

Un empereur chinois, étant à la chasse, s'était écarté de ceux qui l'accompagnaient. Il trouva un pauvre vieillard qui pleurait amèrement et paraissait affligé de quelque disgrâce extraordinaire. Il s'approche de lui, touché de l'état où il le voit, et, sans se faire connaître, lui demande ce qui lui était arrivé. « Hélas! seigneur, répondit le vieillard, quand je vous le dirais, c'est un mal auquel vous ne sauriez apporter de remède. — Peut-être, brave homme, répond l'empereur, vous serai-je plus utile que vous ne pensez. Confiez-moi ce qui vous afflige. — Puisque vous voulez le savoir, répond le vieillard, je vais vous le dire. »

THÈME 268.

Laudandi æmuli (sequitur).

Rhodi consedit Æschines, et ibi eloquentiæ scholam aperuit, quæ magno honore per multos annos celebrata est. Primo ipsum audientibus duas orationes recitavit quæ sibi exsilii causæ fuerant. Plurimis excepta est laudibus ea quam scripserat; ubi vero a Demosthene scriptam perlegit, ingeminatus manuum plausus, ingeminata et admurmuratio. Tum istius ore præclara vox illa excidit in æmulo maxime laudanda : « Ecquid ergo futurum fuisset, ipsum si dicentem audivissetis ! »

THÈME 269.

Sinensis imperator.

Quum venationi instans sinensis quidam imperator a comitantibus aberrasset, in pauperem incidit senem qui, lugens amare, gravissima quadam offensa mœrere videbatur. Propius accedit, eo permotus statu quo dejectum videt, nec quis ipse sit indicans, quærit ab illo quid ipsi accidisset. Cui senior : « Domine, inquit, etsi dixerim, malum est cui nullo possis mederi modo. — Forsitan, o bone, imperator ait, ego tibi utilior sum futurus quam putas. Quod te premit tu mihi crede. » Cui senex : « Quum sis audiendi cupidus, jam ego rem enarrabo. »

THÈME 270.

Le monarque chinois (suite).

« Un gouverneur de la maison de l'empereur s'est emparé de mon bien et de ma maison qui était auprès de son château, et m'a réduit à la mendicité. L'impitoyable seigneur a fait plus : je n'avais qu'un fils, il était le soutien de ma vieillesse; il en a fait son esclave. » L'empereur fut touché de ce discours et dit au vieillard : « La maison dont vous me parlez est-elle éloignée d'ici? » Comme elle n'était qu'à une demi-lieue : « Je veux y aller avec vous, dit l'empereur. J'exhorterai le seigneur à vous rendre votre bien et votre fils; je ne désespère pas d'y réussir. — Oh! répondit le vieillard, il n'est sûr ni pour vous ni pour moi de le lui proposer. Je n'en serai que plus maltraité, et vous insulté; je veux vous épargner cet outrage. — Que cela ne vous inquiète pas, dit l'empereur, j'espère un meilleur succès que vous ne pensez. » Le vieillard ne crut pas devoir s'y opposer plus longtemps.

THÈME 271.

Le monarque chinois (suite).

Le vieillard représente seulement qu'étant cassé de vieillesse, il ne peut suivre les pas du cheval. « Eh bien! dit l'empereur, je suis jeune; montez sur mon cheval, et j'irai à pied. » Le vieillard ne veut point accepter l'offre. L'empereur le prend en croupe derrière lui. Le vieillard s'excuse : « La pauvreté, dit-il, m'a ôté le moyen de changer de linge et d'habit; je pourrais vous communiquer une vermine dont vous ne sauriez vous défendre. — Allez, brave homme, reprend l'empereur,

THÈME 270.

Sinensis imperator (sequitur).

« Meum prædium et ædes suo conterminas castello occupavit quidam imperatoriæ domus præfectus, meque ad mendicitatem redegit. Ferus et immitis longius processit : unus erat mihi filius, senectutis tutamen, quem sibi servire jussit. » Qua oratione permotus imperator seniorem sic allocutus est : « Istane, de qua loqueris, domus longius distat ? » Quum semileuca tantum distaret : « Mihi, inquit imperator, eo tecum me conferre libet. Ego dominum adhortabor ut et prædium et natum tibi restituat; rem bene cessuram haud despero. » Cui senex : « Istud illi proponere nec mihi nec tibi tutum. Pejus mecum agetur; tu contumeliose excipieris, et ego tibi hanc ignominiam fieri nolim. — Id te ne sollicitum teneat, subjecit imperator, rem ego melius cessuram quam putas confido. » Diutius obsistendum non censuit senex.

THÈME 271.

Sinensis imperator (sequitur).

Id unum senex exponit, se fractum ætate equi vestigia jam non subsequi posse. « Eheus! ait imperator, juvenis ego sum; tu meo insideas equo, pedibus ego via incedam. » Haud annuit senex. Illum imperator equi sui tergo excipit. Rogat senex ut se velit excusatum habere : « Pauperrimus ego facultate sum orbatus et linteum et vestem mutandi; forte pediculos impertiam tibi, quos adversus temet tueri non possis. — Age, vir probe, subjicit imperator, tu post me tamen insideas. »

montez toujours derrière moi. » Le vieillard monte enfin.
Bientôt ils sont parvenus à la maison où ils allaient.

THÈME 272.

Le monarque chinois (suite).

L'empereur ne fut pas plutôt arrivé, qu'il demande
le gouverneur. Celui-ci vient, et est fort surpris lorsque le prince, découvrant la marque de sa dignité, se
fait connaître. La plupart des grands qui avaient suivi
l'empereur à la chasse se trouvaient autour de lui.
Devant cette nombreuse assemblée, il fait mille reproches sanglants au persécuteur de ce bon vieillard; il
l'oblige de lui rendre son bien et son fils, et sur-le-
champ il lui fait trancher la tête. Bien plus, il mit le
vieillard à sa place, en lui adressant ces mots : « Que ce
changement de fortune ne change pas vos mœurs : vous
profitez de l'injustice d'un autre; servez-vous de cet
exemple, et ne l'imitez pas. » L'empereur n'était âgé
que de quatorze ans.

FIN.

Tandem senex equo insidet. Brevi ad domum quam petebant, pervenerunt.

THÈME 272.

Sinensis imperator (sequitur).

Vix eo pervenit imperator, præfectum arcessit. Ille adest et summopere miratur, ubi vir princeps, detecto dignitatis regiæ insigni, quis sit aperit. Plurimi circumstabant imperatorem optimates qui venantem eum fuerant comitati. Illa adstante tam frequenti caterva, duris increpat verbis optimi senis vexatorem ; jubet ut suum illi filium et prædium restituat, atque confestim obtruncetur. Imo, senem in locum ejus substituit, sic eum allocutus : « Ne mores tuos immutet mutata fortuna : tu aliena frueris iniquitate ; isto tu exemplo usus, ne illud imitare. » Quatuordecim tantum annos erat natus sinensis imperator.

FINIS.